北京大學《儒藏》編纂與研究中心 編

《儒藏》精華編選刊

古文尚書攷 九經古義

〔清〕惠棟 撰
張彧彧 赫雅書 校點

〔清〕惠棟 撰
鄧志峰 校點

北京大學出版社
PEKING UNIVERSITY PRESS

圖書在版編目(CIP)數據

古文尚書攷；九經古義 / （清）惠棟撰；北京大學《儒藏》編纂與研究中心編. --北京：北京大學出版社，2024.8. --（《儒藏》精華編選刊）.

ISBN 978-7-301-35485-8

Ⅰ. Z126.2

中國國家版本館CIP數據核字第2024M5R875號

書　　名	古文尚書攷　九經古義 GUWEN SHANGSHU KAO　JIUJING GUYI
著作責任者	〔清〕惠棟　撰 張彧彧　赫雅書　鄧志峰　校點 北京大學《儒藏》編纂與研究中心　編
策劃統籌	馬辛民
責任編輯	陳軍燕
標準書號	ISBN 978-7-301-35485-8
出版發行	北京大學出版社
地　　址	北京市海淀區成府路205號　100871
網　　址	http://www.pup.cn　新浪微博：@北京大學出版社
電子郵箱	編輯部 dj@pup.cn　總編室 zpup@pup.cn
電　　話	郵購部 010-62752015　發行部 010-62750672 編輯部 010-62756449
印 刷 者	三河市北燕印裝有限公司
經 銷 者	新華書店 650毫米×980毫米　16開本　22印張　246千字 2024年8月第1版　2024年8月第1次印刷
定　　價	96.00元

目録

古文尚書攷

九經古義

古文尚書攷

〔清〕惠棟　撰

張彧彧
赫雅書　校點

校點説明

《古文尚書攷》，清惠棟撰。

惠棟（一六九七—一七五八），字定宇，號松厓，蘇州元和（今江蘇吴縣）人。出身官宦之家，雖官職不高，然自曾祖有聲、祖周惕、父士奇，至惠棟四代傳經，根基深厚。

惠棟「自幼篤志向學，家有藏書，日夜講誦，自經、史、諸子、百家、雜説及釋道二藏」，無不廣泛涉獵（清江藩《國朝漢學師承記》卷二）。初爲吴江學生員，後改歸元和學生員。乾隆九年（一七四四）鄉試不售，從此放棄仕途，專心於授徒、經學研究與著述。授業弟子最知名者有余蕭客、江聲等。「如王光禄鳴盛、錢少詹大昕、戴編修震、王侍郎蘭泉先生，皆執經問難，以師禮事之。」（同上）晚年，受兩淮鹽運使盧見曾之聘請，幕客揚州，手定《雅雨堂十種》等。惠棟一生，著述宏富，主要有《易漢學》八卷、《周易述》二十三卷、《周易本義辨正》五卷、《古文尚書攷》二卷、《春秋左傳補注》六卷、《九經古義》十六卷、《後漢書補注》十五卷、《讀説文記》十五卷、《山海經訓纂》十八卷、《松厓文鈔》二卷等。惠棟畢生「研精覃思於漢儒易學」（惠承緒《周易述·跋》），恪守漢代經師對儒家經典的章句訓詁，倡導漢學求真務實之風，反對鑿空談經，被乾嘉學者推爲「一代儒者宗」。

《古文尚書攷》爲惠棟力作。惠棟懷疑梅頤《古文尚書》爲僞書，時日已久。雍正十二年（一七三四）「夏秋間，偶校九經注疏」，使懷疑不斷得到印證，由是「作疑義四條，辨《正義》四條，繼又作古文證九條，辨僞《書》十五條，又先後續出兩條，共爲一卷」。又對「二十五篇，采摭傳記，兼録其由來」。數年後由朋友處得閻若璩《尚書古文疏證》，發現「其論與予先後印合」，於是在原稿基礎上「博引傳記、逸《書》」（此段中引文俱出本書上卷），吸收閻書，增成一卷，共爲二卷。

比照閻書，本書有兩點較爲突出。一是系統全面地闡述孔壁古文爲真，梅氏古文爲僞，有了真古文，僞者自難遁形。「雖素悦其理而信之者亦無以爲之解。而所謂足以解者，皆轉而爲浮説矣。」（本書沈彤《序》）上卷攷辨之四項内容與所附閻書十四條，大都圍繞此一中心，既集中又周詳。二是就二十五篇之文，廣引群籍，一一辨其由來，指出其作僞之根源與方法。「下卷盡發其標竊之根原，彼作僞之情形，無能隱遁矣。」（本書宋廷弼《跋》）

閻、惠二人之書，開闢了《尚書》研究的新時代。繼出之《尚書》著作，亦多接受他們的觀點和方法，廣搜漢儒經説，重新解讀《尚書》，試圖用漢學解釋系統全面取代孔穎達《五經正義》和宋學的解釋系統。此後出現的三部著作，即江聲的《尚書集注音疏》、王鳴盛的《尚書後案》、孫星衍的《尚書今古文注疏》，爲此種轉變的反映。
據沈彤《序》，此書完稿在乾隆十五年前，當時並未刊刻。現存有清李文藻校並跋的竹因書塢抄本二卷，乾隆李谿亭批校並録清邵晉涵跋的李谿亭抄本二卷。首次刊刻當在完稿四十多年後的乾隆五十七年。據錢大昕乾隆五十七年本書《序》：「今士大夫多尊崇漢學，實出先生緒論。其所撰述都次第刊行，獨是編伏而未出。頃宋生子尚得之江處士艮庭，許亟梓而傳之，而屬序於予。」此即本書最早刻本，乾隆五十七年由讀經樓刊行。此外尚有《皇清經解》本、《昭代叢書》本、《省吾堂五種》本等多種版本。此次整理，即以國家圖書館藏讀經樓刊本爲底本，以上海書店影印道光九年（一八二九）学海堂刊《皇清經解》本爲校本。下卷之正文乃節取古文《尚書》而成，爲閱讀方便，參照原篇之全文添加了標點，由於是節文，這種處理可能會造成誤解，敬請留意。

校點者　張彧彧　赫雅書

序❶

古文《尚書》出於東晉，江左諸儒靡然從之，而河北猶守鄭氏古義。唐初修正義，始專用梅氏一家之學。自宋訖明，攻其僞者多矣，而終無以窒信古文者之口，其故有三。謂晚出《書》爲僞，則并壁中《書》而疑之，不知東晉之古文自僞，西漢之古文自真也。謂梅本不可信，則鄭本當可信，又疑其出於張霸，不知鄭所受於賈、馬者，即孔安國之古文，不特非張霸《書》，并非歐陽、夏侯本也。孔壁本有《太誓》，與今文同，太史公所載、許叔重所引、鄭康成所注，皆真《太誓》也。自梅書別有《太誓》，乃以舊《太誓》屬之今文。東晉之《太誓》固僞，西漢之《太誓》則非僞也。且安國爲武帝博士，所傳授即伏生二十九篇。其後得壁中《書》，以今文讀之，字句或異，因別爲説，以授都尉朝等，由是《尚書》有孔氏之學。其增多十六篇，雖定其文而無其説。故馬季長云「逸十六篇絶無師説」也。誠知安國之真古文，則知增多者十六篇，別之爲二十四篇，而斷非二十五篇。安國所説者，仍二十九篇，別之爲三

❶ 此標題原無，乃校點者所擬。

十四篇，而斷無五十八篇之傳。此千四百餘年未決之疑，而惠松崖先生獨一一證成之，❶其有功於壁經甚大。先是，太原閻徵士百詩，著書數十萬言，其義多與先生闇合，而於《太誓》，猶沿唐人正義之誤，未若先生之精而約也。今士大夫多尊崇漢學，實出先生緒論。其所撰述都次第刊行，獨是編伏而未出。頃宋生子尚得之江處士艮庭，許亟梓而傳之，而屬序於予。予弱冠時謁先生於泮環巷宅，與論《易》義，更僕不勌，蓋謬以予爲可與道古者。忽忽卌餘載，楹書猶在，而典型日遠。綴名簡末，感慨係之。乾隆壬子三月既望嘉定錢大昕序。

❶「生」，原作「先」，據《潛研堂集》所收此文改。

古文尚書攷序

辨東晉所出古文《尚書》之僞者，自趙宋而來約有兩端：曰文從字順而易讀，曰掇拾傳記而無遺。前之説，則所云讀以今文者之删添與傳者之私竄足以解之；後之説，則所云傳記之徵引自多古文者足以解之。皆不得謂挾持有故也。吾友惠君定宇，淹通經史，於五經並宗漢學，著述多而可傳。其《古文尚書攷》二卷能據真古文以辨後出者之僞。大指言鄭康成所述二十四篇之目見於唐正義者，即《漢·藝文志》之十六篇，劉歆、班固以爲孔安國所得古文，無異詞。自梅頤奏古文二十五篇列諸國學，孔穎達乃以二十四篇爲張霸所造，遂令梅書雜古經而大行，是謂僞其真而真其僞。余惟班之《藝文志》即劉之《七略》。劉在成哀間領校秘書，班在顯宗時典其職，於所謂十六篇者，皆親見其文而載之於書。按正義載鄭氏云：「《武成》，逸《書》，建武之際亡。」是班撰《志》時尚存十五篇。十六而爲二十四，鄭析其《九共》一篇爲九耳。若張霸所造乃百兩篇，且當時即以乖秘書見黜，然則鄭之二十四篇非張霸僞書，而爲真古文，可決也。鄭之二十四篇爲真古文，則梅之二十五篇爲僞古文，亦可決也。夫二十五篇之古文非不依於義理，顧後儒之作雖精醇，不可以渾淆聖籍。《揚子》《文中子》

之擬經皆謂之僭，況以僞亂真者？故欲尊古經，必辨後出者之僞；而欲辨後出者之僞，必據其前之真者而後可。此定宇之書所由高出於群言邪！得是而後出古文之爲僞，雖素悦其理而信之者亦無以爲之解。而所謂足以解者，皆轉而爲浮説矣。太原閻百詩，近儒之博且精者，著《尚書古文疏證》五卷，先得定宇之指。定宇書不謀而與之合，文詞未及其半而辨證益明，條貫亦益清云。時乾隆十五年歲次上章敦牂四月既望果堂弟沈彤撰。

跋[1]

孔氏古文《尚書》二十四篇亡，而僞古文二十五篇出。自孔穎達曲護二十五篇，反以二十四篇爲張霸所作，由是二十五篇廁聖經而並行，无疑之者。至宋之吴才老、朱晦翁，以及元之吴艸廬、明之郝京山等雖皆疑之，而不得真古文要領，終於疑信參半。吾鄉惠松崖先生閲《尚書正義》而得其閒，灼然知二十四篇爲孔氏古文，則二十五篇之爲僞明矣。于是撰《古文尚書攷》二卷，上卷證明其僞，下卷盡發其標竊之根原，彼作僞之情形，无能隱遁矣。既而見閻百詩《古文尚書疏證》，以爲先得我心，助我張目者，故槀中閒采閻説焉。惟是《家語》《孔叢》與僞古文同出一手，而汲郡《紀年》及《帝王世紀》皆與僞古文陰相援助，先生非不知其誕妄而猶引用其書者，所以著其朋比之辠狀也。是書出，而後之讀《尚書》者庶不爲僞古文所惑矣。爰刊行之，以成先生嘉惠來學之意。乾隆五十七年正月丙戌後學宋廷弼跋。

[1] 此標題原無，乃校點者所擬。

古文尚書攷卷上

東吴惠棟定宇撰

孔安國古文五十八篇，漢世未嘗亡也。三十四篇與伏生同，二十四篇增多之數，篇名具在。劉歆造《三統曆》，班固作《律曆志》，鄭康成注《尚書序》，皆得引之。特以當日未立於學官，故賈逵、馬融等雖傳孔學，不傳逸篇。融作《書序》亦云「逸十六篇絶無師説」。十六篇内《九共》九篇，故二十四。蓋漢重家學，習《尚書》者皆以二十九篇爲備。伏生二十八篇，《太誓》後得，故二十九。劉歆《移書太常》曰：「抑此三學，以《尚書》爲備。」臣讚曰：「當時學者謂《尚書》唯有二十八篇，不知本有百篇也。」「三學」，謂逸《禮》《尚書》《左傳》。于時雖有孔壁之文，亦止謂之逸《書》，無傳之者。服虔《左傳解誼》以《毛詩·都人士》首章爲逸《詩》，以未立于學官故也。然其書已入中秘，是以劉向校古文得録其篇，箸于《别録》。至東京時，惟亡《武成》一篇，而《藝文志》所載五十七篇而已。劉向《别録》五十八篇。其所逸十六篇，當時學者咸能案其篇目，舉其遺文。雖無章句訓故之學，翕然皆知爲孔氏之逸《書》也。或曰：「古文出于晉世，若兩漢先嘗備具，何以《書傳》所引《大甲》《説命》諸篇，漢儒羣目爲逸《書》歟？」曰：「今世所謂古文者，乃梅頤之書，非壁中之文也。頤采摭傳記，作爲古文，以紿後世，後世儒者靡然信從，於是東晉之古文出而西漢之古文亡矣。」孔氏之《書》，不特文與梅氏絶異，而其篇次亦殊。愚既備箸其目，復爲條其説于左方，以與識古君子共證焉。

孔氏古文《尚書》五十八篇

堯典梅氏分出《舜典》。舜典　汩作　九共一　九共二　九共三　九共四　九共五　九共六　九共七　九共八　九共九　大禹謨　臯陶謨梅氏分出《益稷》。棄稷即《益稷》。禹貢　甘誓　五子之歌　胤征❶　湯誓　湯誥　咸有一德梅氏次《大甲》。典寶梅氏次《湯誓》。伊訓梅氏次《湯誥》。肆命　原命　般庚上　般庚中　般庚下　高宗肜日　西伯戡黎　微子　大誓上　大誓中　大誓下　牧誓　武成建武之際亡。洪範　旅獒　金縢　大誥　康誥　酒誥　杍材　召誥　雒誥　多士　毋逸　君奭　多方　立政　顧命　康王之誥　[覀+馬]命當作《畢命》。棐誓梅氏次《文侯之命》。呂刑　文侯之命　秦誓

❶「胤」，原作「嗣」，乃避雍正帝諱，今回改。下徑改，不再一一出校。

桓譚《新論》云：「古文《尚書》舊有四十五卷，爲五十八篇。」蓋賈、馬《尚書》三十四篇，益以孔氏逸篇二十四篇爲五十八，内《般庚》三篇同卷，《大誓》三篇同卷，《顧命》《康王之誥》二篇同卷，實二十九篇。逸《書》《九共》九篇同卷，實十六篇，合四十五卷之數。「篇」即「卷」也。與桓君山説合。《藝文志》「四十六卷」，兼《序》言之。

鄭氏述古文逸《書》二十四篇

舜典　汩作　九共一　九共二　九共三　九共四　九共五　九共六　九共七　九共八
九共九　大禹謨　棄稷　五子之歌　胤征　湯誥　咸有一德　典寶　伊訓　肆命名陳政教所當爲也。　原命　武成　旅獒　臩命當作《畢命》。

《藝文志》云：「古文《尚書》者，出孔子壁中。孔安國者，孔子後也，悉得其書，以攷二十九篇，得多十六篇，安國獻之。遭巫蠱事，未列于學官。」所謂十六篇者，即鄭氏所述逸《書》二十四篇也。正義曰：「以《九共》九篇共卷，除八篇，故爲十六。」

孔沖遠以孔氏十六篇爲張霸僞《書》，其説之可疑者有四焉。《漢書·儒林傳》云：「孔氏有古文《尚書》，孔安國以今文字讀之，因以起其家，逸《書》得十餘篇，蓋《尚書》兹多於是矣。世所傳百兩篇者，出東萊張霸，分析合二十九篇以爲數十，又采

《左氏傳》《書敘》爲作首尾，凡百二篇。篇或數簡，文意淺陋。成帝時，求其古文者，霸以能爲百兩徵，以中書校之，非是。」案：《傳》先述逸《書》，後稱百兩，明逸《書》非百兩，其疑一也。《經典·序録》曰：「百二篇，文意淺陋，成帝時劉向校之，非是，後遂黜其書。」夫校古文者，向也。識百兩之非古文者，亦向也。豈有向撰《别録》，仍取張霸僞《書》者乎？其疑二也。成帝之時，百篇具在。向、歆父子領校秘書，皆得見之。歆撰《三統曆》，述《伊訓》《武成》《畢命》諸篇，悉孔氏逸《書》之文也。觀歆《移太常書》知孔氏古文具在。其後，《武成》亡於建武之際。至東漢之末，《胤征》《伊訓》猶有存者。故鄭康成注《書》間一引之。注《禹貢》引《胤征》，注《典寶》引《伊訓》。若百兩之篇，傳在民間，王充《論衡》曰：「百二篇《書》傳在民間。」與壁中古文真僞顯然，當時學者咸能辨之。《論衡》十八卷引百兩篇云：「伊尹死，大霧三日。」豈有識古如劉子駿，篤學如鄭康成，以民間僞書信爲壁中逸典者耶？其疑三也。《律曆志》載《伊訓》篇曰：「惟元年十有一月乙丑朔，❶伊尹祀于先王。」《武成》篇曰：「惟一月壬辰，旁死霸，古文「魄」「霸」通。若翌日癸巳，武王迺朝步自周，于征伐紂。」《畢命》曰「惟十有二年六月庚午

❶「一」，《漢書·律曆志》作「二」。

朏」云云。案：其文與梅氏所載略同，後人序之爲張霸僞《書》者也。愚攷王充《論衡》曰：霸造百二篇，成帝出祕《尚書》以校攷之，無一字相應者。夫霸《書》不與百篇相應，何後出古文獨與之同？其疑四也。孔沖遠又言：「僞作者，傳聞舊語，得其年月，不得以下之辭。」此説謬耳。百二篇與秘《尚書》無一字相應，安得如沖遠所云？且《律曆志》所據逸《書》，皆本《三統曆》，子駿親見古文，豈可以僞《書》序之？

辨《正義》四條

正義曰：「伏生本二十八篇，《般庚》出二篇，加《舜典》《益稷》《康王之誥》，凡五篇，爲三十三篇，加所增二十五爲五十八。」

案：漢元以來，《尚書》無所謂三十三篇者。二十八篇者，伏生也。三十一卷者，歐陽也。蓋《般庚》出二篇，加《大誓》一篇，故三十一。一説二十八篇之外，加《大誓》析爲三篇。二十九篇者，夏侯也。依伏生篇數，增《大誓》一篇。三十四篇者，馬、鄭也。《般庚》《大誓》皆析爲三篇，分《顧命》「王若曰」以下爲《康王之誥》，故三十四。梅氏去《大誓》三篇，梅既去《大誓》，則止有三十一篇。而分《堯典》《皋陶謨》爲《舜典》《益稷》二篇，于是有三十三篇之文，是其謬耳。且五十八篇既因于《别録》，其中增多二十五篇又不與班氏《藝文志》相應，《藝文志》止十六篇，出《九共》八篇爲二十四，此鄭氏《書》也。進退皆無據也。

正義曰：「前漢諸儒知孔本有五十八篇，不見孔傳，遂有張霸之徒於鄭注之外僞造《尚書》凡二十四，以足鄭注三十四篇爲五十八篇。」

案：霸所僎有百兩篇，無僞造二十四篇之説。二十四篇之文，《九共》同卷，實十六篇。劉歆、班固皆以爲孔安國所得逸《書》，非張霸《書》也。自東晉二十五篇之文出，于是始以二十四篇爲僞《書》。信所疑而疑所信，此後儒所以不能無辨也。梅氏僞《書》，如吴才老、朱晦菴、陳直齋、吴草廬、趙子昂諸人皆能辨之，但不知鄭氏二十四篇爲孔氏真古文耳。

正義曰：「鄭氏於伏生二十九篇之内分出《般庚》二篇、《康王之誥》，又《大誓》三篇，爲三十四篇。更增益僞《書》二十四篇，爲五十八。以此二十四篇爲十六卷，以《九共》九篇共卷，除八篇，故爲十六。故《藝文志》、劉向《别録》云五十八篇。《藝文志》又云：『孔安國者，孔子後也。悉得其書，以古文又多十六篇。』『篇』即『卷』也，即是僞《書》二十四篇也。劉向作《别録》，班固作《藝文志》，並云此言，不見孔傳也。」

案：壁中《尚書》，安國家獻之，劉向從而校之，故知見行之《書》文字異者七百有餘。增多之篇，《舜典》已下一十有六。康成僎次篇目，皆仍孔氏之舊。如以十六篇爲僞《書》，則當日秘府所藏亦難深信，而梅氏五十八篇之文又何所據以傳于後耶？

正義曰：「案：伏生所傳三十四篇者謂之今文，則夏侯勝、夏侯建、歐陽和伯等三家所傳及後漢末蔡邕所勒石經是也。孔所傳者，膠東庸生、劉歆、賈逵、馬融等所傳是也。鄭玄《書贊》云：❶『我先師棘下生子安國，亦好此學，自世祖興後漢，衛、賈、馬二三君子之業則雅材好博，既宣之矣。』又云：『歐陽氏失其本義，今疾此蔽冒，猶復疑惑未悛。』是鄭意師祖孔學，傳授膠東庸生、劉歆、賈逵、馬融等學，而賤夏侯、歐陽等，何意鄭注《尚書》亡逸並與孔異。」

案：漢世儒者，惟鄭氏篤信古文，故于《易》傳費氏，于《書》傳孔氏，于《詩》傳毛氏，皆古文也。許慎亦從賈逵受古學，其撰《説文解字》，偁「《書》孔氏，《詩》毛氏」。由是言之，鄭祖孔學，又何疑乎？蓋古文自膠東庸生已下，代有經師。扶風杜林，又得西州桼書互相攷證。衛、賈、馬諸君皆傳其學，故有「雅材好博」之稱。平帝立古文，而十六篇不著於録，以故絶無師説。沿至建武，《武成》之篇間有亡者。尹敏、孫期、丁鴻、張楷皆通古文，然闕慉傳講，二十九篇而已。《大誓》後得，古文實二十八篇。由西漢俗儒，夏侯勝、師丹輩。信今疑古，撥弃内學，抑而不宣。至康成注《書》，《胤征》《伊訓》

❶「玄」，原作「元」，乃避康熙帝諱，今回改。下徑改，不再一一出校。

僅有存焉，然猶能舉其篇章，辨其亡逸者，此炎漢四百年古文經師之力也。迄乎永嘉，師資道喪，二京逸典，咸就滅亡。具《隋・經籍志》。于是梅頤之徒，僞《書》當作偭于王肅，肅好造僞書，以詆康成，《家語》其一也。奮其私智，造爲古文，傳記逸《書》，掎摭殆盡。詳下卷。若拾遺秉而作飯，集狐腋以爲裘，二語本朱錫鬯。雖于大義無乖，然合之鄭氏逸篇，不異百兩之與中書矣。蓋孔氏既有古文，而梅復造之。鄭自與梅異，非與孔異也。

證孔氏逸《書》九條

孔君、伏生傳《書》，雖有古今之異，皆信以傳信，疑以傳疑，默相契合。如伏生《書》有《堯典》無《舜典》，有《咎繇謨》无《弃稷》，以二篇本闕也。而孔氏逸《書》別有《舜典》《弃稷》二篇，正可補伏生之闕。又《書大傳・虞傳》有《九共》篇云：「予辨下土，使民平平，使民無傲。」薛宣曰：「伏生稱《九共》以諸侯來朝，各述其土地所生美惡，人民好惡，爲之貢賦政教，略能記其語云。」今逸《書》亦有是篇。伏生見之，孔氏傳之，此信而有徵者。

王氏應麟曰：「五子述大禹之戒以作歌。仁義之人，其言藹如，豈朱、均、管、蔡之比？」楚士娓以五觀比于朱、均、管、蔡。愚案：《墨子・非樂》篇云：「於《武觀》曰：『啟乃淫溢康樂，

「啟乃」當作「啟子」，「溢」與「泆」同。野于飲食，將將銘，莧磬以力，湛濁于酒，「湛」與「躭」同，躭淫濁亂也。渝食于野，萬舞翼翼，章聞于大，當作「天」。天用弗式。』故上者天鬼弗戒，下者萬民弗利。」此逸《書》敘武觀之事，即《書序》之五子也。《周書·嘗麥》曰：「其在夏之五子，今本「夏」訛「殷」。忘伯禹之命，假國無正，用胥興作亂，遂凶厥國。皇天哀禹，賜以彭壽，思正夏略。」五子者，武觀也。彭壽者，彭伯也。《汲郡古文》云：「帝啟十一年，放王季子武觀于西河。十五年，武觀以西河畔。漢東郡有畔觀縣。彭伯壽帥師征西河。武觀來歸。」注云：「『武觀』即『五觀』也。」《楚語》：「士娓曰：『啟有五觀。』」《春秋傳》曰：「夏有觀扈。」《五子之歌》，《墨子》述其遺文，《周書》載其逸事，《楚詞》云：「啟《九辨》與《九歌》兮，夏康娛以自縱。」即《墨子》所云「淫溢康樂，萬舞翼翼」是也。又云：「不顧難以圖後兮，五子用失乎家巷。」即《周書》所云「忘伯禹之命，遂凶厥國」是也。與內外傳所稱無殊。且孔氏逸《書》本有是篇，漢儒習聞其事。故韋昭注《國語》，王符撰《潛夫論》，皆依以爲說。安有淫泆作亂之人，述戒作歌，以垂後世者乎？梅氏之誣，不待辨而明矣。

《書》正義云：「鄭氏注《禹貢》引《胤征》云：『厥篚玄黃，昭我周王。』」《詩·鹿鳴》云：「承筐是將。」鄭箋曰：「承猶奉也。《書》曰：『厥篚玄黃。』」興國建安本作「篚厥玄黃」，訛。正義云：「今《禹貢》止有『厥篚玄纁』之文，而鄭注《禹貢》引《胤征》曰『厥篚玄黃』，則此所引亦爲

《胤征》文。鄭誤也，當在古文《武成》篇矣。鄭不見古文，而引張霸《尚書》，故不同耳。」愚案：孔氏逸《書》有《胤征》篇，漢末猶存，故鄭氏引之。孔沖遠必欲黜鄭扶梅，使梅氏僞《書》得以行世，豈非弃周鼎而寶康瓠歟？

孔氏逸《書》有《湯誥》篇，司馬遷從安國問，采入《殷本紀》。今梅氏别僎一篇，如「敢用玄牡，敢昭告于上天神后」云云，此《湯誓》之文也。故孔安國注《論語·堯曰》篇，亦言「《墨子》載《湯誓》，其辭若此」，明《湯誥》無此文也。《湯誥》之文，安國尚不得而知之，況馬、鄭乎？

《緇衣》引《尹吉》曰：「惟尹躳及湯，咸有一德。」鄭注云：「『吉』當爲『告』，古文『誥』，字之誤也。尹告，伊尹之告也。《書序》以爲《咸有一德》，今亡。」逸《書》有此篇，當康成時已亡也。《緇衣》又引云：「惟尹躳天見于西邑夏，自周有終，相亦惟終。」注云：「『天』當爲『先』，字之誤。伊尹言，尹之先祖見夏之先君臣皆忠信以自終。今天絶桀者，以其自作孼。伊尹始仕於夏，此時就湯矣。」鄭爲此言者，據孔氏逸《書》爲説。蓋古文《書序》，《咸有一德》次《湯誥》後，《書》正義云：「孔以《咸有一德》次《大甲》後，第四十。鄭以爲在《湯誥》後，第三十二。」《殷本紀》于《湯誥》之下即云：「伊尹作《咸有一德》，咎單作《明居》。」鄭傳賈逵之學，馬遷從孔安國問，皆得其實。今僞孔氏以《咸有一德》次《大甲》後者，妄也。故鄭以「尹告」爲伊尹告成湯，即《書序》之《咸有一德》

也，又當克夏之後，故云「始仕于夏，此時就湯」，皆古文説也。今梅氏以《尹吉》一篇之文分屬《大甲》，又以《咸有一德》爲陳戒大甲之辭，失之遠矣。

劉歆《三統曆》載《伊訓》篇《律曆志》同。曰：「『惟大甲元年十有二月乙丑朔，伊尹祀于先王，誕資有牧方明。』言雖有成湯、大丁、外丙、仲壬之服，以冬至越茀祀先王于方明，以配上帝。」歆以方明爲明堂。配天越茀者，祭上帝越茀行事也。「方明」見《覲禮》篇。《汲郡古文》曰：「大甲十年，大饗于大廟，初祀方明。」此商家一代禘祭大典，惜其書不與《堯典》並傳。周因殷禮，故《覲禮》有「方明」。康成注《典寶》引《伊訓》云「載孚在亳」，又云「征是三朡」，則此篇漢末猶存也。崔實《政論》曰：「皋陶陳謨而唐虞以興，伊箕作訓而殷周用隆。」則《伊訓》之篇，子真曾見之矣。

劉向《别録》云：「古文《尚書》經五十八篇。」《藝文志》作五十七篇。康成云：「後又亡其一篇，故五十七。」案：康成《書序》注云：「《武成》逸書，建武之際亡。」即謂所亡之篇也。劉歆《三統曆》云：「《周書·武成》篇：『惟一月壬辰旁死霸，若翌日癸巳，武王乃朝步自周，于征伐紂。粤若來三月既死霸，粤五日甲子，咸劉商王紂。惟四月既旁生霸，粤六日庚戌，武王燎于周廟。翌日辛亥，祀于天位。粤五日乙卯，乃以庶國祀馘于周廟。』」案：其文皆見《周書·世俘》篇。蓋史官所記伐紂歲月略同，而其文則異也。

《旅獒序》云：「西旅獻獒，大保作《旅獒》。」「獒」，馬融作「豪」，酋豪也。康成曰：「獒讀爲豪。西戎無君名，强大有政者爲酋豪。國人遣其酋豪來獻見於周。」此孔氏逸《書》之說，馬季長傳古文而得之。康成受學于馬，故述其說如此。孔沖遠據梅氏，旅獒爲犬高四尺之獒，斥馬君爲不見古文，妄爲此說，何言之悖歟？

逸《書》有《冏命》。愚謂「冏」當作「畢」，字之誤也。劉歆《三統曆》云：「《畢命豐刑》曰：『惟十有二年六月庚午朏，王命作策《豐刑》。』」一云「作策書《豐刑》」。康成《畢命序》注云：「今其逸篇有册命霍侯之事，不同，與此序相應。」蓋亦據孔氏逸《書》爲說。

梅氏增多古文二十五篇

大禹謨　五子之歌　胤征　仲虺之誥　湯誥　伊訓　太甲上　太甲中　太甲下　咸有一德　説命上　説命中　説命下　泰誓上　泰誓中　泰誓下　武成　旅獒　微子之命　蔡仲之命　周官　君陳　畢命　君牙　冏命

案《藝文志》，古文《尚書》出孔壁中，孔安國「悉得其書，以攷二十九篇，得多十六篇」。內《九共》九篇，故分之爲二十四，合之爲十六。今梅氏增多篇數，分之爲二十五，合之爲十九，與《藝文志》不合。又因劉向《别録》「古文《尚書》有五十八篇」，乃遂分《堯典》「慎徽」以下爲《舜典》，分《皋陶謨》「帝曰來禹」以下爲《益稷》，以合《別録》之數，于是見行之《書》爲三十三篇。漢魏以前，未有此目。且如征苗誓師，《禹誓》文也；「往于田，號泣于旻天」，《舜典》文也，而皆以爲《大禹謨》。「葛伯仇餉」，《湯征》文也，而以爲《仲虺之誥》。「聿求元聖，與之戮力」，「萬方有罪，在予一人」，皆《湯誓》文也，而以爲《湯誥》。「惟尹躬先見于西邑夏」，《咸有一德》文也，而以爲《大甲》。皆與《書傳》不合。

辨梅氏增多古文之謬十五條

《左傳》引《夏書》曰：「戒之用休，董之用威，勸之以《九歌》，勿使壞。」《離騷》經云：「啟《九辨》與《九歌》。」《天問》云：「啟棘賓商，《九辨》《九歌》。」則《九歌》乃啟樂，猶九鼎爲啟鑄也。伏氏《尚書・虞夏傳》云：「惟十有四祀，還歸二年，而廟中苟有歌《大化》《大訓》《六府》《九原》，而夏道興。」康成注：「四章皆歌禹。」獨無《九歌》，明《九歌》乃啟樂也。今後出古文以爲禹告舜之詞，則似虞時已有此歌，恐未然。

《墨子・兼愛》篇載《禹誓》云：「禹曰：『濟濟有衆，咸聽朕言：非惟小子，惟，一作「台」。敢行稱亂，蠢兹有苗，用天之罰，若予既率爾羣，「羣」猶「君」也。《周書・王子晉》云：「侯能成羣謂之君。」《堯典》言「羣后」。又作「郡」，古文通。《淳于長夏承碑》「兼覽郡藝」，義作「羣」。對諸羣，以征有苗。』」據此言之，《夏書》當有《禹誓》之篇。荀卿子曰：「誥誓不及五帝。」《穀梁傳》同。誓始於禹，則舜時未有也。《皋陶謨》言「苗頑弗即功」，則舜陟後，禹當復有征苗誓師之事。今梅氏采入《大禹謨》，屬之《虞書》，僞孔氏以《益稷》以上爲《虞書》。顯然與先儒相悖，其説非也。百篇文，荀子猶及見之，説當有據。

《荀子·議兵篇》曰：「舜伐有苗。」此梅氏所據也。案上下文云「堯伐驩兜」「禹伐共工」云云，此即堯舜誅四凶事。《國語》所謂「大刑用甲兵」，故稱「伐」，不必有誓師逆命之事也。

顧氏棟高《尚書有苗論》曰：「案經言『有苗』，凡七見。《舜典》言『竄三苗于三危』，又曰『分北三苗』，《皋陶謨》言『何遷乎有苗』，《禹貢》言『三苗丕敘』，《益稷》言『苗頑弗即功』，此亦見《皋陶謨》，非《益稷》也。《呂刑》言『遏絶苗民，無世在下』，與僞經禹徂征之事，❶凡七。元儒王耕野耘之言曰：『謂之「分北」，則非止于一人。謂其「丕敘」，則必非止于一君。又謂之「遷有苗」，謂之「遏絶苗民」，則不特遷徙其君長，必并其國人俱徙之，又何來徂征逆命之事邪？三苗既非在廟之臣，舜必將執其君而竄之。舜執其君而无所難，禹征以六師而反不

❶「僞經」，清道光六年眉壽堂刻《尚書質疑》無此二字。

服，迨至「來格」，既革心向化矣，又從而追其既往而分北之，豈「叛則討之，服則舍之」之義？』又曰：『舜以耄期倦勤而授禹，禹豈宜舍朝廷之事而親征有苗？舜又安能以倦勤之餘而誕敷文德？若果能之，則亦不必授禹矣。』案：耕野之言，深合事理。竊意僞經勦襲《孟子》之語，以聾瞶一世。益贊之言尤多謬戾。瞽瞍爲舜之父，而禹、益皆其臣也。以瞍爲天子之父而斥之爲有苗之不若，此在後世爲大逆不道，豈宜竄入經典？愚因耕野之言，類聚所書有苗之事，謹以一言斷之曰：若説竄與分北在徂征之後，則苗以逆命而班師，以來格而遭竄，則有苗當自悔其來。若説在徂征之前，則三苗已丕敘于三危流竄之地，即有不即功者，亦使皋陶施象刑威之足矣，不煩興師動衆也。」

《荀子·君道篇》引《書》曰：「先時者殺無赦，不逮時者殺無赦。」《韓詩外傳》云：「周制曰：『先時者死無赦，不及時者死無赦。』」若然，《荀子》所引乃《周書》也。梅氏載之《胤征》，又以爲先代政典之言。其後僞造《三墳》書者，遂以政典爲三皇時書矣。誰之作俑歟？

《史記·夏本紀》云：「帝大康失國，兄弟五人須于雒汭。」《索隱》曰：「皇甫謐云：『號五觀也。』」謐從梁柳得古文《尚書》，作《帝王世紀》，往往載孔氏二十五篇之文。至其稱五子爲五觀，且與梅氏相刺謬。然則謐所據之古文又安可盡信乎？《帝王世紀》曰：「有苗氏負固不服，禹請征之。舜曰：『我德不厚，行武非道也。吾前教由未也。』乃修教三年，執干戚而舞之，有苗請服。」其説本《韓非子》，與《大禹謨》不合。謐既以五子爲五觀，其紀冀州引《五子歌》「惟彼陶唐」，蓋謐作《世紀》，雜引傳記，初無定見也。

《唐太宗李衛公問對》曰：「『臣案《孫子》曰：「卒未親附而罰之，則不服；已親附而罰不行，則不用。」此言凡將先有愛結于士，然後可以嚴刑也。若愛未加而獨用峻法，鮮克濟焉。』太宗曰：『《尚書》言：「威克厥愛，允濟；愛克厥威，允罔功。」❶何謂也？』靖曰：『愛設于先，威設于後，不可反是也。若威加于前，愛救于後，无益于事矣。《尚書》所以慎戒其終，非所以作謀于始。故《孫子》之法，萬代不刊。』」案：胤侯掌六師以討羲和，不識兵法，安能制勝？且垂諸訓典，以誤後人，必不然矣。衛公不知《書》之爲僞，故不直斥其非。然則《左傳》「作事威克其愛」一語，乃臨戰制勝之語，非如僞《尚書》所云也。

《湯誓》非全書也，《湯誥》非古文也。何以知之？以《湯誥》多采《湯誓》之言，而古文別有《湯誥》之篇也。《論語·堯曰》篇曰：「予小子履，敢用玄牡，敢昭告于皇皇后帝：有罪不敢赦。帝臣不蔽，簡在帝心。朕躳有罪，無以萬方；萬方有罪，罪在朕躳。」孔安國注云：「此伐桀告天之文。《墨子》引《湯誓》，其辭若此。」今在《兼愛》篇。《周語》内史過曰：「在《湯

❶「罔」，原作「网」，據《皇清經解》本改。

誓》曰：『余一人有辠，無以萬夫；萬夫有辠，在余一人。』」又《墨子・尚賢》篇云：「《湯誓》曰：『聿求元聖，與之勠力。』」今《湯誓》皆無此言，而《湯誥》有之，以此知《湯誓》非全書也。《史記・殷本紀》云：「既黜夏命，還亳，作《湯誥》：『維三月，王自至於東郊。告諸侯羣后：「毋不有功於民，勤力廼事。予乃大罰殛女，毋予怨。」曰：「古禹、皋陶久勞于外，其有功乎民，民乃有安。東爲江，北爲濟，西爲河，南爲淮，四瀆已修，❶萬民乃有居。后稷降種，❷農殖百穀。三公咸有功于民，故后有立。一作「土」。昔蚩尤與其大夫作亂百姓，帝乃弗予，音與。有狀。先王言不可不勉。」曰：「不道，毋之在國，女毋我怨。」』」此孔氏所傳十六篇之文也。今《湯誥》之詞與《史記》絶不相類，以此知《湯誥》非古文也。

朱氏彝尊曰：「墨、劓、剕、宫、大辟，非舜之五刑也。舜以命皋陶者，流也，鞭也，扑也，贖也，賊也，象以典刑五者是已。《甫刑》曰：『苗民勿用靈，制以刑，惟作五虐之刑曰法。』斯則劓、刵、椓、黥之謂，肉刑之始矣。荀卿云『治古無肉刑，而有象刑』，斯言是也。愚攷肉刑，夏莫之用，商亦無明徵。《伊訓》：『臣下不匡，其刑墨。』出梅氏《尚書》，未足深信。至

❶「瀆」，《史記・殷本紀》作「瀆」。
❷「種」，《史記・殷本紀》作「播」。

《周官》分職，乃掌之司刑，則肉刑其昉于周歟？」

七廟之制，始于晚周，周公制禮以前未之有也。《喪服小記》曰：「王者禘其祖之所自出，以其祖配之，而立四廟。」鄭注云：「高祖以下，與始祖而五。」漢永始四年，詔議毀廟事，丞相韋玄成等四十四人皆主《小記》之説。蓋周公制禮時，文、武尚在四廟之中。穆、共以下，二廟當毀，以其爲受命之主而不毀。《穀梁》《王制》《祭法》《禮器》並云七廟。荀卿、劉歆、班彪父子、王肅、孔鼂、虞喜、干寶之徒咸以爲嘫。《穀梁》《王制》《祭法》《禮器》皆晚周之書，荀卿法後王，又《穀梁》之徒，故主七廟。劉歆創三宗不毀之説，班氏父子从而和之，王肅又从其説以駁鄭。于是造僞古文者，改《吕氏春秋》所引《商書》「五世之廟」爲「七世」，孔鼂、虞喜、干寶又皆在僞古文已出之後，故亦宗七廟之説，而不知其畔經而離道也。

朱氏彝尊曰：「《武成》『丁未，祀于周廟』之後，乃云『越三日庚戌』，律以《召誥》《顧命》書法，則當云『越四日』矣。史臣繫日，一代不應互異若此。吾不能不疑于《武成》也。」

《禮記·中庸》曰：「壹戎衣。」壹讀爲殪。戎，大也。衣讀爲殷。言周殪滅大殷也。康成注云：「齊人言殷聲如『衣』。虞、夏、商、周氏者多矣。今姓有衣者，殷之胄歟？」高誘《吕覽注》云：「今兖州謂殷氏皆曰衣。」蓋古衣字作㐆，从反身。殷，从殳㐆聲，故讀爲衣。是則《中庸》之「壹戎衣」，即《康誥》之「殪戎殷」也。梅氏不知「衣」即「殷」字，而于《武成》篇仍用

《中庸》之語，云「壹戎衣，天下大定」，斯爲贅矣。《國語》引《大誓》曰：「戎商必克。」「戎商」即「戎衣」也。

朱氏彝尊曰：「成王之命蔡仲，王若曰：『胡無若爾考之違王命也。』見于《春秋左氏傳》。而梅氏《書》增益其文，云『率乃祖文王之遺訓』。異哉斯言也！《般庚》曰『古我先王暨乃祖乃父』，又曰『我先后綏乃祖乃父』，此誥臣民之辭則然。若成王命康叔，則云『惟乃丕顯考文王』，又曰『乃穆考文王』，周公告成王則曰『承保乃文祖受命民，越乃光烈考武王』，若是其莊重也。而成王命仲曰『率乃祖文王』，『乃祖』者，伊誰之祖與？吾不能不疑于《蔡仲之命》也。」

杜氏預注《左傳》，凡引《書》在二十九篇之外者曰「逸《書》」，見《逸周書》者則云「《周書》」。惟襄二十五年傳云：「《書》云：『慎始而敬終，終以不困。』」此《周書·常訓》篇文也，杜氏偶不照而云「逸《書》」，于是梅氏遂采入《蔡仲之命》，云「慎厥初，惟厥終，終以不困」，意自謂二十九篇之外逸《書》也。徐幹《中論》云：「《書》云：『慎始而敬終，終以不困。』」蓋《逸周書》，漢人皆見之。

顧氏炎武謂相之名不見于經，而《説命》有「爰立作相」之文；《外傳》止云：「升以爲公。」《墨子》亦云：「傅説庸築乎傅巖，武丁得之，舉以爲三公。」無作相之事。劉氏勰謂《論語》以前經無「論」

字，而《周官》有「論道經邦」之語，閻若璩注《困學記聞》云：「若璩案：『論道經邦』乃本《攷工記》『或坐而論道』來。」棟案：六經「論」字皆讀爲「倫」，《易・屯》象「君子以經論」，《詩・大雅》「於論鼓鍾」，《王制》「必即天論」，《中庸》「經論天下之大經」是也。《公食大夫禮》注云：「古文『倫』或作『論』。」皆梅氏之漏義也。鄭氏《書序》，《立政》在《周官》後，梅氏置《周官》前，以《立政》官名與《周官》矛盾故耳。明邵氏寶謂《立政》圖任人而未定官制，此未攷古文《書序》而妄爲之説也。

顧氏炎武曰：「《詩》云：『虡業惟樅。』傳曰：『業，大板也，所以飾栒爲縣，捷業如鋸齒，或白畫之。』《爾雅》『大板謂之業』，《左氏》『學人舍業』，《禮記》『大功廢業』，並謂此也。縣者，常防其墜，故借爲敬謹之『業』，《書》之『兢兢業業』，《詩》之『赫赫業業』『有震且業』是也。凡人所執之事，亦當敬謹，故借爲『事業』之『業』，《易傳》『進德修業』『可大則賢人之業』『盛德大業』，《禮記》之『敬業樂羣』是也。然三代《詩》《書》之文，並無此義。而『業廣惟勤』一語，乃出于梅氏所上之古文《尚書》。」其不可信也，明矣。

蔡邕石經《論語》曰：「《書》云：『孝于惟孝，友于兄弟。』」何晏《集解》引包咸注云：「孝于惟孝，美大孝之辭。」華嶠《漢後書・劉平江革等傳》序云：引見《御覽》。「此殆所謂『孝于惟孝，友于兄弟，施于有政，是亦爲政』也。」自晉世《君陳》出，始以「惟孝」二字屬下讀。後之傳《論語》者，改「孝于」爲「孝乎」，以「《書》云孝乎」絶句。陸氏《釋文》云：「『孝于』，一本作『孝乎』。」唐《石經》从定爲「乎」，蓋依《君陳》爲説，非《論語》本真也。朱氏彝尊云：「《書》正義謂古文《尚書》，鄭沖所授。案：沖嘗與孔邕、曹羲、荀顗、何晏共集《論語》訓注。今《論語》雖列何晏之名，沖實主之。其時若孔《書》既得，則『或謂孔子』章引《書》即應證以《君陳》之句，不當復用包咸之訓矣。竊疑沖亦未見古文《尚書》也。」

《漢書・谷永傳》永上疏引經云：「亦維先正克左右。」師古曰：「《周書・君牙》之辭也。」案：《君牙》出于晉世，永安得見之？唐《石經》及宋本《尚書》皆云「亦惟先王之臣，克左右，亂四方」，無「先正」之字，蓋俗作之。鄭氏《尚書・文侯之命》云「亦維先正克左右，昭事厥辟」，永蓋據此篇之文。師古不攷而引《君牙》以證之，詒誤後學，不可不辨。今世所傳馬融《忠經》一卷，《宋・藝文志》著於録，其書閒引梅氏古文。案：馬季長，東漢人，安知晉以後書？此皆不知而妄作者。

辨《尚書》分篇之謬

伏生《尚書》无《舜典》，自「粵若稽古帝堯」至「陟方乃死」，皆《堯典》也。古文《尚書》原書亦如此。故司馬遷撰《史記》，鄭康成、王子雍注《尚書》，皆以「慎徽五典」已下爲堯試舜之文。《孟子》稱「二十有八載，放勛乃殂落」，明言《堯典》。梅氏本於「慎徽五典」已下别爲

《舜典》，此其省作《舜典》一篇，巧於藏拙也，不顯與《孟子》相剌謬乎？《經典・序録》曰：「齊明帝建武中，吳興姚方興采馬、王之注，造孔傳《舜典》一篇，云於大航頭買得，上之。梁武時爲博士議曰：『孔序稱伏生誤合五篇，皆文相承接，所以致誤。《舜典》首有「曰若稽古」，伏生雖昏耄，何容合之？』遂不行用。」《咎繇謨》「帝曰『來，禹，女亦昌言』」，與咎繇所陳是一時之言，豈容分異？故伏生今文與馬、鄭、王本皆不分篇，直至後文賡歌颺拜而後，《咎繇謨》篇止，其外乃別有《棄稷》之篇，未有所謂《益稷》篇目者。梅氏乃以篇中有「臮益臮稷」之文，遂斷自「帝曰來禹」以下，改「棄稷」之名爲「益稷」，亦其便于省造之私智也。伏生合《康王之誥》於《顧命》，馬、鄭本「高祖寡命」已上爲《顧命》之篇，「王若曰」已下爲《康王之誥》。尋經文「諸侯出廟門俟」，「俟」者，俟王出也，語勢不斷，不容於此斷章。顧氏炎武舉此三事，以爲《書序》之妄。夫漢世百篇《書序》別爲一卷，自梅氏上《書》始以《序》分冠篇首。豈知《舜典》《棄稷》別有成篇，《康王之誥》實斷自「王若曰」始，不始于「王出在應門之内」也？

附閻氏若璩《尚書古文疏證》

予少疑後出古文，年大來文理未進，未敢作書指斥。甲寅夏秋間，偶校九經注疏，作疑義四條，辨正義四條，繼又作古文證九條，辨僞《書》十五條，又先後續出兩條，共爲一卷。其二十五篇，采摭傳記，兼録其由來，藏篋衍數年矣。癸亥春，於友人許得太原閻君《古文疏證》，其論與予先後印合。大氐後出古文，先儒疑者不一，第皆惑于孔沖遠之説，以鄭氏二十四篇爲僞《書》，遂不得真古文要領。數百年來，終成疑案耳。閻君之論，可爲助我張目者，因采其語附于後。其博引傳記、逸《書》，别爲一卷，亦間附閻説。後之學者詳焉。

梅氏所上之《孔傳》，凡傳記所引《書》語，諸儒並指爲逸《書》者，此書皆采輯掇拾以爲證驗。而其言率依於理，世無劉向、劉歆、賈逵、馬融輩之鉅識，安得不翕然信之以爲真孔壁復出哉？

鄭所注古文篇數，上與馬融合，又上與賈逵合，又上與劉歆合。歆嘗典校祕書，得古文十六篇。傳聞民間則有安國之再傳弟子膠東庸生者，學與此同。逵父徽實爲安國之六傳弟子，逵受父業，數爲帝言古文《尚書》與經傳《爾雅》詁訓相應，故古文遂行。此皆載在史册，確然可信者也。孔穎達不信漢儒授受之古文，而信晚晉突出之古文，且以《舜典》《汩作》《九共》二十四篇爲張霸之徒所僞造。不知張霸所僞造乃百兩篇，在當時固未嘗售其欺也。《儒林傳》云：「文義淺陋，篇或數簡，帝以中書校之，非是。」曾謂馬融、鄭康成諸大儒而信此等僞書哉？大氐孔穎達纂經翼傳，不爲無功，而第曲狥一説，莫敢他從，如毛傳、《戴記》則唯鄭義之是從，至于《尚書》則又黜鄭而從孔。是皆唐人粹章句爲義疏，欲定爲一是者之弊也。

張霸《書》見于王充《論衡》所引者尚有數語，曰：「伊尹死，大霧三日。」此何等語而可令馬、鄭諸儒見邪？張霸之《書》，甫出即敗。王充淺識，亦知其未可信，而馬、鄭諸儒識顧出王充下邪？然則《汩作》《九共》二十四篇，必得之於孔壁，而非采《左傳》、案《書敘》者之所能作也。

唐貞觀中，詔諸臣僎五經義訓，而一時諸臣不加詳攷，猥以晚晉梅氏之《書》爲正，凡漢儒專門講授的有原委之學，皆斥之曰妄。少不合於梅氏之《書》者，即以爲是不見古文。夫史傳之所載如此，先儒之所述如此，猶以爲是不見古文，將兩漢諸儒書鑿空督説，而直至梅氏始了了邪？烏呼！其亦不思而已矣！世之君子，由予言而求之，平其心，易其氣，而不以唐人義疏之説爲可安，則古學之復也，其庶幾乎！

愚嘗謂僞作古文者，正當據安國所傳篇數爲之補綴，不當别立名目，自爲矛盾。然揣其意，不能張空拳、冒白刃與直自吐其中之所有，故必張往籍以爲之主，摹擬聲口以爲之役，而後足以售吾之欺也。不然，此《書》出于魏晉之間，去康成未遠，而康成所注百篇《書序》明云某篇亡、某篇逸，彼豈無目者，而乃故與之牴牾哉？蓋必據安國所傳篇目一一補綴，則《九共》九篇將何所措手邪？ 此其避難趣易，雖自出于矛盾而有所不恤也。

案：近代鄭曉亦疑古文《泰誓》，謂僞《泰誓》無《孟子》諸書所引用者，人遂不之信。安知好事者不又取《孟子》諸書所引用者以竄入之，以圖取信于人乎？ 其見與余合。从來後人引前，無前人引後，獨此乃前人引後，非後人引前。閻氏云僞《大誓》無《孟子》諸書所引用，是指謂西漢之《大誓》也。 案：西漢之《大誓》，博士習之，孔壁所出與之符同，是孔子所定之舊文也。 自東晉別有僞《大誓》三篇，唐宋以來諸人反以西漢之《大誓》爲僞。 閻氏既知東晉之《大誓》是僞作，何并疑西漢之《大誓》亦僞邪？ 此其謬也。

凡晚出之古文所謂精詣之語，皆無一字無來處，獨惜後人讀書少，遂謂其自作此語耳。

《左氏春秋內傳》引《詩》者一百五十六，引逸《詩》者十，引《書》者二十一，引逸《書》者三十三。《外傳》引《詩》者二十三，引逸《詩》者一，引《書》者四，引逸《書》者十。 蓋三百篇見存，故《詩》之逸者少。 古《書》放闕既多，而《書》之逸自倍于前也。 何梅氏二十五篇出，向韋、杜二氏所謂逸《書》者皆歷歷具在，其終爲逸《書》僅昭十四年《夏書》曰「昏墨賊殺，皋陶之刑也」一則而已。 夫《書》未經孔子所刪不知凡幾，及刪成百篇未爲伏生所傳誦尚六十九篇，其逸多至如此，豈左氏於數百載前，逆知後有二十五篇，而所引不出于此邪？ 此必不然之事也。

安國古文之學，一傳于都尉朝，朝傳膠東庸生，生傳胡常，常傳徐敖，敖傳王璜、塗惲，惲傳桑欽，惲又傳賈徽，徽傳子逵，逵爲之作訓，馬融作傳，康成注解，古文之説大備。康成雖云受之張恭祖，然其《書贊》曰「我先師棘下生子安國，亦好此學」，則其淵原于安國明矣。東晉元帝時，汝南梅頤奏上古文《尚書》，其篇章之離合，名目之存亡，絶與兩漢不合。頤自以得之臧曹，曹得之梁柳。皇甫謐亦从柳得之，而載于《帝王世紀》。愚嘗以梅氏晚出之《書》，自東晉迄今一千三百餘年，而屹與聖經賢傳並立學官，家傳人誦，莫能以易焉者，其故有三焉。皇甫謐高名宿學，左思《三都》經其片語，競相讚述，況得孔《書》載于《世紀》，有不因之而重者乎？是使此《書》首信于世者，皇甫謐之過也。頤雖奏上得立于學官，然南北兩朝猶遞相盛衰，或孔行而鄭微，或鄭行而孔微，或孔、鄭並行。至唐初貞觀，始依孔爲之疏，而兩漢專門之學頓以廢絶。是使此《書》更信于世者，孔穎達之過也。朱子分經與序爲二，以存古制，一則曰「安國僞《書》」，再則曰「安國僞《書》」。而爲之弟子者，正當信以傳信，疑以傳疑，乃明背師承，仍遵舊説，是使此《書》終信于世者，蔡沈之過也。經此三信，雖有卓識定力不拘牽世俗趣舍之大儒，如臨川吴文正公之《尚書敘録》，實有以成朱子未成之志者，而世亦莫能崇信矣。蓋可嘆也夫！可嘆也夫！

吴文正謂《舜典》《汩作》《九共》等篇爲張霸僞作，不知此乃孔穎達之妄説也。

《孟子》：「帝使其子九男二女。」趙岐注曰：「《堯典》：『釐降二女。』不見九男。」孟子時《尚書》凡百二十篇，逸《書》有《舜典》之敘，亡失其文。《孟子》諸所言舜事，皆《堯典》及逸《書》所載，則可證其未嘗見古文《舜典》矣。蓋古文《舜典》別自有一篇，與今之《尚書》析《堯典》而爲二者不同。故《孟子》引「二十有八載，放勛乃徂落」爲《堯典》，不爲《舜典》。《史記》載「慎徽五典」至「四罪而天下咸服」于《堯本紀》，不于《舜本紀》。孟子時典謨完具，篇次未亂，固的然可信。馬遷亦親从安國問古文，其言亦未爲謬也。余嘗妄意「舜往于田」「祗載見瞽瞍」與「不及貢，以政接于有庳」等語，安知非《舜典》之文乎？又「父母使舜完廩」一段，文辭古崛，不類《孟子》本文，《史記・舜本紀》亦載其事，其爲《舜典》之文無疑。然要可爲心知其意者道耳。

孔壁逸《禮》三十九篇，鄭康成注三禮曾引用之。愚謂《禮》與《尚書》同一古文，同爲鄭氏學，同見引于經注中，而在《禮》者，雖篇目僅存單辭斷語，奕代猶知寶之，欲輯爲經；而在《尚書》者，雖卷篇次弟確有原委，甚至明指某句出某篇，如「載孚在亳」，「征是三朡」，「厥篚玄黃，昭我周王」，皆以爲是僞《書》。蓋以《禮》未爲諸儒所亂，而《書》則爲晚出之孔傳所詘厭也，豈不重爲此經之不幸哉！

許慎《説文解字序》云：「其偁《易》，孟氏；《書》，孔氏；《詩》，毛氏；《禮》《周官》《春秋左氏》《論語》《孝經》，皆古文也。」慎子沖上書安帝云：「臣父故太尉南閣祭酒慎，本從賈逵受古學，考之於逵，作《説文解字》。」是《説文解字》所引《書》，正東漢時盛行之古文，而非今古文可比。

古文傳自孔氏，後唯鄭康成所注者得其真；今文傳自伏生，後唯蔡邕《石經》所勒者得其正。今晚出之《書》，不古不今，非伏非孔。

朱子於古文嘗竊疑之，至安國傳，則直斥其僞。不知經與傳固同出一手也。

古文尚書攷卷下

東吴惠棟定宇撰

舜典

舜典《連叢子》孔臧《與侍中從弟安國書》曰：「《堯典》，説者以爲堯舜同道，弟素常以爲雜有《舜典》，今果如所論。」按：此以僞扶僞，欲欺天下後世，謂分析者果壁中本也。

曰若稽古，帝舜曰重華，《御覽》八十一卷引《尚書中候考河命》曰：「曰若稽古，帝舜曰重華，欽翼皇象。」《史記》曰：「虞舜名重華。」毛甡《寃詞》曰：「《舜典》二十八字，漢末有引用之者。王延壽《靈光殿賦》有云：『粤若稽古，帝漢祖宗，濬哲欽明。』王粲《七釋》亦云『濬哲文明，允恭玄塞』云云。」案：此不爲方興頌寃，乃爲立證佐成其罪也。協于帝。濬哲文明，《商頌》：「濬哲維商。」《易·文言》：「天下文明。」閻若璩曰：❶

❶「閻若璩」，當作「梅鷟」。案：惠氏所引閻若璩説，半出《尚書古文疏證》，半出《尚書考異》。今覈其引文，頗疑惠氏曾親見《尚書考異》，而誤以爲閻氏所作。書中所引梅鷟之説，似皆轉引自他書如陳第《尚書疏衍》等。此次整理，皆爲覈其引文，凡出《尚書考異》者，皆曰「當作梅鷟」，而不改正文。後並倣此。

「蓋倣篇首『明文思』三字而不覺其重複也。」❶温恭允塞。《商頌》：「温恭朝夕。」《周詩》：「王猷允塞。」玄德升聞，《淮南鴻烈》曰：「舜執玄德于心而化馳若神。」乃命以位。陸氏《釋文》曰：「『曰若稽古，帝舜曰重華，協于帝』，此十二字是姚方興所上，孔氏傳本無。阮孝緒《七録》亦云然。方興本或此下更有『濬哲文明，温恭允塞，玄德升聞，乃命以位』，凡二十八字。❷聊出之，於王注無施也。」

二十有八載，帝乃殂落。孟子親見百篇文，其述《堯典》曰「二十有八載，放勛乃殂落」，與伏生合，乃知梅氏分篇之謬。

大禹謨

曰若稽古，大禹曰文命，敷于四海，《史記》曰：「夏禹名曰文命。」閻若璩曰：❸「『敷于四海』，約《禹貢》『東漸』數句而成文。」毛甡曰：「《禹貢》曰『禹敷土』，此即『敷四海』也。」祗承于帝。本《孟子》「啟賢能，敬承繼禹之道」。曰：「后克艱厥后，臣克艱厥臣，《論語》曰：「爲君難，爲臣不易。」黎民敏德。」《康誥》曰：「丕則敏德。」帝曰：「俞！允若兹，嘉言罔攸伏，野無遺賢，《荀子·正論》曰：「堯舜南

---

❶「明文」，原作「文明」，據《尚書考異》改。

❷「字」下，《釋文》有「異」字。

❸「閻若璩」，當作「梅鷟」。

面而聽天下，天下無隱士，無遺善。」萬邦咸寧。《易》：「萬國咸寧。」稽于衆，舍己從人，閻若璩曰：「《孟子》稱舜『舍己從人』，今入于舜口中以稱堯，非也。」不虐無告，《莊子》曰：「堯不傲無告。」不廢困窮，惟帝時克。」閻若璩曰：❶「『俞』見前篇。『允』字亦見前篇。『若茲』見《周誥》諸篇。『嘉言』即『昌言』之別。『伏』字見《般庚》『毋或敢伏小人之攸箴』。『野無遺賢』見《詩小序》。『萬邦咸寧』見《易大傳》。『稽于衆』見《召誥》『稽我古人之德』『稽謀自天』之『稽』字。『舍己從人』見《孟子》。『不虐無告』，即『天下之窮民而無告者』。『不虐』即《洪範》『無虐』字。《文十五年》季文子曰：『君子之不虐幼賤。』『廢』字見《周禮》八柄。『困窮』二字凡二次用，一則《商書》『子惠困窮』。『惟帝』二字見《皋陶謨》。『時克』倣『時舉』。此可見蒐集之大略。」益曰：「都！帝德廣運。乃聖乃神，乃武乃文；《呂覽》引《夏書》曰：「天子之德廣運，乃神乃武乃文。」《左傳》：「王甚神聖。」皇天眷命，奄有四海。」《後漢書·黃瓊傳》瓊上疏曰「皇乾眷命」。《詩》「乃眷西顧」「奄有九有」。禹曰：「惠迪吉，從逆凶，惟影響。」《御覽》八十一卷引《尸子》曰：「舜云：『從道必吉，反道必凶，如影如響。』」應璩《與岑文瑜書》：「善惡之應，甚于影響。」古本趙岐《孟子章指》曰：「惡出于己，害及其身，如影響，自然也。」益曰：「吁！戒哉！儆戒無虞。《詩》：「用戒不虞。」任賢勿貳，去邪勿疑。《戰國策》引《書》云：「去邪勿疑，任賢勿貳。」罔咈百姓以從己之欲。閻

❶「閻若璩」，當作「梅鷟」。

若璩曰：❶「《僖二十年》臧文仲曰：『以欲從人，則可；以人從欲，鮮濟。』」無怠無荒。」《後漢書・崔駰傳》：「《書》曰：『矜矜業業，無怠無荒。』」禹曰：「於！帝念哉！閻若璩曰：❷「此一節全宗《左傳》。」德惟善政，政在養民。閻若璩曰：❸「《文六年》邾文公曰：『命在養民。』」水、火、金、木、土、穀，惟修；閻若璩曰：❹「『惟修』『修』字見《禹貢》。」正德、利用、厚生，惟和。《襄二十八年》晏子曰：「夫民生厚而用利，於是乎正德以幅之，使無黜嫚，謂之幅利。」是《夏書》義疏。九功惟敘，九敘惟歌。戒之用休，董之用威，勸之以《九歌》，俾勿壞。」《文七年》郤缺曰：「《夏書》曰：『戒之用休，董之用威，勸之以《九歌》，勿使壞。』九功之德皆可歌也，謂之《九歌》；六府、三事，謂之九功；水、火、金、木、土、穀，謂之六府；正德、利用、厚生，謂之三事。」帝曰：「俞！地平天成，《僖二十四年》：「《夏書》曰『地平天成』，稱也。」六府三事允治，見上。萬世永賴，時乃功。」《史記・自序》曰：「厥美帝功，萬世載之。」帝曰：「格汝禹！用堯命舜語。朕宅帝位三十有三載，《汲郡古文》曰：「帝舜三十三年，命夏后總師。」耄期倦于勤。《射義》曰：「旄期稱道不亂者。」「旄」字本如此，今作「耄」者，《說文》曰：「眊，目少精也。《虞書》

---

❶「閻若璩」，當作「梅鷟」。

❷「閻若璩」，當作「梅鷟」。

❸「閻若璩」，當作「梅鷟」。

❹「閻若璩」，當作「梅鷟」。

『耄』字从此。」故薛宣古文又作「眊」。❶ 汝惟不怠，總朕師。」見上。「臯陶邁種德，德乃降。《莊八年》：「《夏書》曰：『臯陶邁種德，德乃降。』」閻若璩曰：「孔疏云：杜謂『德乃降』爲莊公之語。僞作古文者茫然不察，并竄入《大禹謨》中。」念茲在茲，釋茲在茲，名言茲在茲，允出茲在茲，惟帝念功！」襄廿一年《左傳》引：「《夏書》曰：『念茲在茲，釋茲在茲，名言茲在茲，允出茲在茲，惟帝念功。』將謂由己壹也。信由己壹，而後功可念也。」「汝作士。閻若璩曰：❷「《堯典》命臯陶曰：『汝作士，五刑有服。』」刑期于無刑，《通典》引商鞅書曰：「明刑之猶至于無刑也。」棟案：《通典》一百六十九卷曰：「秦商鞅著刑名書，大略曰：晉文將欲明刑，于是合諸卿大夫于冀宮。顛頡後至，遂斷顛頡之脊。人皆懼曰：『顛頡之有寵也，斷脊以狗，而況于我乎！』乃無犯禁，晉國大治。昔周公誅管叔，放蔡叔，流霍叔，曰犯禁者也。天下皆曰：『親屬昆弟，有過不違，況疏遠乎？』故外不用甲兵于天下，內不用刀鋸于周庭，而海內治。故曰『明刑之猶至于無刑也』云云。」是所謂「刑期于無刑」者，特法立誅必而然，乃申商之學，非堯舜之治也。民協于中，時乃功。」閻若璩曰：❸「『民協于中』見《呂刑》『士制百姓于刑之中』。『時乃功』見《臯陶謨》。」「臨下以簡，御

---

❶「薛宣」，當是《書古文訓》作者「薛季宣」。惠氏此書及《九經古義》皆誤作「薛宣」。

❷「閻若璩」，當作「梅鷟」。

❸「閻若璩」，當作「梅鷟」。

衆以寬；《論語》：「居敬而行簡，以臨其民。」又曰：「寬則得衆。」罰弗及嗣，賞延于世；閻若璩曰：❶「二句用《孟子》『罪人不孥』『仕者世祿』。」宥過無大，刑故無小。王充《論衡》曰：「故曰：刑故無小，宥過無大。」與其殺不辜，寧失不經。《襄二十六年》：「《夏書》曰：『與其殺不辜，寧失不經。』懼失善也。」好生之德，洽于民心。」閻若璩曰：❷「哀公問舜冠，孔子不對，曰：『其政好生而惡殺。』所謂『好生之德，洽于民心』也。」帝曰：「俾予從欲以治。」《荀子・大略篇》：「舜曰：『維予從欲而治。』」帝曰：「來，禹。洚水儆予，「帝曰來禹」，《皋陶謨》文。《孟子》曰：「《書》云：『洚水警予。』洚水者，洪水也。」蓋「洚」讀爲「洪」，梅頤不識字，訓爲下水。成允成功。《左傳・襄五年》：「《夏書》曰：『成允成功。』」克勤于邦，克儉于家，《論語》曰：「禹菲飲食，惡衣服，卑宫室，而盡力乎溝洫。」閻若璩曰：「《夏本紀》稱禹爲人敏給克勤。」不自滿假。《襄二十九年》：「季札見舞《大夏》者，曰：『美哉！勤而不德，非禹，其孰能修之？』」汝惟不矜，天下莫與汝争能；汝惟不伐，天下莫與汝争功。《逸周書》曰：「矜功不至。」《易》曰：「勞而不伐，有功而不德。」《春秋傳》曰：「季札見舞《大夏》者，曰：『美哉！勤而不德，非禹，其誰能修之？』」顧炎武曰：「『不矜』『不伐』，是勤而不德。」是梅正用《傳》意。閻若璩曰：「『汝惟不矜，天下莫與汝争能』，《荀

---

❶「閻若璩」，當作「梅鷟」。

❷「閻若璩」，當作「梅鷟」。

子・君子篇》語也。」《老子》曰：「不自伐，故有功；不自矜，故長；夫惟不争，❶故天下莫能與之争。」后章又云：「自伐者無功，自矜者不長。」予懋乃德，嘉乃丕績，天之曆數在汝躬，汝終陟元后。《論語・堯曰》篇曰：「咨爾舜！天之曆數在爾躬，允執其中。四海困窮，天禄永終。舜亦以命禹。」孔安國曰：「舜亦以堯命己之辭命禹。」人心惟危，道心惟微，惟精惟一，允執厥中。《荀子・解蔽篇》：「故道經曰：『人心之危，道心之微。』危微之幾，惟明君子而後能知之。」閻若璩曰：「《荀子》此篇前又有『精於道』『壹於道』之語，遂隱括爲四字，續以《論語》『允執厥中』，以成十六字，僞古文蓋如此。初非其能造語精密如此也。」棟案：《荀子》之言「危」「微」與俗解異。危，猶《中庸》之「慎獨」也；微，猶《中庸》之「至誠」也。《荀子》言「一故能精」，非先精而後一也。且微則已造至極，不須更言精，又言一也。《荀子》所言七十子之大誼，推而上之，即聖人之微言也。梅氏用其説以造經而誼多疏漏，閻氏謂其造語精密，殊未嘹。無稽之言勿聽，弗詢之謀勿庸。《荀子・正名篇》曰：「無稽之言，不見之行，不聞之謀，君子慎之。」可愛非君，可畏非民。衆非元后何戴？后非衆罔與守邦。《國語》内史過曰：「《夏書》有之曰：『衆非元后何戴？后非衆無以守邦。』」四海困窮，天禄永終。見上。惟口出好興戎。」《墨子》曰：「先王之書術令之道曰：『惟口出好興戎。』則此言善用口者出好，不善用口者以爲讒賊寇戎。則此豈口不善哉？用口則不善也，故遂以爲讒賊寇戎。」禹曰：「枚卜功臣。」《哀十七年》曰：「王與葉公枚卜子良以爲令尹。」杜預曰：「枚卜，

❶ 「夫」，原作「大」，據《老子》改。

不斥言所卜以令龜。」「官占，惟克蔽志，❶昆命于元龜。《哀十八年》曰：「《夏書》曰：『官占，惟能蔽志，昆命于元龜。』」《西伯戡黎》曰：「格人元龜，罔敢知吉。」朕志先定，詢謀僉同，鬼神其依，《洪範》曰：「汝則有大疑，謀及乃心，謀及卿士，謀及庶人，謀及卜筮。」龜筮協從，卜不習吉。」《禮記·表記》曰：「卜筮不相襲。」注：「襲，因也。」《金縢》曰：「一習吉。」《左傳·哀十年》：「趙孟曰：『卜不襲吉。』」「襲」與「習」古文通。禹拜稽首，固辭。《堯典》：「禹拜稽首。」《儀禮》：「敢固辭。」帝曰：「毋！《論語》：「子曰：『毋！』」惟汝諧。」《堯典》：「往哉！汝諧。」正月朔旦，受命于神宗。《汲郡古文》曰：「帝舜三十三年春正月，夏后受命于神宗，遂復九州。」帝曰：「咨，禹！惟時有苗弗率，汝徂征！」辨見上卷。禹乃會羣后，誓于師曰：「濟濟有衆，咸聽朕命。蠢兹有苗，昏迷不恭。《汲郡古文》曰：「帝舜三十五年，命夏后征有苗，有苗氏來朝。」《墨子》引《禹誓》云：「禹曰：『濟濟有衆，咸聽朕言。非台小子，❷敢行稱亂。蠢兹有苗，用天之罰。』」君子在野，小人在位。《詩·隰桑》敘曰：「小人在位，君子在野。」肆予以爾衆士，奉辭伐罪。」《鄭語》史伯曰：「君以成周之衆，❸奉辭伐罪。」閻若璩曰：❹「《左傳》知瑶伐齊曰：

---

❶「克」，《尚書》作「先」。

❷「台」，《墨子·兼愛下》作「惟」。

❸「以」，《國語·鄭語》作「若以」。

❹「閻若璩」，當作「梅鷟」。

『以辭伐罪。』」三句，苗民逆命。閻若璩曰：❶「本《左傳》：『文王聞崇德亂而伐之，軍三旬而不降。退修教而復伐之，❷因壘而降。』」「惟德動天，無遠弗届。《詩》：『致天之届。』」滿招損，謙受益，時乃天道。梅鷟曰：「本《易》之『謙尊而光，卑而不可踰』。」棟案：「天道虧盈而益謙」，漢《易》「盈」爲「滿」，僞古文蓋本之此。帝初于歷山，《尚書大傳》曰：「舜耕于歷山。」往于田，日號泣于旻天，于父母，《孟子·萬章》曰：「舜往于田，日號泣于旻天。」長息曰：『日號泣于旻天，于父母，則吾不知也。』」負罪引慝。祇載見瞽瞍，夔夔齋慄，瞽亦允若，《孟子》曰：「《書》曰：『祇載見瞽瞍，夔夔齋慄，瞽瞍亦允若。』」趙岐曰：「《書》，《尚書》逸篇。」棟案：此當作《舜典》，中史臣所記如此。若益贊于禹，無直斥天子父之理，此僞古文之謬也。至誠感神。」閻若璩曰：❸「誠字，《召誥》：『其丕能誠于小民。今休。』感神，用《孝經》『通於神明』句。」禹拜昌言曰：「俞！」閻若璩曰：❹「全用《皋陶謨》文。」班師振旅。閻若璩曰：❺「《左傳·襄十年》：『荀偃、士匄請班師。』又曰：『出曰治兵，入曰振旅。』」帝乃誕敷文德，舞干羽于兩階。七旬，

---

❶「閻若璩」，當作「梅鷟」。

❷「伐」，原脱，據《尚書考異》補。

❸「閻若璩」，當作「梅鷟」。

❹「閻若璩」，當作「梅鷟」。

❺「閻若璩」，當作「梅鷟」。

有苗格。《淮南子》曰：「禹執干戚舞於兩階之間，而三苗服。」高誘曰：「三苗畔禹，禹風以禮樂而服之。」《韓非子》曰：「當舜之時，有苗不服，禹將伐之，舜曰：『不可，上德不厚而行武，非道也。』乃修教三年，執干戚舞，有苗乃服。」皇甫謐《帝王世紀》亦云。蓋秦漢之人皆有是説。但僞《書》既稱「有苗格」，何《皋陶謨》猶云「苗頑弗即工」乎？此事亦未可信。

五子之歌

乃盤遊無度，《無逸》曰：「文王不敢盤于遊田。」畋于有洛之表。《汲郡古文》曰：「帝太康元年，畋于洛表，羿入居斟尋。」有窮后羿。《左傳·襄四年》：「《夏訓》有之曰：『有窮后羿。』」閻若璩曰：「《書》有古人纔引，忽隔以他語，亘千載莫能知，而妄入古文中庚續之者。《五子之歌》『有窮后羿，因民不忍，距于河』是也。」厥弟五人御其母以從，徯于洛之汭。《序》云：「太康失邦，昆弟五人須于洛汭。」「民可近，不可下。《國語》單襄公曰：「《書》曰：『民可近也，而不可上也。』」韋昭曰：「《書》，逸《書》。『民可近』，可以恩意近也。『不可上』，不可高上。上，陵也。」民惟邦本，本固邦寧。閻若璩曰：❶「《淮南·泰族訓》：『國主之有民也，猶城之有基，木之有根，根深則本固，基長則土寧。』愚夫愚婦，《禮·中庸》曰：「夫婦之

❶「閻若璩」，當作「梅鷟」。

愚。」一人三失，怨豈在明？不見是圖。《晉語》：「《夏書》有之曰：『一人三失，怨豈在明？不見是圖。』」韋昭曰：「三失，三失人也。明，著也。不見，未形也。」《成十六年》：「《夏書》曰：『怨豈在明？不見是圖。』將慎其細也。」予臨兆民，懍乎若朽索之馭六馬。《説苑》曰：「子貢問治民於孔子。孔子曰：『懍懍焉如以腐索御奔馬。』」《新序》曰：「夫執國之柄，履民之上，懍乎如以腐索御奔馬。」《説文》曰：「古文『御』作『馭』，从又从馬。」棟案：經傳無言六馬者，鄭《駮五經異義》曰：「《周禮》校人養馬，『乘馬一師四圉』，四馬曰乘。《顧命》曰：『皆布乘黄朱。』以爲天子駕四。漢世天子駕六，非常法也。」乃知六馬之謬。奈何不敬？《召誥》曰：「曷其奈何不敬？」「内作色荒，外作禽荒。《越語》曰：「出則禽荒，入則酒荒。」甘酒嗜音，峻宇彫墻。《戰國策》：「儀狄作酒，禹飲而甘之。」《左傳・宣元年》：「晉靈公厚斂以彫墻。」有一于此，未或不亡。」閻若璩曰：「《戰國策》：梁王魏嬰觴諸侯於范臺。酒酣，魯君避席，擇言曰：『昔者，帝女令儀狄作酒而美，進之禹，禹飲而甘之，遂疏儀狄，絶旨酒，曰：「後世必有以酒亡其國者。」齊桓公曰：「後世必有以味亡其國者。」晉文公曰：「後世必有以色亡其國者。」楚王曰：「後世必有以高臺陂池亡其國者。」今主君之尊儀狄之酒云云，有一於此，足以亡其國，今主君兼此四者，可無戒歟！』」棟又案：《郊特牲》曰：「好田好女者，亡其國。」其三曰：「惟彼陶唐，有此冀方。今失厥道，亂其紀綱，乃底滅亡。」《哀六年》：「《夏書》曰：『惟彼陶唐，帥彼天常，有此冀方。今失其行，亂其紀綱，乃滅而亡。』」正義曰：「賈逵以爲逸《書》，解爲夏桀之時。」賈傳古文而言如此，則梅賾之誕可知。皇甫謐《帝王世紀》曰：

「案：經傳曰夏與堯舜同在河北冀州之域，不在河南也。故《五子歌》曰：『惟彼陶唐，有此冀方。今失厥道，亂其紀綱，乃底滅亡。』言自禹至太康，與唐虞不易都域也。」案：《晉書》謂謐之外弟天水梁柳傳古文，謐當見之，故《五子歌》《湯誥》諸篇間載《帝王世紀》中。王肅注《家語》，亦以「今失厥道」當夏太康時。又《左傳》正義曰：「案：王肅注《尚書》，其言多是孔《傳》。疑肅見古文，匿之而不言。」《經典·序録》曰：「肅注今文，而解大與古文相類，或肅私見孔《傳》而匿之。」據此二説，故棟常疑後出古文肅所僎也。「明明我祖，萬邦之君。有典有則，貽厥子孫。《詩》曰：「貽厥孫謀，以燕翼子。」閻若璩曰：「邦之六典、八則，首見《天官》大宰、小宰之職，又見司會、司書。乃歌大禹曰『有典有則』，豈周因于夏禮歟？抑夏歌襲周禮也？」關石和鈞，王府則有。《周語》單穆公曰：「《夏書》有之曰：『關石龢鈞，王府則有。』」韋昭曰：「《夏書》逸篇也。關，門關之征也。石，今之斛也。言征賦調均，則王之府藏常有也。一曰關，衡也。」荒墜厥緒，覆宗絶祀。」張超《誚青衣賦》云：「有夏取仍，覆宗絶祀。」「鬱陶乎予心，顏厚有忸怩。閻若璩曰：「《孟子》象曰『鬱陶思君爾』，此象之辭。『忸怩』，則敘事之辭。今竄入《五子之歌》中，以『鬱陶』『忸怩』并爲一人口氣，不失却《孟子》之文義乎？」梅鷟曰：「『顏厚』取諸《詩》。」閻又云：❶「《晉語》：『平公射鴳，忸怩顏。』」弗慎厥德，雖悔可追。」《哀十六年》：「王命蒯聵曰：『弗敬弗休，悔其可追。』」

❶「閻」，當作「梅」。

胤征

胤侯命掌六師。鄭注《書序》云：「胤，臣名。」棟案：以胤爲胤侯，見《汲郡古文》。羲和廢厥職，《序》云：「羲和湎淫，廢時亂日。」酒荒于厥邑。《越語》曰：「入則酒荒。」「嗟予有衆。《湯誓》曰：「今爾有衆。」聖有謨訓，明徵定保。閻若璩曰：❶「《襄廿一年》祁奚曰：『《詩》云：「惠我無疆。」《書》曰：「聖有謩勳，明徵定保。」夫謀而鮮過、惠訓不倦者，叔向有焉。』杜注：『惠訓不倦，惠我無疆也。』晉人改『勛』爲『訓』，實因『惠訓』之『訓』而改之也。」每歲孟春，陸奎勳曰：「予讀《胤征》至『每歲孟春』，不覺失笑。夫經，説理造極，『每歲』二字，鄙俚之甚，漢人所不道者，猥以入《夏書》，吾未信能欺明眼人也。」遒人以木鐸徇于路，官師相規，工執藝事以諫。《襄十四年》：「《夏書》曰：『遒人以木鐸徇于路，官師相規，工執藝事以諫。』正月孟春，於是乎有之，諫失常也。」其或不恭，邦有常刑。閻若璩曰：❷「《周禮》小宰職：『正歲，帥治官之屬，觀治象之法，徇以木鐸，曰：不用法者，國有常刑。』」顛覆厥德。《孟子》曰：「太甲顛覆湯之典刑。」乃季秋月朔，辰弗集于房。瞽奏鼓，嗇夫馳，庶人走。《汲郡古文》曰：「帝仲康五年秋九月

---

❶ 「閻若璩」，當作「梅鷟」。

❷ 「閻若璩」，此條所引閻説，《尚書考異》與《尚書古文疏證》皆有，不知惠氏引自何書。

庚戌朔，日有食之。命胤侯帥師征羲和。」《昭十七年》：「《夏書》曰：『辰不集于房，瞽奏鼓，嗇夫馳，庶人走。』此月朔之謂也。」閻若璩曰：「二至二分，日有食之，不爲災，惟建巳之月以陰侵陽，以臣侵君，先王忌之。夏家則『瞽奏鼓，嗇夫馳，庶人走』，周家則『樂奏鼓，祝用幣，史用辭』。雖有四月、六月之別，皆謂之正月。而僞作古文者遂曰『乃季秋月朔』云云，不知『瞽奏鼓』等禮，夏家正未嘗用之於九月也，是徒知曆法而未知三代之典禮也。」棟案：梅頤據汲郡書，故不用左氏四月之説。政典曰：『先時者殺無赦，不及時者殺無赦。』《周禮》太宰掌建邦之六典，四曰政典。《荀子·君道篇》曰：「先時者殺無赦，不逮時者殺無赦。」韓嬰以爲出《周書》。奉將天罰。《湯誓》曰：「致天之罰。」《牧誓》曰：「惟恭行天之罰。」玉石俱焚。《周書·世俘》篇云：「焚玉四千。」梅鷟曰：「『火炎崑岡，玉石俱焚』，取諸《三國志》。」閻若璩曰：❶「《晉書》袁宏《三國名臣贊》云：『滄海横流，玉石同碎。』」嗚乎！威克厥愛，允濟。」《左傳·昭二十三年》吴公子光曰：「吾聞之，作事威克其愛，雖小必濟。」閻若璩曰：「『先時者』二語，出《荀子·君道篇》。『殲厥渠魁，脅從罔治』，出《易·離》上九爻詞，曰：『王用出征，有嘉折首，獲匪其醜，無咎。』『威克厥愛允濟』出《左傳·昭二十三年傳》。」

---

❶「閻若璩」，當作「梅鷟」。

仲虺之誥

成湯放桀于南巢，《外傳·魯語》曰：「桀奔南巢。」惟有慚德。《左傳·襄廿九年》：「季札見舞《韶濩》者，曰：『聖人之弘也，而猶有慚德。』」曰：「予恐來世以台爲口實。」《襄二十二年》公孫僑曰：「若不恤其患而以爲口實。」「惟天生民有欲。《周書·文酌解》曰：「民生而有欲。」民墜塗炭。《孟子》：「坐于塗炭。」應璩《與從弟君苗君胄書》：「濟蒸民于塗炭。」夏王有罪，矯誣上天，以布命于下。帝用不臧，式商受命，用爽厥師。《墨子·非命》篇三引《仲虺之告》，一曰「我聞有夏，人矯天命，布命于下，帝式是惡，龔喪厥師」；一曰「帝伐之惡，用闕師」；一曰「帝式是增，用爽厥師」。「喪」一作「爽」者，《周語》單襄公曰：「晉侯爽二，吾是以云。」韋昭曰：「爽，當爲喪字之誤也。」閻若璩曰：「《墨子》言桀執有命，湯特非之。曰『喪師』，曰『闕師』，曰『爽師』，此豈吉祥善事？而僞作古文者易之曰『式商受命，用爽厥師』，訓『喪』爲明，❶不與《墨子》悖乎？」簡賢附勢，實繁有徒。《昭二十八年》司馬叔游曰：「《鄭書》曰：『惡直醜正，實蕃有徒。』」《周書·芮良夫解》曰：「實蕃有徒。」若苗之有莠，若粟之有秕。《孟子》：「惡莠，恐其亂苗也。」《左傳》孔子曰：「用秕稗也。」小大戰戰。《詩》：「戰戰兢兢。」惟王不邇聲色。《月令》：「仲夏，止

❶ 「喪」，閻氏《尚書古文疏證》作「爽」。

聲色。仲冬，去聲色。」克寬克仁。《魯語》曰：「湯以寬治民。」乃葛伯仇餉，初征自葛。《孟子》曰：「《書》曰：『葛伯仇餉。』」《帝王世紀》曰：「湯始居亳，學者咸以亳本帝嚳之墟，在《禹貢》豫州洛河之間，今河南偃師西二十里尸鄉之湯亭是也。謐考之事實，甚失其正。《孟子》稱『湯居亳，與葛爲隣』，按《地理志》，葛，今梁國寧陵之葛鄉是也。湯地七十里，葛又伯耳，封域有制。葛伯不祀，湯使亳衆爲之耕。有童子餉食，葛伯奪而殺之。計寧陵至偃師八百里，而使亳衆爲耕，有童子餉食，非其理也。今梁有二亳：南亳在穀熟，北亳在蒙，非偃師也。故古文《仲虺之誥》曰『乃葛伯仇餉，初征自葛』，即《孟子》之《書》是也。」閻若璩曰：「《孟子》『葛伯仇餉』一語，繫於『亳衆往耕』下，此古文《湯征》篇文也。而『湯一征，自葛始』亦應爲其文，今竄入《仲虺之誥》，非也。」東征，西夷怨；南征，北狄怨。曰：奚獨後予？《孟子》曰：「『湯一征，自葛始。』天下信之。東面而征，西夷怨；南面而征，北狄怨，曰：『奚爲後我？』」曰：徯予后。后來其蘇。《孟子》曰：「《書》曰：『徯我后，后來其無罰。』」一云：「后來其蘇。」趙岐曰：「此二篇皆《尚書》逸篇之文也。」《帝王世紀》曰：「成湯有聖德，諸侯有不義者，湯從而征之，誅其君，弔其民，天下咸服。則東征則西夷怨，❶南征則北狄怨，曰：『奚爲而後我？』」故《仲虺誥》曰『徯我后，后來其蘇』也。」兼弱攻昧，取亂侮亡。推亡固存，邦乃其昌。《左傳》子皮曰：「《仲虺之志》云：『亂者取之，亡者侮之。推亡固存，國之利也。』」又中行獻子語同。又隨武子曰：「兼弱攻昧，武之善經也。」仲虺有言曰『取亂侮亡』，兼弱也。」德日

---

❶ 上「則」字，諸書所引《帝王世紀》皆作「故」，似當據改。

新，萬邦惟懷。《易大傳》曰：「日新之謂盛德。」《左傳》曰：「小邦懷其德。」建中于民。《孟子》曰：「湯執中。」予聞曰：能自得師者王，謂人莫己若者亡。《荀子・堯問篇》曰：「其在仲蘬之言也，曰：『諸侯自爲得師者王，得友者霸，得疑者存，自爲謀而莫己若者亡。』」《呂氏春秋》曰：「楚莊王曰：『仲虺有言曰：「諸侯之德能自爲取師者王，能自取友者存，其所擇而莫如己者亡。」』」《吴子》曰：「昔楚莊王曰：『寡人聞之，能得其師者王，能得其友者霸。』」好問則裕。古文《禮記・中庸》曰：「好問近乎知。」慎厥終，惟其始。閻若璩曰：❶《表記》：「子曰：『事君慎始而敬終。』」❷殖有禮，覆昏暴。」《左傳》齊仲孫曰：「親有禮，覆昏暴，霸王之器也。」閻若璩曰：❸《晉語》公孫固曰：『晉文公殆有禮矣。樹于有禮，必有艾。《詩》曰：「湯降不遲，聖敬日躋。」降，有禮之謂也。』」

湯誥

王歸自克夏，至于亳，《帝王世紀》曰：「《湯誥》曰：『王歸自克夏，至于亳。』」閻若璩曰：❹「《書

❶「閻若璩」，當作「梅鷟」。
❷「事君」，原作「君子」，據《尚書考異》改。
❸「閻若璩」，當作「梅鷟」。
❹「閻若璩」，當作「梅鷟」。

序》：『成王歸自奄，在宗周。誥庶邦，作《多方》。』《多方》曰：『王來自奄，至于宗周。』」**誕告萬方。**「誕告」，出《盤庚》。「萬方」，出逸《湯誓》。**惟皇上帝，降衷于下民。**梅鷟曰：「『降衷』，取諸夫差曰『天降衷於吴』。」閻若璩曰：❶「《晉語》梁由靡曰：『以君之靈，鬼神降衷。』《内傳》劉子曰：『民受天地之中以生。』又：『天誘其衷。』《中庸》曰：『天命之謂性。』」**若有恒性。**《韓非子·説林》曰：「孔子曰：『寬哉！不被于利。絜哉！民性有恒。』」王應麟曰：「《仲虺之誥》言仁之始也；《湯誥》言性之始也；《大甲》言誠之始也。」楝謂：言仁、言性、言誠，皆見僞《尚書》，其不可據也明矣。**夏王滅德作威，**《左傳》臧哀伯曰：「滅德立違。」《洪範》曰：「維辟作威。」作威何害於爲君？《大誓》數紂之罪云「作威殺戮」，亦誤。唯《君陳》云「無倚勢作威」，❷乃不與《洪範》悖耳。**並告無辜于上下神祇。**閻若璩曰：❸「《晉語》韓宣子曰：『上下神祇無不徧諭也。』哀十七年《左傳》：❹『叫天無辜。』」**天道福善禍淫，**《國語》單襄公曰：「天道賞善而罰淫。」《左傳》士貞子曰：「神福仁而禍淫。」**降灾于夏。**閻若璩曰：❺「《微子》：『天毒降灾荒殷邦。』」**肆台小子。**

---

❶「閻若璩」，當作「梅鷟」。
❷「倚」，《尚書》作「依」。
❸「閻若璩」，當作「梅鷟」。
❹「七」，原作「六」，據《尚書考異》改。
❺「閻若璩」，當作「梅鷟」。

《湯誓》曰：「非台小子。」敢用玄牡，敢昭告于上天神后。漢石經《論語・堯曰》篇曰：「予小子履，敢用玄牡，敢昭告于皇天后帝。」聿求元聖，與之戮力，《墨子・尚賢》篇云：「《湯誓》曰：『聿求元聖，與之戮力同心，以治天下。』」以與爾有衆請命。閻若璩曰：❶「《淮南・汎論》云：『高皇帝云云，以與百姓請命于皇天。』《漢書》賈捐之曰：『賴漢初興，爲百姓請命。』」若將隕于深淵。《哀十五年》芋尹蓋曰：「雖隕于深淵，則天命也。」凡我造邦，無從匪彝，無即慆淫，各守爾典，以承天休。《國語》單襄公曰：「先王之令有之曰：『天道賞善而罰淫，故凡我造國，無從非彝，無即慆淫，各守爾典，以承天休。』」閻若璩曰：「韋昭注云：『先王之令，文武之教也。』夫單襄公，周臣也。以周臣而對周天子而述周令，其爲鑿然可信無疑，而僞作古文者乃竄入《湯誥》中，其不足信可類推矣。」爾有善，朕弗敢蔽；罪當朕躬，弗敢自赦，惟簡在上帝之心。其爾萬方有罪，在予一人；予一人有罪，無以爾萬方。」《論語・堯曰》篇曰：「予小子履，敢用玄牡，敢昭告于皇皇后帝：有罪不敢赦。帝臣不蔽，簡在帝心。朕躬有罪，毋以萬方；萬方有罪，罪在朕躬。」孔安國注曰：「履，殷湯名。此伐桀告天之文。《墨子》引《湯誓》，其辭若此。」閻若璩曰：「安國親得古文二十五篇，中有《湯誥》，豈有注《論語》時不曰出逸《書》某篇者乎？余是以知『予小子履』一段，必非真古文《湯誥》之文，蓋斷斷也。」又曰：「《墨子》引《湯誓》曰：『予小子履，敢用玄牡，敢昭告于皇皇后帝。』《國語》內史過引《湯誓》曰：『余一人有罪，無以萬夫；萬夫有罪，在余一人。』墨子生孔子之後，《書》未

❶「閻若璩」，當作「梅鷟」。

焚也；内史過又生孔子之前，《書》尚未刪也，而所引之《書》同于《論語》者，皆爲《湯誓》，則『予小子履』一段，其爲古《湯誓》之辭無疑矣。古《湯誥》載見《殷本紀》，蓋作誓者一時，而作誥者又一時也。馬遷時張霸之徒僞古文未出，而所見必孔氏壁中物，其爲真古文《湯誥》無疑。」

伊訓

惟元祀十有二月乙丑，伊尹祠于先王，《漢書·律曆志》引《伊訓》篇曰：「惟太甲元年十有二月乙丑朔，伊尹祀于先王，誕資有牧方明。」奉嗣王祗見厥祖，侯甸群后咸在，《唐書·王元感傳》：「張柬之曰：『《書》稱成湯既殁，太甲元年曰：「惟元祀，十有二月，伊尹祀于先王，奉嗣王祗見厥祖。」孔安國曰：「湯以元年十一月崩。」《顧命》：「四月哉生魄，王不懌。翌日乙丑，王崩。丁卯，命作册度。越七日癸酉，伯相命士須材。」則成王崩至康王麻冕黼裳凡十日，康王始見廟。明湯崩在十一月，比殯訖，以十二月祗見其祖。《顧命》見廟訖，「諸侯出廟門俟」，《伊訓》言「祗見厥祖，侯甸群后咸在」，則崩及見廟，是周因於殷也。』」棟謂：如張柬之説，則知梅頤竊《顧命》之文明矣。百官總己以聽冢宰。《論語》：「子曰：『君薨，百官總己以聽于冢宰三年。』」伊尹乃明言烈祖之成德。《商頌》：「衎我烈祖。」「古有夏先后，方懋厥德，罔有天灾。山川鬼神，亦莫不寧，暨鳥獸魚鼈咸若。《左傳》王孫滿曰：「昔有夏之方有德也。」《墨子》引《商書》曰：「嗚呼！古者有夏，方未有禍之時，百獸貞蟲，允及飛鳥，莫不比方。矧在人面，胡敢異心？山川鬼神，亦莫敢不寧。」毛氏《冤詞》曰：「賈誼《君德》篇引《靈臺》詩而曰：『文王之時，德及鳥獸，洽于黿鼈，咸若。』」于其子孫弗率，司馬相如《諭巴蜀檄》：「子弟之率弗謹。」皇天降災，假手于我有命，閻若璩曰：「《左傳》：『上天降災。』又：『天禍許國，而假手于我寡人。』」造攻自鳴條，朕哉自亳。唐石經：「朕載自亳。」《書序》曰：「伊尹相湯，伐桀，遂與桀戰于鳴條之野。」《孟子》曰：「《伊訓》：『天誅造攻自牧宮，朕載自亳。』」趙岐曰：「《伊訓》，《尚書》逸篇名。」鄭康成注《書序》曰：「鳴條，南夷地名。《孟子》引舜卒於鳴條，東夷之地，或云陳留平丘縣今有鳴條亭是。」《帝王世紀》曰：「《伊訓》曰：『造攻自鳴條，朕哉自亳。』又曰：『夏師敗績，乃伐三朡。』《湯誥》曰：『王歸自克夏，至于亳。』三朡在定陶，於義不得在陳留與東夷也。今安邑見有鳴條邑昆吾亭云云。」代虐以寬，閻若璩曰：「《禮記》：『湯以寬治民而除其虐。』」今王嗣厥德，罔不在初。閻若璩曰：「《召誥》有『今王嗣受厥命，若生子罔不在厥初生』，爲初即位告戒之辭。」立愛惟親，立敬惟長，始于家邦，終于四海。閻若璩曰：「《禮記》：『立愛自親始，立敬自長始。』《孝經》：『愛親者不敢惡於人；敬親者不敢慢於人。愛敬盡于事親，而德教加于百姓，刑于四海。』」先王肇修人紀，揚雄《解嘲》曰：「上世之士，人綱人紀。」僞孔傳云「始修爲人綱紀」，全用《解嘲》之文。從諫弗咈，先民時若。《商頌》：「先民有作。」《國語》曰：「昔曰先民。」居上克明，爲下克忠。《荀子·臣道篇》：「《書》曰：『從命而不拂，微諫而不倦；爲上則明，爲下則遜。』」又曰：「敬而不順者，不忠者也。」與人不求備。閻曰：「《論語》：『無求備于一人。』」敷求哲人，俾輔于爾後嗣。「敷求」出《詩·抑》篇。《墨子·尚賢》篇曰：「先王之書《距年》之言也。傳曰：『求聖君哲人，以裨輔而身。』」又曰：「於先王之書《豎年》之言然，曰：『睎夫聖武知人以屏輔而身。』此言先王之治天下也，必選擇賢者以爲其群屬輔佐。」制官刑，儆于有位。曰：敢有恒舞于宫，酣歌于室，時謂巫風。敢有殉于貨色，恒于遊畋，時謂淫風。敢有侮聖言，《論語》：「侮聖人之言。」逆忠直，遠耆德，《逸周書》有《耆德》篇。比頑童，《鄭語》史伯曰：「王惡角犀豐盈，而近頑童窮固。」韋昭曰：「頑童，童昏。」時謂亂風。維兹三風十愆，卿士有一于身，家必喪；邦君有一于身，國必亡。《墨子·非樂》篇曰：「先王之書，湯之《官刑》有之，曰：『其恒舞于宫，是謂巫風。其刑，君子出絲二衛，小人否，似二伯黄徑。』乃言曰：『嗚呼！舞佯佯，黄言孔章，上帝弗常，九有以亡，上帝不順，降之日殃，其家必懷喪。』」臣下不匡，其刑墨。辨見上卷。聖謨洋洋，嘉言孔彰。惟上帝不常，大較本《墨子》而有詳略耳，詳上。作善，降之百祥；作不善，降之百殃。「降之百祥」，《墨子》作「日祥」，似傳寫之訛，詳見上。閻若璩曰：❶「《易·文言》：『積善之家，必有餘慶；積不善之家，必有餘殃。』」爾惟德罔小，萬邦惟慶；爾惟不德罔大，墜厥宗。」《易大傳》：「小人以小善爲無益而弗爲也；以小惡爲無傷而弗去也。」漢昭烈曰：「勿以惡小而爲之，勿以善小而不爲。」

---

❶「閻若璩」，當作「梅鷟」。

大甲上

惟嗣王不惠于阿衡。《詩・商頌》曰：「實維阿衡。」毛傳云：「阿衡，伊尹也。」「先王顧諟天之明命，《禮記・大學》：「《大甲》曰：『顧諟天之明命。』」以承上下神祇。《論語》：「禱爾于上下神祇。」惟尹躬克左右厥辟。《商頌》：「實惟阿衡，實左右商王。」惟尹躬先見于西邑夏，自周有終，相亦惟終。《禮記・緇衣》：「《尹吉》曰：『惟尹躬天見于西邑夏，自周有終，相亦惟終。』」鄭注云：「《尹吉》，《尹誥》也。『天』當爲『先』，字之誤。」祇爾厥辟，辟不辟，忝厥祖。」《禮記・坊記》：「《書》云：『厥辟不辟，忝厥祖。』」「先王昧爽丕顯，坐以待旦。《左傳》：「讒鼎之銘曰：『昧旦丕顯。』」《孟子》曰：「坐以待旦。」《淮南・修務》曰：「湯夙興夜寐，以致聰明。」無越厥命以自覆。《緇衣》：「《大甲》曰：『毋越厥命以自覆也。』」慎乃儉德。《左傳》御孫曰：「儉，德之共也。」若虞機張，往省括于度，則釋。」《緇衣》：「《太甲》曰：『若虞機張，往省括于厥度，則釋。』」伊尹曰：「茲乃不義，習與性成。予弗狎于弗順，營于桐宮，密爾先王其訓，無俾世迷。」《孟子》：「伊尹曰：『予弗狎于弗順，放大甲于桐。』」《左傳》：「密邇仇讎。」《孔叢子》曰：「《商書》曰：『伊尹曰：「惟王舊行不義，習與性成，予不狎于不順，王始即桐，邇于先王其訓，罔以後人迷。」王往居憂，允思厥祖之明德。』」王徂桐宮，居憂，克終允德。見上。

大甲中

惟三祀十有二月朔，伊尹以冕服奉嗣王歸于亳。《孟子》曰：「太甲顛覆湯之典刑，伊尹放之於桐。三年，大甲悔過，自怨自艾，於桐處仁遷義。三年，以聽伊尹之訓己也，復歸于亳。」閻若璩曰：❶「《周語》內史興曰：『太宰以王命命冕服，內史贊之，三命而後即冕服。』又前篇內史過曰：『夫晉侯非嗣也。』」作書曰：「民非后，罔克胥匡以生；后非民，罔以辟四方。」《表記》：「《大甲》曰：『民非后，無能胥以寧；后非民，無以辟四方。』」《吳書・駱統傳》：「《書》曰：『衆非后，無能胥以寧；后非衆，無以辟四方。』」「欲敗度，縱敗禮。《左傳・昭十年》子皮曰：「《書》曰：『欲敗度，縱敗禮。』」天作孽，猶可違；自作孽，不可逭。《緇衣》：「《太甲》曰：『天作孽，可違也；自作孽，不可以逭。』」《孟子》：「《太甲》曰：『天作孽，猶可違；自作孽，不可活。』」既往背師保之訓，《左傳》楚共王曰：「未習師保之教訓。」尚賴匡救之德。」《左傳》：「匡救其災。」「先王子惠困窮。《淮南・修務》曰：「湯夙興夜寐，以致聰明；輕賦薄斂，以寬民氓；布德施惠，以振困窮。」徯我后，后來無罰。《孟子》曰：「《書》曰：『徯我后，后來其無罰。』」閻若璩曰：「兩書有本出一處，而偶爲引者所增易，而實與義無妨者。《孟子》『齊人取燕』章、『宋小國』章，兩引《書》『后來其蘇』『后

❶「閻若璩」，當作「梅鷟」。

來其無罰』是也。而奈何『后來其蘇』既竄入《仲虺之誥》中，『后來其無罰』復竄入《大甲中》篇中耶？」視遠惟明，聽德惟聰。」《論語》曰：「視思明，聽思聰。」《楚語》伍舉曰：「臣聞國君聽德以爲聰，致遠以爲明。」

大甲下

「惟天無親。《左傳》：「《周書》曰：『皇天無親。』」享于克誠。唐虞時未有「誠」字，至伊尹告大甲乃曰：「鬼神無常享，享于克誠。」「誠」字始見于此。此西山之言也。嗚呼！僞《書》安可據哉？與亂同事，罔不亡。《韓非子》曰：「與亡國同事者，不可存也。」《淮南·説林》曰：「與亂同道，難與爲謀。」克配上帝。《周詩》：「克配上帝。」若升高，必自下；若陟遐，必自邇。梅鷟曰：「取諸《中庸》之『行遠自邇，登高自卑』。」嗚呼！弗慮胡獲？弗爲胡成？一人元良，萬邦以貞。」《文王世子》：「語曰：『樂正司業，父師司成，一有元良，萬國以貞。』」閻若璩曰：「《禮記》稱世子，今入伊尹口以訓長君，非也。」又云：「《禮記》作『一有元良』，改爲『一人』，蓋見《釋詁》曰『元良，首也』，遂以此語實之。郭璞曰：『元良，未聞。』」

咸有一德

伊尹既復政厥辟，《洛誥》：「朕復子明辟。」將告歸。《戰國策》曰：「商君告歸。」「天難諶，命靡常。閻若璩曰：❶「《君奭》曰：『天命不易，天難諶。』《大雅》曰：『天難諶斯。』又云：『天命靡常。』」常厥德。「常厥德」，即《易》「恒其德」也。厥德匪常，即《易》「不恒其德」也。九有以亡。《墨子·非樂》篇曰：「九有以亡。」夏王弗克庸德。《中庸》：「庸德之行。」皇天弗保，監于萬方。《大雅》：「皇矣上帝，監觀四方。」俾作神主。《大雅》：「百神爾主矣。」惟尹躬暨湯，咸有一德。《緇衣》：「《尹吉》曰：『惟尹躬及湯，咸有壹德。』」注云：「『吉』當爲『誥』，古文『告』，字之誤也。《尹告》，伊尹之誥。《書序》以爲《咸有壹德》，今亡。」以有九有之師，《商頌》：「奄有九有。」爰革夏正。《周書·多士》曰：「乃命爾先祖成湯革夏。」德二三。《詩》：「二三其德。」今嗣王新服厥命，惟新厥德。閻曰：❷「《召誥》『越厥後王後民，茲服厥命』，又曰『今王嗣受厥命』，又曰『王乃初服』。」終始惟一，時乃日新。《論語》曰：「有始有卒者，其惟聖人乎！」孔安國注云：「終始如一，惟聖人耳。」梅氏以孔傳《尚書》故用其語。閻若璩曰：❸「《荀子·議兵》篇：『慎終如始，終始惟一，夫是之謂大吉。』」《湯之盤銘》曰：「苟日新。」德無常師。《論語》曰：「而亦何常師之有。」嗚呼！七世之廟，可以觀德；萬夫之長，可以觀政。《呂氏春秋》：「《商書》曰：『五世之廟，可以觀怪；萬夫之長，可以生謀。』」棟謂：王肅主七廟以駁鄭氏，故嘗疑僞《尚書》王肅僎也。后非

---

❶「閻若璩」，當作「梅鷟」。

❷「閻」，當作「梅」。

❸「閻若璩」，當作「梅鷟」。

民罔使，民非后罔事。」《國語》引《夏書》：「衆非元后何戴？后非衆無與守邦。」《大禹謨》既襲用其語，此又竊其意，而變其詞。

說命上

王宅憂，《顧命》曰：「恤宅宗。」亮陰三祀。既免喪，《左傳》：「請免喪而後聽命。」其惟弗言。《論語》：「《書》云：『高宗諒闇，三年不言。』」「明哲實作則。《左傳・昭六年》叔向曰：「《書》曰：『聖作則。』」王言，惟作命；不言，臣下罔攸稟命。」王庸作書以誥曰：「以台正于四方，台恐德弗類，茲故弗言。俱見下。《呂氏春秋》曰：「高宗乃言曰：『以余一人正四方，余恐言之不類也，茲故不言。』」高誘曰：「類，善。茲，此。」恭默思道，嵇康《幽憤詩》云：「奉時恭默。」《楚語》曰：「君子獨居思道。」詳見下。夢帝賚予良弼。」《書序》曰：「高宗夢得說。」《汲郡古文》曰：「武丁三年，夢求傅說，得之。」乃審厥象，俾以形旁求于天下。見下。說築傅巖之野。《孟子》：「傅說舉于板築之間。」《書序》：「使百工營求諸野，得諸傅巖。」爰立作相。《殷本紀》曰：「舉以爲相。」《呂覽・求人》曰：「伊尹，庖廚之臣也；傅說，殷之胥靡也。皆上相天子，至賤也。」賈誼《服鳥賦》云：「傅說胥靡兮，廼相武丁。」隱五年《公羊傳》曰：「天子三公者何？天子之相也。」命之曰：「朝夕納誨，以輔台德。若金，用汝作礪；若濟巨川，用汝作舟楫；若歲大旱，用汝作霖雨。啟乃心，沃朕心！俱見下。若藥，弗瞑眩，厥疾弗瘳；《孟子》

曰：「《書》曰：『若藥，不瞑眩，厥疾不瘳。』」趙岐曰：「《書》逸篇曰。」若跣，弗視地，厥足用傷。」《楚語》白公子張曰：「昔武丁能聳其德，至於神明，以入于河，自河徂亳，於是乎三年，默以思道。卿士患之，曰：『王言以出令也，若不言，是無所稟令也。』武丁於是作書，曰：『以余正四方，余恐德之不類，茲故不言。』如是而又使以象夢求四方之賢聖，得傅説以來，升以爲公而使朝夕規諫，曰：『若金，用女作礪；若津水，用女作舟；若天旱，用女作霖雨。啟乃心，沃朕心。若藥，不瞑眩，厥疾不瘳；若跣，不視地，厥足用傷。』」「惟木從繩則正，后從諫則聖。」《説苑》曰：「孔子曰：『木受繩則直，人受諫則聖。』」

説命中

惟説命總百官。《汲郡古文》曰：「成王元年，命周文公總百官。」「明王奉若天道，建邦設都，樹后王君公，承以大夫師長，不惟逸豫，惟以亂民。揚雄《劇秦美新》曰：「奉若天命。」《墨子·尚同》曰：「先王之書《相年之道》曰：『夫建邦設都，乃作后王君公，否用泰也，輕大夫師長，否用佚也，維辨使治天均。』」又云：「古者建國設都，乃立后王君公，奉以卿士師長，此非欲用説也，唯辨而使助治天助明也。」「惟天聰明，《法言·問明》篇：「惟天爲聰，惟天爲明。」惟臣欽若。「欽若」出《堯典》。惟口起羞，惟甲胄起戎，惟衣裳在笥，惟干戈省厥躬。《緇衣》：「《兑命》曰：『惟口起羞，惟甲胄起兵，惟衣裳在笥，惟干戈省厥躬。』」鄭注曰：「『兑』當爲『説』，謂殷高宗之臣傅説也，作書以命高宗，《尚書》篇名也。」《管子·大匡》

篇：「從列士以下有善，衣裳賀之。」爵罔及惡德，惟其賢。見下。有備無患。本《左傳》。無啟寵納侮。《左傳》士彌牟曰：「啟寵納侮，其此之謂矣。」黷于祭祀，時謂弗欽。禮煩則亂，事神則難。」《緇衣》：「《兑命》曰：『爵無及惡德，民立而正事。純而祭祀，是爲不敬。事煩則亂，事神則難。』」鄭注云：「『純』或爲『煩』。」」「説乃言惟服。」《詩》：「我言惟服。」」「非知之艱，行之惟艱。」昭十年《左傳》子皮曰：「非知之實難，將在行之。」《司馬法》曰：「非知之難，行之難。」

説命下

「台小子舊學于甘盤，既乃遯于荒野，入宅于河。自河徂亳，暨厥終罔顯。案：《汲郡古文》云：「小乙六年，命世子武丁居于河，學于甘盤。」是言居河，就學于甘盤，非既学之後復入于河也。故《楚語》白公子張云：「昔武丁能聳其德，至於神明，以入于河，自河徂亳。」「入于河」，往就學也。「自河徂亳」，入即位也。若作和羹，爾惟鹽梅。《商頌》：「亦有和羹，既戒既平。」注云：「詩頌殷中宗。」《左傳》曰：「和如羹焉，水、火、醯、醢、鹽、梅，以享魚肉。」爾交脩予，罔予棄。」《楚語》白公子張曰：「若武丁之神明也，其聖之叡廣也，其知之不疚也，猶自謂未乂，故三年默以思道。既得道，猶不敢專制，使以象旁求聖人。既得以爲輔，又恐其荒失遺忘，故使朝夕規誨箴諫，曰：『必交脩余，無余弃也。』」「人求多聞。《周書・芮良夫》曰：「古人求多聞以監戒。」《楚語》子高曰：「人之求多聞善敗，以監戒也。」事不師古，以克永世，匪説攸聞。《史記·秦始皇本紀》博士淳于越曰：「事不師古而能長久者，非所聞也。」惟學遜志，務時敏，厥脩乃來。《學記》：「《兑命》曰：『敬遜務時敏，厥脩乃來。』」惟斆學半，《學記》：「《兑命》曰：『學學半。』」念終始典于學。《文王世子》《學記》引《兑命》曰：「念終始典于學。」《汲郡古文》曰：「武丁六年，命卿士傅説視學養老。」監于先王成憲，其永無愆。《孟子》曰：「《詩》云：『不愆不忘，率由舊章。』遵先王之法而過者，未之有也。」「昔先正保衡。《緇衣》：「《詩》云：『昔我有先正。』」《周詩》：「群公先正。」《君奭》：「在大甲時則有若保衡。」予弗克俾厥后惟堯舜，其心愧恥，若撻于市。《孟子》述伊尹曰：「吾豈若使是君爲堯舜之君哉？」又云：「若撻之于市朝。」曹植《求通親親表》曰：「伊尹恥其君不爲堯舜。」一夫不獲，則曰時予之辜。《孟子》曰：「伊尹思天下之民匹夫匹婦有不與被堯舜之澤者，若己推而納諸溝中。」佑我烈祖，《商頌》：「嗟嗟烈祖。」格于皇天。《君奭》曰：「成湯既受命，時則有若伊尹，格于皇天。」爾尚明保予，罔俾阿衡專美有商。」閻若璩曰：❶「傅毅《迪志詩》曰：『於赫我祖，顯于殷國。二迹阿衡，克光其則。』注曰：『阿衡，伊尹也。古文《尚書》曰「爾尚明保予，罔俾阿衡專美有商」，故曰「二迹」也。言傅説功比伊尹，而能光大其法則也。』」「敢對揚天子之休命。」《左傳》重耳曰：「敢奉揚天子之丕顯休命。」

❶「閻若璩」，當作「梅鷟」。

大誓上

惟十有三年春，大會于孟津。皆本《書序》，惟「十有一年」較異耳。王曰：「嗟！我友邦冢君，《牧誓》曰：「嗟！我友邦冢君。」越我御事。《洛誥》曰：「越自乃御事。」惟天地萬物父母，惟人萬物之靈。《莊子·達生》曰：「天地者，萬物之父母也。」《孝經》曰：「天地之性，人爲貴。」《後漢書》劉陶曰：「臣聞人非天地，無以爲生；天地非人，無以爲靈。」梅氏以陶通古文，故附會其説。亶聰明。閻曰：❶「《詩》曰：『亶不聰。』《中庸》：『聰明，足以有臨也。』」元后作民父母。《洪範》曰：「天子作民父母，以爲天下王。」罪人以族，官人以世。梅鷟曰：「《荀子·君子篇》：『以族論罪，以世舉賢。故一人有罪，三族皆夷，德雖如舜，不免刑均，是以族論罪也。先祖當賢，子孫必顯，行雖如桀紂，列從必尊，此以世舉賢也。』此因『行雖如桀紂』之句，故蒐入誓辭。」《孟子》曰：「士無世官。」惟宫室、臺榭、陂池、侈服。梅鷟曰：「《淮南子》曰：『竭百姓之力，以奉耳目之欲，志專在于宫室、臺榭、陂池、苑囿。』」焚炙忠良，所謂炮烙之刑。刳剔孕婦。《墨子·尚鬼》曰：❷「昔者殷王紂，刳剔孕婦，庶耆鰥寡，號咷無告。」《帝王世紀》曰：「紂剖比

❶「閻」，當作「梅」。

❷「尚鬼」，據《墨子》當作「明鬼」。

干妻以視其胎。」觀政于商。即今文《大誓》「四月觀兵」事也。乃夷居，弗事上帝神祇，遺厥先宗廟弗祀。《墨子·天志》曰：「《大誓》之道之曰：『紂越厥夷居，不肯事上帝，弃厥先神祇不祀。乃曰：「吾有命。」無廖僔務天下。天亦縱弃紂而不葆。』」犧牲粢盛，既于凶盜。《微子》曰：「今殷民乃攘竊神祇之犧牷牲。」閻若璩曰：「晚出古文于『弃厥先神祇不祀』下增『犧牲粢盛』二句，以合箕子之言；刪去『天亦縱弃紂而不保』一句，以便下接《孟子》書，豈墨子所見别有一篇《太誓》乎？亦可謂舛矣。」乃曰：『吾有民有命！』罔懲其侮。《墨子·非命》篇曰：「於《大誓》曰：『紂夷處，不肯事上帝鬼神，禍厥先神禔不祀，乃曰：「吾民有命。」無廖排漏。天亦縱之，弃而弗葆。』此言武王所以非紂執有命也。」又云：「《大誓》之言嘫曰：『紂夷之居，而不肯事上帝，弃闕其先神而不祀也，曰：「我民有命。」毋僇其務。天亦不弃縱而不葆。』」天佑下民，作之君，作之師，惟其克相上帝，寵綏四方。有罪無罪，予曷敢有越厥志？《孟子》曰：「《書》曰：『天降下民，作之君，作之師，惟曰其助上帝，寵之四方。有罪無罪，惟我在，天下曷敢有越厥志？』」趙岐曰：「《尚書》逸篇也。」同力度德，同德度義。《左傳·隱十一年》云：「不度德，不量力。」又《昭二十四年》萇宏曰：「同德度義。」受有臣億萬，惟億萬心；予有臣三千，惟一心。《管子》：「《大誓》曰：『紂有臣億萬，人亦有億萬之心；武王有臣三千，而一心。』」商罪貫盈。《左傳》中行桓子曰：「使疾其民，以盈其貫，將可殪也。」《周書》曰：「殪戎殷。」《韓非子》曰：「是其貫將滿也。」厥罪惟鈞。《墨子》：「《大誓》之言曰：『小人見姦巧，乃聞不言也，發罪鈞。』」受命文考，類于上帝，宜于家土。《大傳》曰：

「牧之野，武王之大事也。既事而退，柴于上帝，祈于社。」《王制》曰：「天子將出，類乎上帝，宜乎社，造乎禰。」又云：「受命於祖。」《詩》：「乃立冢土。」民之所欲，天必從之。《周語》引者二，《左傳·襄二十一年》同。韋昭曰：「今《周書·大誓》無此言，其散亡乎！」爾尚弼予一人。《湯誓》曰：「爾尚輔予一人。」

大誓中

惟戊午。《書序》：「一月戊午。」「西土有衆，咸聽朕言。《湯誓》曰：「格爾衆庶，悉聽朕言。」吉人爲善，惟日不足；凶人爲不善，亦惟日不足。「吉人」出《易大傳》。「凶人」出《左傳》。《詩》：「惟日不足。」播弃黎老，《尸子》曰：「昔商紂有臣曰：『王子須弃黎老之言，而用姑息之謀。』」《墨子·尚鬼》曰：❶「昔者殷王紂播弃黎老，賊誅孩子，楚毒無罪。」昵比罪人。《牧誓》曰：「四方之多罪逋逃，是崇是長，是信是使。」是「昵比罪人」之事。朋家作讎。梅鷟曰：「《僖九年》郤芮曰：『亡人無黨，有黨必有讎。』此因《微子》『方興相爲敵讎』言之。」降黜夏命。《書序》：「成王既黜殷命。」謂己有天命，謂敬不足行，謂祭無益，謂暴無傷。厥監惟不遠，在彼夏王。《墨子·非命》云：「於去發曰：『爲鑑不遠，在彼殷王。謂人有命，謂敬不可行，謂暴無傷。』」《詩》：「殷鑒不遠，在夏后之世。」朕夢協朕卜，襲于休祥，戎商必

❶「尚鬼」，據《墨子》當作「明鬼」。

克。《周語》單襄公曰：「吾聞之《大誓》故曰：『朕夢協朕卜，襲于休祥，戎商必克。』」韋昭曰：「《大誓》，伐紂之誓也。故，故事也。」受有億兆夷人，離心離德；予有亂臣十人，同心同德。《左傳》萇弘曰：「同德度義。《大誓》曰：『紂有億兆夷人，亦有離德；余有亂臣十人，同心同德。』此周所以興也。」《論語》：「武王曰：『予有亂十人。』」❶雖有周親，不如仁人。《論語・堯曰》篇曰：「雖有周親，不如仁人。百姓有過，在予一人。」孔安國注曰：「親而不賢不忠，則誅之，管蔡是也。仁人，謂箕子、微子，來則用之。」閻若璩曰：「安國于《論語》周親、仁人之文，則引管、蔡、微、箕以釋之，而周之才不如商；于《尚書》之文，則釋曰『周，至也』，言紂至親雖多，不如周家之多仁人，而商之才又不如周。其相懸絶如是，是豈一人之手筆乎？」棟又案：《墨子・兼愛》曰：「昔者武王將事泰山隧。《傳》曰：『泰山有道曾孫周王有大事云云，雖有周親，不若仁人，萬方有罪，維予一人。』」四語相連，今梅氏斷章取義，何也？天視自我民視，天聽自我民聽。《孟子》：「《大誓》曰：『天視自我民視，天聽自我民聽。』」趙岐曰：「《大誓》，《尚書》篇名。」百姓有過，在予一人。見上。《説苑》：「《書》曰：『百姓有罪，在予一人。』」今朕必往。閻若璩曰：「『今朕必往』，此是湯初興師告諭亳衆之言，今入武王口中。其時武王師已次河朔，群后畢會，何必爲此言？不幾眯目而道黑白邪？」我武惟揚，侵于之疆，取彼凶殘，我伐用張，于湯有光。《孟子》：「《大誓》曰：『我武惟揚，侵于之疆，則取于殘，殺伐用張，于湯有光。』」趙岐曰：「《大誓》，古《尚書》百二十篇之時《大誓》也。今之《尚

❶「亂」下，《皇清經解》本有「臣」字。

書·大誓》篇，後得以充學，故不與古《大誓》同。諸傳記引《大誓》皆古《大誓》也。」勖哉夫子！見《牧誓》。罔或無畏，寧執非敵。百姓懍懍，若崩厥角。」《孟子》曰：「武王之伐殷也，革車三百兩，虎賁三千人。王曰：『無畏！寧爾也，非敵百姓也。』若崩厥角稽首。」閻若璩曰：「『無畏！寧爾也，非敵百姓也』，此武王之詞。『若崩厥角稽首』，則敘事之詞。今皆以爲武王口氣，不愈失《孟子》之文義乎？」

大誓下

「嗚呼！我西土君子，天有顯道，厥類惟彰。《墨子·非命》曰：「於去發曰：『惡乎君子！天有顯德，其行甚章。』」自絶于天。《漢書·霍光傳》曰：「光謂昌邑王曰：『王行自絶于天。』」斮朝涉之脛，《淮南·主術》曰：「紂斮朝涉之脛而萬民叛。」高誘曰：「斮音卓。」剖賢人之心。《淮南·俶真》曰：「夏桀、殷紂，燔生人，辜諫者，爲炮烙，鑄金柱，剖賢人之心，折才士之脛。」❶高誘曰：「賢人，比干也。」崇信姦回。閻若璩曰：❷「《牧誓》『是崇是長，是信是使』，摘取『崇信』二字。《宣三年》王孫滿曰『商紂暴虐』，❸

❶ 「折」，《淮南子·俶真訓》作「析」。

❷ 「閻若璩」，當作「梅鷟」。

❸ 「三」，原作「四」，據《左傳》改。

其下又有『姦回昏亂』之句。《襄二十三年》閔馬父曰：❶『姦回不軌，禍倍下民可也。』」作奇技淫巧以悦婦人。閻若璩曰：❷「《王制》曰：『作淫聲、異服、奇技、奇器以疑衆，殺。』《月令》曰：『毋或作爲淫巧以蕩上心。』《漢書・禮樂志》曰：『《書序》：「殷紂斷弃祖宗之樂，乃作淫聲，用變亂正聲，以悦婦人。」』」上帝弗順，祝降時喪。《墨子・非命》曰：「於去發曰：『上帝不順，祝降其喪。惟我有周，受之大帝。』昔紂執有命而行，武王爲《大誓》去發以非之。」爾其孜孜奉予一人，恭行天罰。《臯陶謨》曰：「予思日孜孜。」《湯誓》曰：「爾尚輔予一人，致天之罰。」《牧誓》曰：「惟恭行天之罰。」古人有言曰：『撫我則后，虐我則讎。』《牧誓》：「古人有言曰。」閻若璩曰：❸《淮南・道應》曰：❹「尹佚曰：❺『四海之内，善之則吾畜也，不善則吾讎也。』」獨夫受。《荀子・議兵》曰：「湯武誅桀紂若誅獨夫。故《大誓》曰：『獨夫紂。』此之謂也。」樹德務滋，除惡務本。《左傳》伍員曰：「臣聞之：『樹德莫如滋，去疾莫如盡。』」《戰國策》秦客曰：「《詩》云：『樹德莫如滋，除害莫如盡。』」爾衆士其尚迪果毅。《左傳》曰：「殺敵爲果，致果爲毅。」惟我文考，

---

❶「二」，原誤作「三」，據《尚書考異》改。

❷「閻若璩」，當作「梅鷟」。

❸「閻若璩」，當作「梅鷟」。

❹「應」，原作「廣」，據《淮南子》改。

❺「尹」，原作「伊」，據《尚書考異》改。

若日月之照臨，光于四方，顯于西土。《周書·商誓》曰：「斯用顯我西土。」《墨子》：「《大誓》曰：『文王若日若月，乍照光於四方，於西土。』」又云：「昔者文王之治西土，若日若月，乍光於四方，于西土，不爲大國侮小國，不爲衆庶侮鰥寡。」惟我有周，見上。誕受多方。《顧命》：「誕受羑若。」《多方》：「尹尔多方。」予克受，非予武，惟朕文考無罪；受克予，非朕文考有罪，惟予小子無良。」《坊記》：「《大誓》曰：『予克紂，非予武，惟朕文考無罪；紂克予，非朕文考有罪，惟予小子無良。』」鄭注曰：「此武王誓衆以伐紂之辭也。今《大誓》無此章，則其篇散亡。」

武成

惟一月壬辰旁死魄，《漢書·律曆志》：「《周書·武成》篇曰：『惟一月壬辰旁死霸。』」公誠鼎曰：「惟十有四月既死霸。」越翼日癸巳，王朝步自周，于征伐商。《律曆志》：「《武成》篇曰：『若翌日癸巳，武王乃朝步自周，于征伐紂。』」《周書·世俘》曰：「惟一月丙辰旁生魄，若翌日丁巳，王乃步自于周，征伐商王紂。」厥四月哉生明，王來自商，至于豐。《律曆志》：「《武成》篇曰：『惟四月既旁生霸。』」《周書·世俘》曰：「時四月既旁生魄。」乃偃武脩文，歸馬于華山之陽，放牛于桃林之野，示天下弗服。《樂記》曰：「濟河而西，馬散之華山之陽而勿復乘，牛散之桃林之野而弗復服。」《史記》曰：「縱馬于華山之陽，放牛於桃林之墟，偃干戈，振兵釋旅，示天下不復用也。」丁未，祀于周廟，邦、甸、侯、衛，駿奔走，執豆籩。《禮・大傳》曰：「牧之野，武王之大事也。既事而退，柴于上帝，祈於社，設奠于牧室，遂率天下諸侯執豆籩，逡奔走。」越三日庚戌，柴望，大告武成。《律曆志》：「《武成》篇曰：『粵六日庚戌，武王燎于周廟。翌日辛亥，祀于天位。粵五日乙卯，乃以庶國祀馘于周廟。』」《周書・世俘》曰：「越六日庚戌，武王朝至，燎于周。若翌日辛亥，祀于位，用籥于天位。越五日乙卯，武王乃以庶祀馘于國周廟。」孔晁曰：「先廟後天者，言功業已成故也。」「惟先王建邦啟土。《周語》曰：「昔我先王世后稷。」俗本《國語》脱「王」字。肇基王迹。《史記》曰：「王瑞自大王興。」其勤王家。衛孔悝之鼎銘曰：「其勤公家。」大邦畏其力，小邦懷其德。《左傳》：「《周書》數文王之德，曰：『大國畏其力，小國懷其德。』」惟九年，大統未集。案《汲郡古文》：「帝辛三十三年，王錫命西伯，得專征伐。四十一年春三月，西伯昌薨。」此僞《武成》所據。又《逸周書》曰：「文王受命九年，惟暮春，在鎬召太子發，作《文傳》。」亦謂受專征伐之命。予小子其承厥志，閻若璩曰：❶「《中庸》：『武王善繼人之志。』今改作『承厥志』者，不宜全寫《中庸》也。但《中庸》所謂志者，制禮作樂之志也；此所謂志，欲集大統之志也，語順而志荒矣。」底商之罪，告于皇天后土，《周書・商誓》曰：「上帝弗顯，乃命朕文考曰：『殪商之多罪紂。』肆予小子發，弗敢忘天命朕考。」《周語》曰：「以大蔟之下宮，布令於商，昭顯文德，底紂之多辠。」韋昭曰：「商，紂都也。底，致也。既殺紂，入商之都，

---

❶「閻若璩」，當作「梅鷟」。

發號施令，以昭文王之德，致紂之多罪。大蔟所以贊陽出滯，蓋謂釋箕子之囚，散鹿臺之財，發巨橋之粟也。」所過名山大川，曰：惟有道曾孫周王發，將有大正于商。《墨子·兼愛》曰：「昔者武王將事泰山隧。傳曰：『泰山，有道曾孫周王有事，大事既獲，仁人尚作，以祗商夏蠻夷醜貉。雖有周親，不若仁人。萬方有罪，維予一人。』」閻若璩曰：「玩其文義，乃是武王既定天下後，望祀山川，或初巡守岱宗，禱神之辭，非伐紂時事也。」棟案：閻說良是。時紂尚在，武王不得稱王。《大明》之詩，至牧野臨敵，猶曰「維予侯興」，則知伐紂以前无稱王之事也。横渠張子謂：「此事閒不容髮，一日之閒天命未絶，則是君臣。」微哉斯言，无以加矣。由是言之，《易》詞「王用享于岐山」，「王用享于帝」，其非文王明矣。暴殄天物。《王制》曰：「田不以禮曰暴天物。」爲天下逋逃主萃淵藪。《左傳》申無宇曰：「昔武王數紂之罪以告諸侯曰：紂爲天下逋逃主萃淵藪，故夫致死焉。」予小子既獲仁人，敢祗承上帝，以遏亂略。見上。華夏蠻貊，罔不率俾。《墨子》曰：「蠻夷醜貉。」閻若璩曰：❶「《左傳》北宫文子曰：『蠻夷帥服。』」肆予東征，綏厥士女。惟其士女，篚厥玄黄，昭我周王。天休震動，用附我大邑周。《孟子》曰：「有攸不爲臣，東征，綏厥士女，篚厥玄黄，紹我周王見休，惟臣附于大邑周。」郭璞《爾雅注》：「《逸周書》曰：❷『釗我周王。』」趙岐《孟子注》曰：「從『有攸』以下，道周武王伐紂時也，皆《尚書》逸篇之文。」惟爾有神，尚克相予，以濟

---

❶ 「閻若璩」，當作「梅鷟」。

❷ 「逸周書」，郭璞《爾雅注》作「逸書」。

兆民，無作神羞。」《左傳》中行獻子伐齊，將濟河，禱曰：「苟捷有功，無作神羞。」又曰：「惟爾有神裁之。」又公子城曰：「平公之靈尚輔相予。」既戊午，師逾孟津。《序》曰：「一月戊午，師渡孟津。」癸亥，陳于商郊，俟天休命。《周語》曰：「王以二月癸亥陳，未畢而雨。」《漢書・律曆志》：「《序》曰：『一月戊午，師渡孟津。』至庚申，二月朔日也。四日癸亥，至牧野，陳。甲子昧爽而合矣。」《牧誓》曰：「王朝至于商郊。」《易・大有・象傳》曰：「順天休命。」甲子昧爽，《牧誓》：「時甲子昧爽。」受率其旅若林，會于牧野。《大雅》曰：「殷商之旅，其會如林。矢于牧野，維予侯興。」前徒倒戈。《史記》曰：「紂師雖衆，皆無敵心，欲武王亟入。紂師皆倒戈以戰，以開武王。馳之，紂兵皆崩畔。」血流漂杵。《孟子》曰：「盡信書，不如無書。吾於《武成》，取二三策而已矣。仁人無敵于天下，以至仁伐至不仁，而何其血之流杵也？」王充《論衡》曰：「察《武成》之篇，牧野之戰，血流浮杵。」案：《武成》亡于建武之際，仲任猶及見之。一戎衣，天下大定。《禮・中庸》曰：「壹戎衣而有天下。」辨見上卷。大公《六韜》曰：「古之聖人，聚人而爲家，聚家而爲國，聚國而爲天下。陳其政教，順其民俗，各樂其所，人愛其上，命之曰大定。」乃反商政，政由舊。此用《呂氏春秋》「復盤庚之政」之説也。釋箕子囚，封比干墓，式商容閭。《荀子・大略篇》曰：「武王始入殷，表商容之閭，釋箕子之囚，哭比干之墓，天下鄉善矣。」《史記》曰：「命召公釋箕子之囚。命畢公釋百姓之囚，表商容之閭。命南宮适散鹿臺之財，發巨橋之粟，以振貧窮。命閎夭封比干之墓。」《漢書・張良傳》曰：「武王入殷，表商容閭，式箕子門，封比干墓。」散鹿臺之財，發鉅橋之粟，《御覽》：「逸《周書》曰：

『武王克商，散鹿臺之財，發鉅橋之粟。』」并見上。大賚于四海，而萬姓悦服。《論語·堯曰》篇曰：「周有大賚，善人是富。」列爵惟五，分土惟三。鄭注《王制》曰：「武王初定天下，更立五等之爵。」《漢書·地理志》曰：「周爵五等，而土三等：公、侯百里，伯七十里，子、男五十里。」閻若璩曰：「疏引《孟子》班爵禄章，非是。《孟子》爵雖五等，却連天子在内，地又四等，與分土惟三不合，蓋直用《漢書·地理志》也。益驗晚出《書》多出《漢書》。」重民五教，惟食喪祭。《論語·堯曰》篇曰：「所重民食喪祭。」垂拱而天下治。《管子·任法》篇：「垂拱而天下治。」董仲舒《對策》曰：「垂拱无爲而天下治。」

旅獒

惟克商，遂通道于九夷八蠻。《魯語》仲尼曰：「昔武王克商，通道於九夷、百蠻，使各以其方賄來貢。」「四夷咸賓。《爾雅·釋詁》曰：「賓，服也。」畢獻方物。《左傳》：「諸侯官受方物。」王乃昭德之致于異姓之邦，無替厥服；分寶玉于伯叔之國，時庸展親。《魯語》仲尼曰：「肅慎氏貢楛矢，先王欲昭其令德之致遠也，以示後人，使永監焉。」又曰：「古者，分同姓以珍玉，展親也；分異姓以遠方之職貢，使無忘服也。」人不易物，惟德其物。《左傳》：「《周書》曰：『民不易物，惟德緊物。』」狎侮君子。《論語》曰：「狎大人，侮聖人之言。」閻若璩曰：❶「《表記》：子曰：『狎侮，死焉而不畏也。』」不貴異物賤用

❶「閻若璩」，當作「梅鷟」。

物。閻若璩曰：❶「《淮南·精神》：『不貴難得之貨，不器無用之物。』」❷犬馬非其土性不畜。閻若璩曰：❸「《左傳》慶鄭曰：『古者，大事必乘其産。生其水土而知其人心，安其教訓而服習其道。惟所納之，無不如志。』」所寶惟賢，本《大學》。張衡《東京賦》曰：「所貴惟賢，所寶惟穀。」則邇人安。《左傳》：「遠至邇安。」爲山九仞，功虧一簣。梅鷟曰：「『爲山』取諸《論語》，『九仞』取諸《孟子》。」閻若璩曰：「井可言九仞，山當以百仞計也。且孔子爲譬語，如《書》言，則正語矣。」允迪兹。」《臯陶謨》：「允迪厥德。」

微子之命

「殷王元子。《左傳》陽虎曰：「微子，帝乙之元子也。」惟稽古，今文《大誓》曰：「惟稽古，立功立事。」又册董賢語，見下。崇德象賢。閻若璩曰：❹「《左傳》文二年：『謂之崇德。』」《士冠禮》曰：「繼世以立諸侯，象賢也。」作賓于王家。《易》：「利用賓于王。」閻若璩曰：❺「《左傳》宋樂大心曰：『我於周爲客。』

---

❶「閻若璩」，當作「梅鷟」。
❷「不」，原作「而」，據《尚書考異》改。
❸「閻若璩」，當作「梅鷟」。
❹「閻若璩」，當作「梅鷟」。
❺「閻若璩」，當作「梅鷟」。

改『客』作『賓』，用『虞賓在位』之字。」乃祖成湯，閻若璩曰：❶「『乃祖』字出《盤庚》。」克齊聖廣淵。《左傳》大史克曰：「齊聖廣淵。」皇天眷佑，閻若璩曰：❷「見《周書》。」誕受厥命。閻若璩曰：❸「見《周書》。」撫民以寬，除其邪虐。《祭法》曰：「湯以寬治民而除其虐。」《國語》同。踐修厥猷。閻若璩曰：❹「《文元年》：『踐修舊好。』」予嘉乃德，曰篤不忘。《左傳》王謂管仲曰：「余嘉乃勳，應乃懿德，謂督不忘。往踐乃職，無逆朕命！」庸建爾于上公。《漢書·董賢傳》上以賢爲大司馬衛將軍，册曰：「朕承天序，惟稽古建爾于公，以爲漢輔。」以蕃王室。《左傳》子展曰：「堅事晉楚，以蕃王室。」無替朕命。」《漢書·王莽傳》莽策命孺子曰：「往踐乃位，毋廢予命。」

蔡仲之命

惟周公位冢宰，正百工，《左傳》祝佗曰：「周公爲大宰。」《汲郡古文》曰：「成王元年，命冢宰周公總

---

❶「閻若璩」，當作「梅鷟」。
❷「閻若璩」，當作「梅鷟」。
❸「閻若璩」，當作「梅鷟」。
❹「閻若璩」，當作「梅鷟」。

百官。」閻若璩曰：❶「『冢宰』字見《周禮》，『百工』字見《虞書》。」羣叔流言。《金縢》曰：「管叔及其羣弟乃流言于國。」乃致辟管叔于商；囚蔡叔于郭鄰，《周書・作雒》曰：「降辟三叔。王子祿父北奔，管叔經而卒，乃囚蔡叔于郭淩。」孔晁曰：「郭淩，地名。」以車七乘。《左傳》祝佗曰：「管、蔡啟商，惎間王室，王於是乎殺管叔而蔡蔡叔，以車七乘、徒七十人。」三年不齒。見《周禮・大司寇》。蔡仲克庸祗德，周公以爲卿士。叔卒，乃命諸王邦之蔡。《左傳》祝佗曰：「其子蔡仲改行帥德，周公舉之，以爲己卿士，見諸王，而命之以蔡。其命書云：『王曰：「胡！無若爾考之違王命也！」』」「率德改行。見上。爾尚蓋前人之愆。閻若璩曰：❷「『爾尚』二字見《酒誥》，『蓋前人之愆』見《魯語》臧文仲曰：『孟孫善守矣，其可以蓋穆伯而守其後于魯乎！』」率乃祖文王之彝訓，辨見上卷。無若爾考之違王命。見上。皇天無親，惟德是輔。《左傳》：「《周書》曰：『皇天無親，惟德是輔。』」杜預曰：「逸《書》。」愼厥初，惟厥終，終以不困。《周書・常訓》曰：「愼微以始而敬終，乃不困。」《左傳》衛太叔文子曰：「《書》曰：『愼始而敬終，終以不困。』」杜預不云「《周書》」而云「《逸書》」，故梅頤竄入《蔡仲之命》。以蕃王室。」見《微子之命》。

---

❶「閻若璩」，當作「梅鷟」。

❷「閻若璩」，當作「梅鷟」。

周官

惟周王撫萬邦，韋昭注《周語》云：「聘，問也。聘者，王者所以撫萬國，存省之。」巡侯甸，見下。四征弗庭。《左傳》：「以王命討不庭。」又曰：「同討不庭。」杜預曰：「下之事上，皆成禮於庭中。」六服羣辟。孔疏曰：「《周禮》九服，此惟言六。」歸于宗周，董正治官。《汲郡古文》曰：「成王十九年，王巡守侯甸方岳，召康公從歸于宗周，遂正百官。」《序》曰：「還歸在豐，作《周官》。」「制治于未亂，保邦于未危。」梅鷟曰：「取諸《老子》『爲之于未有，圖之于未亂』。」棟案：《漢書·匈奴傳》揚雄上書曰：「臣聞六經之治，貴于未亂。」「內有百揆四岳，外有州牧侯伯。見《堯典》《臯陶謨》。萬國咸寧。見《易》。夏商官倍。《明堂位》曰：「有虞氏官五十，夏后氏官百。」文雖不同，見夏商官倍于唐虞也。立太師、太傅、太保，茲惟三公。羅喻義曰：「太師、太傅、太保，非三公也。然則何官？曰：此太子三公也。」《周禮》保氏序官疏引鄭小同所僎《鄭志》云：「趙商問曰：『案成王《周官》「立太師、太傅、太保，茲惟三公」，即三公之號自有師保之名。成王《周官》是周公攝政三年事，此《周禮》攝政六年時，則三公自名師、保，起之在前，何也？』答曰：『周公左，召公右，兼師保，初時然矣。』」案：孔氏逸《書》無《周官》，趙商據以爲説，此必見《緯書》及《書大傳》，梅氏即用之以入《周官》也。論道經邦，閻若璩《困學紀聞注》曰：「若璩案：『論道經邦』，乃本《考工記》『或坐而論道』來。」辨見上卷。燮理陰陽，《漢書·丙吉傳》：「三公典調和陰陽。」官不必備，惟其人。《文王世子》曰：「記曰：『虞夏商周有師、保，有疑、丞。設四輔及三公，不必備，唯其人。』語使能也。」少師、少傅、少保，曰三孤。閻若璩曰：❶「公、孤見《周禮》。太師、太傅、太保、少師、少傅、少保見賈子《新書》。今案：《周禮》孤厠于三公之下，卿大夫之上，而無三孤之數。賈子有三公、三少之數，而非三孤之稱。今太師、太傅、太保爲三公，少師、少傅、少保曰三孤，則正用賈生《保傅》之語。而特即『三少』之『少』字從《周禮》之『孤』字耳。」《攷工記》「九卿」注云：「六卿三孤。」貳公弘化。鄭注《王制》云：「三孤无職，佐公論道。」冢宰掌邦治，統百官，均四海。《周禮》：「乃立天官冢宰，使帥其屬而掌邦治，以佐王均邦國。」又曰：「六典，三曰禮典，以統百官。」司徒掌邦教，敷五典，擾兆民。《周禮》曰：「乃立地官司徒，使帥其屬而掌邦教，以佐王安擾邦國。」《太宰》曰：「二曰教典，以擾萬民。」《堯典》曰：「敬敷五教。」《周禮》：「司徒掌十有二教。」鄭注曰：「有虞氏五，而周有十二焉。」據此，《周禮》無「敷五典」之文。周有六典，教典爲司徒，與唐虞異也。宗伯掌邦禮，治神人，和上下。《周禮》曰：「乃立春官宗伯，使帥其屬而掌邦禮，以佐王和邦國。」又云：「大宗伯掌建邦之天神、人鬼、地示之禮。」司馬掌邦政，統六師，平邦國。《周禮》曰：「乃立夏官司馬，使帥其屬而掌邦政，以佐王平邦國。」又云：「凡制軍，王六軍。」《詩》云：「整我六師。」《顧命》云：「張皇六師。」皆以「六軍」爲「六師」，故亦變「六軍」言「六師」也。司寇掌邦禁，詰姦

---

❶「閻若璩」，當作「梅鷟」。

慝，刑暴亂。《周禮》曰：「乃立秋官司寇，使帥其屬而掌邦禁，以佐王刑邦國。」又云：「佐王刑邦國，詰四方。」司空掌邦土，《周禮・小宰》職曰：「六曰冬官，掌邦事。」居四民。周初，士不在四民之列，始于管子之士鄉。各率其屬，見上。以倡九牧。「九牧」見《逸周書》。六年，五服一朝。《左傳・昭十三年》叔向曰：「明王之制，使諸侯歲聘以志業，間朝以講禮，再朝而會以示威，再會而盟以顯昭明。」正義曰：「《周官》『六年，五服諸侯一時朝王』，即此『再朝而會』是也。此《傳》之文與《尚書》正合。」而不知梅氏竊《左傳》之文耳。又六年，王乃時巡，《周禮・大行人》：「十有二歲，王巡守殷國。」考制度于四岳。諸侯各朝於方岳，大明黜陟。」《左傳》曰：「再會而盟，以顯昭明。」杜預曰：「十二年而一盟，所以昭信義也。再會，王一巡守，盟于方岳之下。」正義曰：「杜言巡守、盟于方岳，闇與《周官》符同。」而不知亦梅氏竊《左傳》及杜註而爲之耳。「黜陟」見《堯典》。「令出惟行，弗惟反。閻若璩曰：❶「用劉向封事中語。」以公滅私。《説文》曰：「倉頡作書，背厶者謂之公。」閻若璩曰：❷「《文六年》臾駢曰：『以私害公。』」學古入官，議事以制。《左傳》子產曰：「僑聞學而後入政。」叔向詒子產書曰：「昔先王議事以制。」不學墻面。《論語》：「正墻面而立。」業廣惟勤。辨見上卷。位不期驕，禄不期侈。閻若璩曰：❸「《戰國策》曰：『平原君引

---

❶「閻若璩」，當作「梅鷟」。

❷「閻若璩」，當作「梅鷟」。

❸「閻若璩」，當作「梅鷟」。

公子與應侯曰：「貴不與富期，而富至；富不與粱肉期，而粱肉至；粱肉不與驕奢期，而驕奢至。」』」恭儉惟德，《左傳》曰：「儉，德之共也。」閻若璩曰：❶「『恭儉』出《孟子》。」無載爾僞。《左傳》：「《詩》曰：『淑慎爾止，無載爾僞。』」弗畏入畏。《太玄》禮次七曰：「出禮不畏入畏。」范望注云：「家信爲理，❷違出其表，未有所畏，故曰『不畏』。出禮入刑，刑以正衰，故曰『入畏』。」僞孔《傳》云：「若乃不畏，則入可畏之刑。」用范注也。推賢讓能，《荀子·非十二子》曰：「推賢讓能，而安隨其後。如是者，寵則必榮。」庶官乃和，不和政龐。」閻若璩曰：❸「亦用劉向封事中語。」

君陳

「惟爾令德孝恭。閻若璩曰：❹「《周語》單襄公曰：『驩，此其孫也，而令德孝恭，非此其誰？』」惟孝友于兄弟，克施有政。古文《論語》曰：「《書》云：『孝于惟孝，友于兄弟，施于有政。』」包咸曰：「『孝于惟孝』，美大孝之詞。」梅頤讀「惟孝」連「友于兄弟」，俗本遂改「孝于」爲「孝乎」，非也。命汝尹茲東郊。

---

❶「閻若璩」，當作「梅鷟」。

❷「家信爲理」，《太玄》范望注作「家性爲禮」。

❸「閻若璩」，當作「梅鷟」。

❹「閻若璩」，當作「梅鷟」。

《汲郡古文》曰：「成王十一年，王命周平公治東都。」沈約案：「周平公即君陳，周公之子，伯禽之弟。」《序》云：「命君陳分正東郊成周。」昔周公師保萬民。《左傳》：「王使劉定公賜齊侯命曰：『昔伯舅大公股肱周室，師保萬民。』」黍稷非馨，明德惟馨。《左傳》：「《周書》曰：『黍稷非馨，明德惟馨。』」閻若璩曰：❶「《左傳》所引者《書》，所謂『我聞』者，曷聞哉？ 聞諸宫之奇而已。」惟日孜孜。《臯陶謨》曰：「予思日孜孜。」凡人未見聖，若不克見；既見聖，亦不克由聖。《緇衣》：「《君陳》云：『未見聖，若己弗克見；既見聖，亦不克由聖。』」爾惟風，下民惟草。《論語》曰：「君子之德風，小人之德草。」出入自爾師虞，庶言同。《緇衣》曰：「《君陳》曰：『出入自爾師虞，庶言同。』」《荀子》亦云「庶言同」，無「則繹」二字。爾有嘉謀嘉猷，則入告爾后于内，爾乃順之于外，曰：『斯謀斯猷，惟我后之德。』嗚呼！ 臣人咸若時，惟良顯哉。」《坊記》：「《君陳》曰：『爾有嘉謀嘉猷，入告爾君于内，女乃順之于外，曰：「此謀此猷，惟我君之德。」於乎！ 是惟良顯哉！』」《春秋繁露》所引與《坊記》同，云：「忠臣不顯諫，欲其由君出也。古之良大夫其事君皆若是。」《困學紀聞》云：「先儒謂成王失言。蓋將順其美善則稱君，固事君之法，然君不可以是告其臣。『順』之一字，其弊爲諛。有善歸主，李斯所以亡秦也，曾是以爲良顯乎？ 閻復之君誦斯言，則歸過求名之疑不可解矣。」閻若璩曰：「『爾有嘉謀嘉猷』等語，出于臣工之相告誡，則爲愛君；出於君之告

❶「閻若璩」，當作「梅鷟」。

臣，則爲導諛。導諛，中主所不爲，而爲三代令辟如成王爲之乎？」棟謂：《坊記》所引，必別有所指，後儒不疑後出古文，而追咎成王，過矣。且果成王失言，孔子胡爲録之以訓後世乎？梅賾此等最爲害理。「殷民在辟，予曰辟，爾惟勿辟；予曰宥，爾惟勿宥。」梅鷟曰：「取諸《文王世子》：『公曰：「宥之。」有司曰：「在辟。」』」無求備于一夫。《論語》周公謂魯公曰：「無求備于一人。」必有忍，其乃有濟。《國語》富辰曰：「《書》有之曰：『必有忍也，若能有濟也。』」惟民生厚。閻若璩曰：❶「《成公十六年》申叔時曰：『民生厚而德正。』」

畢命

惟十有二年六月庚午朏，《漢書·律曆志》曰：「康王十二年六月戊辰朔，三日庚午，故《畢命豐刑》曰：『惟十有二年，六月庚午，朏，王命作策書《豐刑》。』」梅賾襲其詞。越三日壬申，王朝步自宗周，至于豐，《汲郡古文》曰：「康王十二年夏六月壬申，王如豐，錫畢公命。」《召誥》曰：「越六日乙未，王朝步自周，則至于豐。」以成周之衆，命畢公保釐東郊。《序》云：「分居里，成周郊。」王若曰：「嗚呼！父

❶「閻若璩」，當作「梅鷟」。

師。閻若璩曰：❶「『父師』二字見《微子》。」惟周公左右先王。閻若璩曰：❷「《襄十四年》劉定公曰：『昔伯舅大公右我先王。』」毖殷頑民。閻若璩曰：❸「《洛誥》：『伻來毖殷。』《大誥》：『天亦用勤毖我民。』」《序》曰：「成周既成，遷殷頑民。」道有升降。閻若璩曰：❹「《襄二十九年》叔向曰：『其以宋升降乎。』」克勤小物。《晉語》知伯國曰：「夫君子能勤小物，故無大患。」韋昭曰：「物，事也。」正色率下。《公羊傳》曰：「孔父正色而立于朝。」予小子垂拱仰成。《慎子》曰：「君逸樂，而臣任勞，臣盡智力以善其事，而君無與焉，仰成而已。」閻若璩曰：❺「《漢書·薛宣傳》：『馮翊垂拱蒙成。』《後漢書·孝章八子傳》曰：『清河王慶曰：「仰恃明主，垂拱受成。」』《淮南·道應》曰：『武王之佐五人。』許慎注：『謂周公、召公、太公、畢公、毛公也。』『武王于五者不能一事也，然垂拱而受成功焉，善乘人之資也。』」旌別淑慝，表厥宅里，太公《六韜》曰：「旌別淑慝，表其門閭。」彰善癉惡，《緇衣》曰：「有國家者章義癉惡，以示民厚。」陳澔不知好惡，改從僞《書》。樹之風聲。弗率訓典，《左傳·文六年》：「並建聖哲，樹之風聲。」又云：「告之訓典。」

---

❶「閻若璩」，當作「梅鷟」。

❷「閻若璩」，當作「梅鷟」。

❸「閻若璩」，當作「梅鷟」。

❹「閻若璩」，當作「梅鷟」。

❺「閻若璩」，當作「梅鷟」。

殊厥井疆。《序》云：「分居里。」商俗靡靡。疏云：「韓宣子稱，❶紂使師延作靡靡之樂。」服美于人。驕淫矜侉，將由惡終。閻若璩曰：❷「《襄二十七年》叔孫曰：『服美不稱，必以惡終。』」雖收放心，閑之維艱。」王應麟曰：「《孟子》求放心之説也。」「不剛不柔。《周禮・大司徒》：「六德：智、仁、聖、義、忠、和。」鄭注：「和，不剛不柔。」僞孔傳云：「言邦國所以安危，惟在和此殷士而已。」此采鄭註而用其義。若蔡傳，則又郢書而燕説矣。澤潤生民。《荀子・臣道篇》：「澤被生民。」班彪《王命論》：「流澤加于生民。」四夷左衽，罔不咸賴。」《汲郡古文》曰：「成王二十五年，王大會諸侯于東都，四夷來賓。」《論語》曰：「被髮左衽。」

君牙

「惟乃祖乃父。見《般庚》。厥有成績，紀于太常。《周禮・司勳》曰：「凡有功者，銘書于王之大常。」《周書・嘗麥》曰：「用大正，順天思序，紀于大常。」「大常」今作「大帝」，乃知梅頤所據《逸周書》猶是善本。惟予小子，嗣守文、武、成、康遺緒，閻若璩曰：❸「『惟予』二字，見《康王之誥》。『小子』見《顧命》。

❶「宣」，原作「非」，據《尚書》孔疏改。
❷「閻若璩」，當作「梅鷟」。
❸「閻若璩」，當作「梅鷟」。

『嗣守文武』亦見《顧命》。」亦惟先王之臣，克左右，《文侯之命》曰：「亦惟先正克左右。」亂四方。《顧命》曰：「其能而亂四方。」心之憂危，若蹈虎尾，涉于春冰。《易》曰：「履虎尾。」《詩》云：「如履薄冰。」今命爾予翼，作股肱心膂。閻若璩曰：❶「『予翼』見《皋陶謨》及《周書》。《周語》大子晉曰：『謂其能爲禹股肱心膂。』」纘乃舊服，無忝祖考。《左傳》：「王使劉定公賜齊侯命曰：『纂乃祖考，無忝乃舊。』」宏敷五典。舜命契爲司徒曰：「敬敷五教。」爾身克正，罔敢弗正。《論語》：「子帥以正，孰敢不正？」夏暑雨，小民惟曰怨咨。冬祁寒，小民亦惟曰怨咨。《緇衣》：「《君雅》曰：『夏日暑雨，小民惟曰怨資。冬祈寒，小民亦惟曰怨。』」注云：「『雅』，《書序》作『牙』，假借字也。」思其艱以圖其易。梅鷟曰：「取諸《老子》『圖難于其易』。」丕顯哉！文王謨。丕承哉！武王烈。啟佑我後人，咸以正罔缺。」《孟子》曰：「《書》曰：『丕顯哉！文王謨。丕承哉！武王烈。佑啟我後人，咸以正無缺。』」

冏命

「怵惕惟厲，中夜以興。《祭義》曰：「必有怵惕之心。」《易》曰：「夕惕若厲。」《七發》：「惕惕怵怵，臥不得瞑。」聰明齊聖。《中庸》：「聰明聖知。」《詩》曰：「人之齊聖。」惟予一人無良，實賴左右前後

❶ 「閻若璩」，當作「梅鷟」。

有位之士，匡其不及。繩愆糾繆，格其非心，俾克紹先烈。今予命汝作大正，正于羣僕侍御之臣，懋乃后德，交修不逮。閻若璩曰：❶「《禮記》引《大誓》曰：『惟予小子無良。』《孟子》曰：『惟大人爲能格君心之非。』《楚語》引衛武公曰：『朝夕以交戒我。』史老引武丁曰：『交修予，無予弃也。』賈子曰：『選天下之端士、孝弟、博聞有道術者，以衛翼。前後左右皆正人也。』後又曰：『太傅匡其不及。』」巧言令色，見《臯陶謨》。便辟側媚，「便辟」見《論語》。其惟吉士。「吉士」見《詩》及《立政》。充耳目之官。「耳目」見《臯陶謨》。

❶「閻若璩」，當作「梅鷟」。

九經古義

〔清〕惠棟 撰

鄧志峰 校點

校點説明

《九經古義》十六卷，清儒惠棟撰。

惠棟(一六九七—一七五八)，字定宇，號松厓，江蘇吴縣(今蘇州)人。清學吴派大師。其祖周惕、父士奇皆以學問知名，棟幼承家學，長不欲仕，「自經史諸子、百家雜説、釋道二藏，靡不津逮」(錢大昕撰《惠先生棟傳》)。一生著述甚勤，撰有《九經古義》《周易本義辨證》《易漢學》《周易述》《易微言》《易例》《古文尚書攷》《明堂大道録》《禘説》《春秋左傳補注》《後漢書補注》《九曜齋筆記》《松厓筆記》等著作多種，以復興漢學著稱於世。

《九經古義》原本十經，計有《周易》《尚書》《毛詩》《周禮》《儀禮》《禮記》《左傳》《公羊傳》《穀梁傳》《論語》十種。或題二十二卷，其中《左傳古義》六卷，以《左傳補注》别行，故餘九經，凡十六卷。或題二十卷，《左傳古義》四卷(參本書目録)，其《九經古義》固爲十六卷無異。蓋《左傳補注》卷數嘗有更革也。惠氏自言著書本意：「漢人通經有家法……經之義存乎訓，識字審音乃知其義，是故古訓不可改也，經師不可廢也。」(《九經古義述首》)錢大昕則以爲其書旨在「討論古字古言，以博異聞，正俗學」(前引《惠先生棟傳》)。蓋清初學者雖不滿於明人之學，以爲游談無根，然尚不欲遽棄宋學，顧炎武因盛倡捨經學則無理學之説；繼則欲駕宋人而上之，其後則不滿於唐人《正義》之學，於是由唐返漢，自東漢至西漢，終則由兩漢上溯先秦。梁啓超所謂「以復古爲解放」是也（《清代學術概論》）。錢氏所云俗學，蓋指並時何焯、沈德潛一輩徒知好古，「尚洽通，雜治經史文辭」（章太炎《檢論·清儒》），而不明其條例者言。王昶云：「自孔、賈奉敕作《正義》，而漢魏六朝老師宿儒、專門名家之説並廢；又近時吴中何氏焯、汪氏份以時文倡導學者，而經術益衰。」（王昶撰《惠定宇先生墓志銘》）即直陳其事。唐人之學既混淆家法，何焯輩尚未明大義，惠氏乃於此汗漫牽纏之中，自得乎漢儒家法條例之大端，可謂厥功甚偉。對以自我回溯爲特徵之清代學術而言，實有承上啓下之功。戴震一派學者，以裁斷自居，而譏其墨守，近世學者，或抑或揚，多本章太炎「篤於尊信」、梁啓超「凡漢必真」諸論爲説，似不足以服之。

《九經古義》之撰寫過程頗可一覘惠氏思想之演變，此過程可由上海圖書館所藏《周易古義》稿本推敲得之。此稿本乃惠棟手澤，對於研究惠氏思想極有價值，惜使用者甚罕。蓋本書初名《識小編》，取《論語》「賢者識其大者，不賢者識其小者」之義。除《易》《書》《詩》《論語》以外，其餘諸卷卷首皆題「識小編」，經勾抹後，下題「改九經會最」五字，知《九經會最》一名在《識小編》之後。「識小編」右另題「九經會最卷某」，「會最」右另題「古義」二字，知《九經古義》一名尚在《九經會最》之後。《會最》成書以後，每一卷即稱「某某經考」。由《會最》之卷數及排列次序，可知稿本九卷即形成於《會最》完成之時。卷一《周易考》，卷二《尚書考》，卷三《毛詩考》，卷四《論語考》，卷五《周禮》，卷六《儀禮》，卷七《禮記》，卷八《公羊》，卷九《穀梁》皆稱《識小編》。疑《識小編》諸篇成書在《易》《書》《詩》《論語》諸考之前。所謂「識小」云云，可知惠氏最初僅是出於博學旨趣，雖云自謙，亦未嘗不以飣餖考據視之。由「識小」至「會最」，則已由散殊而漸趨綜匯。由「會最」至「古義」，則由材料之綜匯顯現漢唐經學之内在條理，雖不云師法、家法，而家法之觀念呼之欲出。其後復於《述首》直接點明「漢人通經有家法」，則係順理成章之事。然則《九經古義》一書，於惠氏家法觀念的形成當有着極爲關鍵之地位。

《九經古義》之版本，除手稿本之外（上海圖書館藏），其較早刊刻者，有乾隆中益都李文藻刊潮陽縣署本（《無求備齋易經集成》即據之影印），「故粤中先傳其本也」（錢林輯，王藻編《文獻徵存録》卷五《惠棟傳》）。《四庫全書》收録此本，題「桂林府同知李文藻刊本」，並詳加讎校，對其謬誤頗有是正。其後歷城周永年於乾隆五十四年（一七八九）據李文藻竹西書屋刻板重印，是爲《貸園叢書初集》本（《叢書集成初編》據此重印）。此外，常熟蔣光弼曾參與校訂《四庫全書》，後曾陸續刻《省吾堂四種》及《省吾堂五種》叢書，收録《九經古義》一書，其底本當與貸園本相同，雖偶有是正，然錯謬反增，至有重頁而不自知者。則其未能吸收《四庫》本之校勘成果可知。此書翻刻頗多，流傳較廣。道光中，吴江沈懋悳世楷堂刊本（收入《昭代叢書甲集補》《叢書集成續編》）、阮元《皇清經解》本（道光學海堂本、咸豐補刊本、鴻寶齋石印本、點石齋石印本）亦微有校勘。光緒十三年（一八八七），吴縣朱記榮所輯《槐廬叢書二編》《經學叢書初編》，皆收録《九經古義》一書，以李文藻刊本爲底本，「別購副本，重加校勘」（參卷首閔萃祥序及朱記榮識語），惜校勘成果未能與所言相副。由於李文藻係乾隆時知名學者及藏書家，且最早從事《九經古義》之刊刻，《四庫全書》本、省吾堂本、《清經解》本亦迭經學者校正，故此次校點即以國家圖書館藏潮陽縣署本爲底本，以上海圖書館藏惠棟手稿本（簡稱稿本）、復旦大學圖書館藏《貸園叢書初集》本（簡稱貸園本）、臺灣商務印書館影印文淵閣《四庫全書》本（簡稱四庫本）、北京大學圖書館藏《省吾堂四種》本（簡稱省吾堂本）、學海堂《清經解》本（上海書店一九八八年影印《清經解》）（簡稱清經解本）、復旦大學圖書館藏《槐廬叢書》本（簡稱槐廬叢書本）爲校本。此外，《九經古義》刊印之後經學者收藏批校，並爲筆者所過眼者，尚有上海圖書館藏清嚴元照校跋潮陽縣署本、清張星鑑批注《貸園叢書》本，國家圖書館藏清朱錫庚批注清刻本、清李慈銘批校《省吾堂五種》本，南京圖書館藏清葉名澧批注《省吾堂四種》本，並吸收了若干校勘成果。

除異體字及明顯錯訛之外，凡有重要改動，皆出校勘記。另底本及原目録沿襲古人著書多以小題（篇名）居上，大題（書名）列下的傳統，今改從《儒藏》體例，以書名居上，篇名列下。

本次校點，得到責任編委楊韶蓉女士的極大幫助，通審劉曉東先生指訛糾謬，惠我良多。謹此特致謝忱。由於冗事纏身，校點工作時斷時續，加之水準所限，此次校點仍有許多不盡如人意之處，甚望讀者有以教我。

校點者 鄧志峰

九經古義述首

漢人通經有家法，故有五經師，訓詁之學皆師所口授，其後乃著竹帛。所以漢經師之説立於學官，與經並行。五經出於屋壁，多古字古言，非經師不能辨。經之義存乎訓，識字審音乃知其義，是故古訓不可改也，經師不可廢也。余家四世傳經，咸通古義，守專室、呻槁簡，日有省也，月有得也，歲有記也。顧念諸兒尚幼，日久失其讀，有不殖將落之憂。因述家學，作《九經古義》一書，吾子孫其世傳之，毋隳名家韻也。惠棟識。

九經古義卷弟一

周易古義上

《說文》曰：「《秘書》説日月爲易，象陰陽也。」虞仲翔《易注》引《參同契》，亦云「字从日下月」。《參同契》曰「易謂坎離」，又曰「日月爲易」。所謂《秘書》者，《參同》之類也。

《坤·初六·象》：履霜堅冰，陰始凝也。 案：文「冰」當作「仌」，「凝」當作「冰」。《尒疋·釋器》云：「冰，脂也。」郭璞曰：「《莊子》云『肌膚若冰雪』，冰雪，脂膏也。」孫炎本作「凝脂」，云「膏凝曰脂」。《詩》云「膚如凝脂」，即冰脂也。古文《尚書》亦以「冰」爲「凝」，《說文》云：「凝，俗冰字。」

六二，直方大。 鄭注云：「直也，方也，地之性。此爻得中氣而在地上，自然之性廣生萬物，故生動直而且方。」熊氏《經說》云：「鄭氏《古易》云『《坤》爻辭履霜、直方、含章、括囊、黃裳、玄黃，協韻』，故《象傳》《文言》皆不釋『大』，疑『大』字衍。」

坤至柔，而動也剛。 《九家易》曰：「坤一變而成震，陰動生陽，故動也剛。」宋時臨安僧曇瑩云：「動者，謂爻之變也。坤不動則已，動則陽剛見焉。在初爲復，在二爲師，在三爲謙，自是以往皆剛也。」洪景盧以其言爲善，而不知漢《易》已有是説矣。

《屯》：初九，磐桓，利居貞。《仲秋下旬碑》作「股桓」。《釋文》云：「本亦作盤。」案古「盤」字皆作「般」，與股同。《尚書・盤庚》蔡邕石經作「般」，此與《漸・六二》「磐」字皆當作「般」。《郊祀志》云「鴻漸于般」，孟康曰：「般，水涯堆也。」

上六，泣血漣如。棟案：「漣」本波瀾之字，《説文》引作「㥨」，或古从立心，篆書水、心相近，故誤爲「漣」。陸德明亦引《説文》，而不云字異，明不从水旁。《淮南子》引此經又作「連」，从省文。《毛詩》「泣涕漣漣」，亦當从心，連聲。

《蒙・象》曰：匪我求童蒙，童蒙求我。高誘引云：「童蒙來求我。」《釋文》云：「一本有來字。」

初六，以往吝。《説文》引作「遴」，云「行難也」。棟案：史書「遴」本「吝」字，見《汗簡》。此《易經》古文。《漢書》魯安王「晚節遴」；《王莽傳》「性實遴嗇」。《廣雅》曰：「遴，䟮也，音良鎮反。」小顏云：「遴讀與吝同。」周伯琦《六書正譌》云：「僯，行難，从人，粦聲。又謹選也。別作『遴』，非是。」與《説文》《漢書》異。

《需・象》曰：君子以飲食宴樂。棟案：《歸藏易・需卦》之需作「溽」。《説文・犬部》

云：「獳从犬，需聲。讀若槈，奴豆切。」是需有槈音。《禮記・儒行》曰「飲食不溽」，鄭氏注云：「恣滋味爲溽，溽之言欲也。」故《象》言「飲食宴樂」。《左傳》昭十五年傳云：「辱必求之，吾助子請。」《説苑・敬慎篇》云：「諺曰：『誡無垢，思無辱。』」辱與垢協，是讀爲溽。服虔曰：「辱，欲也。」古文《易》不可攷，然溽字不爲無説。鄭氏注《易》云：「需讀爲秀。」

九二，需于沙。 鄭本「沙」作「沚」。棟案：「沚」當作「沚」，與沙同。《説文》云：「沙，水散石也。从水，从少，水少沙見。譚長説沙或作沚，❶从止。」《穆天子傳》云：「天子東征，南絶沙衍。辛丑，天子渴於沙衍，求飲未至。」郭璞云：「沙衍，水中有沙者。」水少沙見，故《象》云「需於沙衍」。或以「衍」屬下句讀，非也。

《訟》：上九，終朝三褫之。 《説文》云：「褫，奪衣也，讀若池。」鄭康成本作「三拕之」，音徒可反。棟案：《淮南・人閒訓》云：「秦牛缺遇盜，拕其衣被。」高誘曰：「拕，奪也。」是「拕」與「褫」字異而義同。晁以道讀爲「拖紳」之拖，楊慎以爲終朝三拕之以誇於人，真小兒强解事也。「拖紳」之「拖」本作袉，見《説文》。

《師》：貞，丈人吉。 康成注云：「丈之言長，能御衆，有正人之德，以法度爲人之長，

---

❶ 「作沚」二字，《説文》及惠棟《惠氏讀説文記》（清借月山房彙鈔本）均無。

吉而无咎。」王弼曰：「丈人，嚴莊之稱也。」棟案：《彖(辭)》言「能以衆正，可以王矣」，此有天下之稱也，謂之丈人，可乎？《易緯乾鑿度》：「孔子曰：『《易》有君人五號也。帝者天稱也，王者美行也，天子者爵號也，大君者與上行異也，大人者聖明德備也。變文以著名，題德以別操。』」歷舉五號，獨不及丈人，知丈人非王者之稱也。崔憬曰「《子夏傳》作『大人』，謂王者之師」，斯得之矣。

《比・象》曰：比，輔也。 案鄭氏《尚書》云：「邶成五服，至於五千。」《説文》同作「邶」，云「輔信也」。注云：「敷土既畢，廣輔五服之■而成之，❶至於面方各五千里，❷四面相距爲方萬里。《禹所受地記書》曰：『崑崙山東南地方五千里名曰神州。』禹邶五服之殘數，亦每服者各五百里，故有萬里之界、萬國之封。」比，輔也，輔成五服，此「建萬國」之象；比，比也，有孚盈缶，此「親諸侯」之象。所謂先王者，其夏后氏乎？

九五，王用三驅。 鄭本作「敺」。案《説文》：「驅，馬馳也。古文作敺，从攴。」《漢書》

❶ 「之■」，省吾堂本作「之制」，清經解本作「之數」。《毛詩注疏》(清嘉慶二十年南昌府學重刊本)及惠棟《周易述》(文淵閣《四庫全書》本，下同)均無。

❷ 「至於」二字，諸本皆闕，據四庫本補。

皆以「敺」爲「驅」。康成傳費氏《易》，費直本皆古字，號「古文《易》」，當从之是正。

《小畜》：九五，有孚攣如。 依字當作「攣」，古「戀」字。《子夏傳》作「戀」。案《隸釋・漢唐公房碑》及《景君碑》，皆以「攣」爲「戀」，知古文「戀」字作「攣」也。❶

《履》：九二，幽人貞吉。 虞翻曰：「訟時二在坎獄中，故稱幽人。」《象》曰「幽人貞吉，中不自亂也」。虞云：「雖幽訟獄中，終辨得正，故不自亂。」荀卿子曰：「公侯失禮則幽。」注云：「如晉文執衛成公，寘諸深室。」《禮説》云：「今學者輒目高士爲幽人，非也。」

九四，愬愬終吉。 《説文》引作「虩虩」，馬季長本同。《吕覽》引作「愬愬」，高誘曰：「愬，讀如虩。」

上九，視履考祥。 《丙子學易編》云：「考祥，古本或作『考詳』。晁氏曰：『荀作詳，審也。』文意尤順。」棟謂：古「祥」字皆作「詳」。石經《尚書》及《左傳》《公羊》猶然。

《泰》：九二，包荒。 《説文》引作「巟」，从川、亡，云「水廣也」。《釋文》云：「本亦作巟，音同。」鄭氏云：「巟讀爲康，虚也。」《穀梁傳》云：「四穀不升謂之康。」康是虚巟之名，其義同也。

六五，帝乙歸妹。 虞翻以帝乙爲紂父，荀爽以帝乙爲湯。見本傳。《易乾鑿度》：「孔

❶ 「以攣」「作攣」之「攣」，原皆作「孿」，誤。據四庫本及《隸釋》改。

子曰『自成湯至帝乙』，帝乙，湯之玄孫之孫也。此帝乙即湯也。殷録質，以生日爲名，順天性也。玄孫之孫，外絶恩矣。同以乙日生，疏可同名。湯以乙生，嫁妹，本天地，正夫婦，夫婦正則王教興矣。故《易》之帝乙爲成湯，《書》之帝乙六世王，同名不害，以明功。」

《同人》：九五，同人，先號咷而後笑。毛居正《六經正誤》云：「『後笑』作『笑』誤。案笑字古作『𥬇』，从八，象眉目悦皃。後轉作竹，轉作夭，夭，𥬇之皃。夭本有點，省文作夭，俗訛作笑。東坡謂以竹擊犬有何可笑者，戲言以譏王荆公《字説》之穿鑿耳。」棟案：「笑」字古文皆作「𥬇」，《説文》無「笑」字，李陽冰刊定《説文》始从竹从夭。義云：「竹得風，其體夭屈，如人之笑。」故毛氏據以爲説，非也。古本《漢書·薛宣傳》云「壺矢相樂」，應劭曰：「以壺矢相樂也。」今本云『壹𥬇相樂』。」晉灼曰：「書篆形『壹𥬇』字象『壺矢』，因曰『壺矢』。」然則「𥬇」爲古「笑」字，審矣。李陽冰多臆説，吾所不取。

《謙》：亨，君子有終。《子夏傳》作「嗛」。案《漢書·藝文志》曰「《易》之嗛嗛」，《封禪文》云「嗛讓而弗發」，《尹翁歸傳》云「温良嗛退」，師古曰「嗛，古謙字」。《史記·樂書》及《馮焕殘碑》皆以「嗛」爲「謙」。《汗簡》云：「古文《尚書》『謙』作『嗛』。」❶

❶ 「汗簡云」，四庫本删此三字；「古文尚書謙作嗛」，此七字據稿本、四庫本補，其餘諸本皆闕。

《象》曰：鬼神害盈而福謙。　京房作「富謙」。後漢《劉修碑》亦云「鬼神富謙」。《郊特牲》云：「富也者，福也。」

《豫・象》曰：四時不忒。　京房「忒」作「貣」。《尚書・洪範》曰「衍忒」，《史記》引作「貣」。《管子》曰「如四時之不貣，如星辰之不變」，皆古「忒」字。《月令》云「無或差貣」，「貣」即「忒」也。《吕覽》正作「忒」，「貸」當爲「貣」字之誤。

九四曰「朋盍簪」。　侯果云：「朋从大合，若以簪篸之固括也。」案《士冠禮》云「皮弁笄」，鄭注云：「笄，今之簪。」《説文》曰：「兂，首笄也。从人、匕，象簪形。俗兂作簪，从竹、朁。」然則「簪」本作「兂」，經、傳皆作「笄」。漢時始有簪名，侯氏之説非也。子夏、鄭玄、張揖、王弼皆訓簪爲疾，或云速，明非簪字。陸德明曰：「古文作貣，京作撍，馬作臧，荀作宗。」虞翻作「戠」，云：「坤爲盍。戠，聚會也。坎爲聚，坤爲衆，衆陰並應，故『朋盍戠』。戠舊讀作撍，作宗。」《禮説》曰：「戠與得協韻，當从虞義。」《玉篇》：「戠音之力切。」鄭氏《尚書》云「厥土赤戠墳」，讀曰熾。

《隨》：初九，官有渝。　蜀才作「館」。案官本古文「館」，《穆天子傳》云：「官人陳牲。」《聘禮》云「管人布幕于寢門外」，鄭注云：「管猶館也，古文管作官。」

《觀》：上九，觀其生，君子无咎。　京房曰：「言大臣之義，當觀賢人，知其性行，推而貢之。」京以觀之內象陰道已成，威權在臣，故有是象。

《噬嗑・象》：先王以明罰敕法。《釋文》作「勑」，恥力反，云：「此俗字也。《字林》作『勅』。鄭云：『勅，猶理也，一云整也。』」毛居正《六經正誤》云：「勑法，監本誤作『敕』，舊作『勅』，紹興府注疏本、建安余氏本皆作『勑』。伏觀高宗皇帝御書石經作『勑法』，鄭康成解勑爲理，是漢以來作『勑』字也。」顧氏《金石記》云：「勑者自上命下之辭，前漢皆作敕，後漢始變爲勑。《五經文字》曰：『敕，古勑字，今相承皆作勑。』郭宗昌《金石史》以爲『从來旁力，別音賚』，今《尚書・皋陶謨》《益稷》《康誥》《多士》，《詩・楚茨》，《易・噬嗑》大象之文並作『勑』，又何說也？《周禮・樂師》『詔來瞽皋舞』，注云：『來，勑也。勑爾瞽，率爾衆工，奏爾悲誦，肅肅雍雍，毋怠毋凶。』鄭康成漢人也，其訓來爲勑，又何哉？」棟案：訓「來」爲「勑」，此先鄭之言，後鄭所不從，顧氏以爲康成，❶誤矣。郭氏訓「勑」爲「賚」，葢本張有《復古編》。案《秦和鍾》云「萬生是敕」，或訓爲賴，是「敕」亦可讀爲賴，則「敕」亦非古字矣。古字省，多借「飭」爲「勑」，或作「飾」。《漢・藝文志》引《易》云「明罰飭法」，《史記・五帝紀》云「信飭百官」，徐廣曰：「飭，古勑字。」《雜卦》云：「蠱則飭也。」高誘《呂覽注》云：「飾讀爲勑。勑，正也。」離

---

❶「顧」，原作「顔」，諸本同，稿本字跡模糊，據文義改。

俗皃。

九四，噬乾胏。 胏，《説文》引作「𦛡」，食所遺也。楊雄説𦛡从胏。

《賁》。 傳氏曰：「賁，古斑字，文章貌。」棟案：高誘注《吕覽》曰：「賁，色不純也。《詩》曰『鶉之賁賁』。」張揖《廣雅》云：❶「賁，飾也。」曹憲音「奔」，云：「《周易》賁卦今人多彼寄反，失之。」傳氏以賁爲斑，未聞其説。《京氏易傳》云：「賁者飾也，❷五色不成謂之賁，❸文彩雜也。」故孔子筮得賁卦以爲不吉。詳見《禮説》。

《大畜》：六四，童牛之牿。 劉歆曰：「牿之言角。」案牿爲牛馬牢，非角也。《九家》作「告」。《説文》引云「僮牛之告」，「告者，牛觸人，角著横木，所以告也。从口，从牛」。鄭本作「梏」，謂「施梏於前足」，是也。《鄭志》：「泠剛問：『《大畜·六四》童牛之梏，元吉。』注：『巽爲木，互體震，震爲牛之足，足在艮體之中，❹艮爲手，持木以就足，是施梏。』又，《蒙·初六》注云：『木在足曰桎，在手曰梏。』今《大畜·六四》施梏于足，不審桎梏手足定有别否？荅

---

❶「云」，原作「玉」，據稿本、四庫本改。
❷「飾」，原作「失」，據稿本、四庫本改。
❸「色」，原作「代」，據四庫本及《四部叢刊初編》影印明天一閣刊《京氏易傳》改。
❹「中」，原脱，據四庫本補。

曰：牛無手，以前足當之。」楝案：《釋名》曰：「牛羊之無角者曰童。」《大玄》云「童牛角馬」，明童牛者無角之稱。童牛無角，是梏施於前足。許、鄭二説近之。今作「牿」者非也。

《大過》：九二，枯楊生稊，老夫得其女妻，无不利。《象》曰：老夫女妻，過以相與也。此爻《象》辭及九五爻辭，漢魏以來諸儒訓詁皆不得其説。謹案《易説》曰：「凡卦皆二應五，初應上，唯大過之象無所不過，故二過應上，五過取初。兑少女，稱女妻；巽長女，稱老婦。聖人觀象繫辭，故有是占，不然，則『過以相與』之語，果何所謂耶？此説見虞仲翔《易解》，獨闢從來謬妄，惜宋元諸儒從未理會及此。」

《坎》：六四，樽酒簋貳。 案：「樽」，俗「尊」字，鄭注《禮器》引作「尊」。或又作「罇」。曹憲《文字指歸》云：「檢字，無此从缶、从木者。《説文》云：『字从酋寸，酒官法度也。』今之尊卑從此得名，故尊亦爲君父之稱。」楝案：《説文》「𢍜」正字，「尊」或字，無「酒官法度」等語，則知今本所傳《説文》非全書也。曹憲説見《尒疋釋文》。

上六，寘于叢棘。 范甯引云「繼用徽纆，繫與繼通。《釋詁》：「係，繼也。」示于叢棘」，云「古疑獄三年而後斷」。劉表亦作「示」，言衆議於九棘之下。案「示」與「寘」古本通。《毛詩·鹿鳴》云「示我周行」，鄭箋云：「示當作寘。寘，置也。」葢三家或有作「寘」者，故讀从之。又，《卷耳》詩有「寘彼周行」之語。又，鄭注《中庸》云：「示讀如『寘諸河干』之寘。寘，置也。」或作「寘」，或作「示」，是字通之驗。後漢陳寵上疏云：「文王重《易》六爻，而列叢棘之聽。」

《離》：**利貞亨，畜牝牛吉。**《九家·説卦》云：「離爲牝牛。」虞翻曰：「坤爲牝牛，乾二五之坤成坎，體頤養象，故畜牝牛吉。俗説皆以離爲牝牛，失之。」棟案：《九家·説卦》如乾後更有四，巛後更有八之類，皆虞氏所不信，故以「離爲牝牛」爲非。然《左傳》卜楚丘曰：「純離爲牛。」離一陰居二陽之中，中美能黄，故六二謂之「黄離」，牝牛之象。畜之者，育其類也。與《九家》合，虞氏失之。

《離》：**九四，突如其來如，焚如，死如，棄如。**《説文》引《易》曰：「突如其來如，不孝子突出，不容於内也。」又云：「𠫓，不順忽出也。」周伯琦《六書正譌》云：「𠫓，它骨切。子不順生，有𠫓之義。俗用突，乃竈囱也。」或从㐬，倒古文孚，即《易》『突』字。」鄭康成曰：「震爲長子，爻失正，不知其所如。不孝之罪，五刑莫大，焉得用議貴之辟刑之，❶若如所犯之罪。焚如，殺其親之刑；死如，殺人之刑也；棄如，流宥之刑。」《周禮·掌戮》云：「凡殺其親者焚之。」《匈奴傳》云：「王莽作焚如之刑。」應劭曰：「《易》有焚如、死如、棄如之言，莽依此作刑名也。」如淳曰：「焚如、死如、棄如者，謂不孝子也。不畜於父母，不容於朋友，故燒殺棄之。莽依此作刑名也。」

---

❶ 下「之」，原脱，據四庫本補。

《咸》：九五，咸其脢。　「脢」，王肅音「灰」，云「脢在背而夾脊」。案《楚辭・招魂》云「敦脄血拇」，注云：「脄，背也。」脄與脢同。馬融亦云：「背也。」从月，灰聲。故音灰。

上六，咸其輔頰舌。　虞翻本「輔」作「酺」，云「耳目之閒」。《説文》：「酺，頰也。」《玉篇》引《左氏傳》云「酺車相依」，是「酺」與「輔」同，輔近口，在頰前。《淮南子》云「靨輔在頰前則好」。耳目之閒爲權，權在輔上，故《洛神賦》云「靨輔承權」，《夬・九三》「壯于頄」是也。頰所以含物，輔所以持口，孔穎達云：「輔、頰、舌三者並言，則各爲一物，明輔近頰而非頰。」虞以權爲輔，許以輔爲頰，皆失之。《大招》云「靨輔奇牙」，王逸云「頰有靨輔」，明輔非頰。

上六，《象》曰：媵口説也。　鄭、虞皆作「媵」。虞云：「媵，送也。不得之三，山澤通氣，故媵口説矣。」鄭云：「咸道極薄，徒送口舌言語相感而已，❶不復有志於其閒。」棟案：❷「媵」當讀爲「騰」，騰，傳也。《淮南子》曰「子産騰辭」，《後漢・隗囂傳》云「帝數騰書隴、蜀」，高誘、許慎皆訓騰爲傳。「媵」，本古文「騰」字。《燕禮》曰「媵觚于賓」。鄭注云：「媵，送也。今文媵皆作騰。」是「媵」與「騰」通。又案：《釋詁》云：「媵，虚也。」以虚辭相感，義亦得通。

---

❶ 「舌」，原脱，據四庫本補。

❷ 「案」，原脱，據四庫本、清經解本補。省吾堂本「棟案」徑作「案」。

《遯》。 《釋文》云：「字又作遂。」案《歸藏易》「遯卦」字亦作「遂」。《毛詩・雲漢》曰「寧俾我遯」，本亦作「遂」。《漢書・匈奴傳》云「遂逃竄伏」，《敘傳・述贊》曰「攜手遂秦」，小顏皆云「古遁字」。《說文》：「遁，遷也。」「遯，逃也。」

《大壯》：九三，羝羊觸藩，羸其角。 馬融曰：「羸，大索也。」王肅本作「縲」，音「螺」。鄭、虞作「纍」。蜀才作「累」。張璠作「虆」。案《說文》：「纍，大索也。」與馬訓同。則「羸」當爲「纍」，或古文以「羸」爲「纍」，所未詳也。

《晉》。 《說文》引作「𣈆」，云「日出萬物進」。周《伯𨛜父鼎》《𣈆姜鼎》皆然，今作「晉」者非也。《古文奇字》作「𣊫」。《釋詁》云：「晉，進也。」《釋文》云：「本又作𣈆。」

康侯用錫馬蕃庶。 鄭氏云：「康，尊也，廣也。蕃庶謂蕃遮禽也。庶音止奢反。」棟案：《管子・侈靡篇》云：「六畜遮育，五穀遮熟。」則「蕃遮」猶「蕃育」也。

《明夷》：六二，用拯馬壯。 《說文》引作「抍」，云「上舉也」。子夏本同。漢《孔霍碑》亦以抍爲拯。❶ 李登《聲類》又作「氶」。《玉篇》。《淮南子》曰「子路撜溺」，高誘曰：「撜，舉也。升出溺人。」《說文》云：「抍又作撜。」徐鉉曰：「今俗作拯，非是。」《列子・黃帝篇》曰「並流

---

❶ 「漢孔」，原作「孔漢」，據四庫本乙正。

而承之」，注云：「音拯。」《方言》：「出溺爲承。」

《睽》：六三，見輿曳，其牛掣。 《説文》引作「觢」，云：「一角仰也，从角，㓞聲。」鄭作「㸷」，云：「牛角皆踊曰㸷。」子夏作「契」。荀爽作「觭」。虞翻曰：「牛角一低一仰，故稱觢。」《尒疋·牛屬》云：「角一俯一卬，觭。」《字林》音「丘戲反」，云：「一角低一角卬。」樊光云：「傾角曰觭。」《牛屬》又云：「皆踊，觢。」郭璞云：「今豎角牛。」《釋文》云：「字亦作㸷，《字林》音之世反。」❶从虞翻説，當依荀氏作「觭」。从鄭氏説，當依《尒疋》作「觢」。張有《復古編》云：「觢，从角、㓞省，別作掣，非。」觢从角、㓞，故《子夏傳》作「契」；觭，角一低一仰，故荀爽作「觭」。諸家無作「掣」者。王弼以爲「其牛掣者，滯隔所在不獲進」，是讀爲牽掣之字，失之。《玉篇》觢或作「挈」，或作「𧤗」，从角、折。折與制通。或从角，或从牛，是「掣」字當作「㸷」，从牛。

上九，先張之弧，後説之弧。 《釋文》云：「下弧字本亦作壺，諸家皆作壺。」今作「弧」者，聲之誤也。《左傳》「狐駘」，《禮記》作「壺」。《毛詩》「八月斷壺」，傳云：「壺，瓠也。」虞仲翔曰：「五

---

❶「世」，原作「女」，據《釋文》改。

已變，乾爲先，應在三。坎爲弧，離爲矢，❶張弓之象也，故『先張之弧』。四動震爲後，❷説猶置也。兑爲口，離爲大腹，坤爲器，大腹有口，坎酒在中，壺之象也。之應歷險以與兑，故『後説之壺』。」案《禮説》云：「古『説』與『設』通，虞翻云『猶置也』。離上與兑三陰相應，而家道睽乖，故先疑後釋。張弧者，拒之如外寇；三至五象坎，坎爲盜。設壺者，禮之若内賓。壺誤爲弧，失其義矣。揚子《太玄》曰：『家無壺，婦承之姑。』壺者，家之禮法。故家無壺，婦無以承姑，妻無以事夫。上九、六三婚冓之象。始以爲寇也，故『先張之弧』；非寇，乃婚冓，故『後設之壺』。昏禮，設尊於室爲内尊，又尊於房户東爲外尊，❸此之謂設壺。」

《解·象》曰：雷雨作而百果草木皆甲坼。《釋文》云：「馬、陸『坼』作『宅』，云『根也』。」鄭康成注云：「木實曰果。皆，讀如人倦之『解』，解謂坼嘑。火亞反。皮曰甲，根曰宅。宅，居也。」棟案：古文「宅」字作「𡧈」，與「坼」相似，故誤作「坼」。馬、鄭皆从古文，非改「坼」爲「宅」也。

❶「矢」，原作「大腹」，據四庫本改。
❷「震」，原作「艮」，據李鼎祚《周易集解》及惠棟《周易述》卷五改。
❸「户」，原作「中」，據稿本、四庫本改。

《損》：曷之用，二簋可用享。 「簋」，蜀才本作「軌」。棟案：《公食大夫禮》云：「設黍稷六簋于俎西。」鄭氏注云：「古文簋皆爲軌。」《周禮·小史》云「敘昭穆之俎簋」，注云：「故書簋或爲几。鄭司農云：『几讀爲軌，古文也。』」《説文》曰：「古文簋或作匭，或作朹。」蜀才依古文，故作「軌」。又《涣》之九二云「涣奔其机」，「机」亦古文「簋」。涣宗廟中，故設簋。

《象》曰：君子以懲忿窒欲。 《釋文》「懲」作「徵」。鄭康成云：「徵猶清也。」❶讀從《楚辭》「不清徵其然否」。《左傳》襄廿八年云「以徵過也」，❷杜氏云：「徵，審也。」清，徵也。案「懲」當作「徵」，讀爲「懲」，古「懲」字皆作「徵」。《史記》引《詩》「荆荼是徵」，今《毛詩》及《孟子》皆作「懲」，非也。

《夬》：九五，莧陸夬夬。 虞仲翔曰：「莧，説也。莧讀如『夫子莧爾而笑』之莧。陸，和睦也。震爲笑言，五得正位，兑爲説，故『莧陸夬夬』。舊讀言『莧陸』，字之誤也。馬君、荀氏皆從俗言『莧陸』，非也。」棟案：《論語》「莞爾而笑」，❸「莞」本作「莧」，見《釋文》。邢昺

---

❶ 「猶」，原脱，據四庫本補。

❷ 「八」，原作「七」，據《左傳》改。

❸ 「論」，原作「語」，據稿本、貸園本、四庫本、清經解本改。

撰《論語疏》，依唐石經作「莞」，从俗作也。古「睦」字亦作「陸」，見《唐扶頌》及《嚴舉碑》。蜀才所訓與虞同。

《萃·彖》曰：利見大人，亨，聚以正也。 荀爽本「聚」作「取」。棟案：古「聚」字或作「取」，或作「取」。《漢書·五行志》云「取不達兹謂不知」，注云：「取讀爲聚，古文省。」

九經古義卷弟二

周易古義下

《困》：上六，困于葛藟，于臲卼。《説文》引作「槷𡴫」，薛虞作「劓杌」。案：文當作「槷杌」。鄭康成注《周禮》云：「槷，古文臬。古文闑亦作「槷」，見《儀禮注》。假借字。」《尚書》曰「邦之杌隉」，孔氏傳云：「杌隉，不安，言危也。」《説文》亦云：「槷𡴫，不安也。」「劓」本劓字，「𡴫」無攷。槷、杌皆古文，今臬兀從危旁，當是後人所加。

《鼎》：上九，鼎玉鉉，大吉。《説文》曰：「鼏，以木横貫鼎耳而舉之。《周禮》廟門容大鼏七箇，今作扃，即《易》『玉鉉大吉』也。」又云：「鉉，舉鼎也，《易》謂之鉉，《禮》謂之鼏。」案《儀禮・士冠禮》曰「設扃鼏」，注云：「今文扃爲鉉，古文鼏爲密。」又，《士昬禮》注云「扃所以扛鼎，鼏覆之」，是「扃」爲古文「鉉」。許叔重以鼏當之，未詳。

《豐・象》曰：日中則昗。《釋文》从此。今本作「昃」。孟喜本作「稷」。棟案：《尚書中候握河紀》云「昒明禮備，至於日稷」，鄭康成注云：「稷讀曰側。」伏琛《齊地記》云：「齊城西門側系水出，故曰稷門。」古側、稷音相近耳。《穀梁春秋·經》云「戊午，日下稷」，《公羊》《左傳》皆作「昃」。范甯曰：「稷，昃也。下昃謂晡時。」《靈臺碑》云「日稷不夏」，今《尚書》「稷」作「昃」，「夏」作「暇」，是稷與昃通。依《説文》，昊當作「庮」。

《豐·上六》曰：闚其户，闃其無人。

棟案：《説文》無「闃」字，今新附有此字，後人妄增也。惟𡕥部云：「闅，低目視也，从𡕥，門聲。弘農湖縣有闅鄉。」《漢書·戾太子傳》云「湖閿鄉」。孟康曰：「閿，古闅字，从門中𡕥。建安中正作聞。」𡕥，音許密反。闅從𡕥，門聲。門與聞通，今俗猶作聞音也。「闃」當作「闅」，與闚義合。張有《復古編》云：「狊，俗别作闃，靜也。从門、狊，非古義，當只用狊字。」

上六，《象》曰：豐其屋，天際翔也。 翔，鄭玄、王肅、虞翻皆作「祥」。孟喜曰：「天降下惡祥也。」

《中孚》：九二，吾與爾靡之。 虞翻曰：「靡，共也。」孟喜、韓嬰皆訓靡爲共。

《既濟》：九三，高宗伐鬼方。 《汲郡古文》云：「武丁三十二年伐鬼方，次于荆。三十四年，王師克鬼方，氐羌來賓。」故《商頌·殷武》云：「撻彼殷武，奮伐荆楚，罙入其阻，裒荆之旅。」竊疑周之荆楚，商時謂之鬼方。《古文》所謂「次于荆」者，蓋鬼方之地也。《世本》云：「陸終娶於鬼方氏之妹，謂之女潰，是生六子，其六曰季連，是爲芈姓。季連者，楚是。」

荆楚故屬鬼方，有冥隘、方城之險，故《詩》言「罙入其阻」，《易》言「三年克之」。鬼方克而氐人貢，即《詩》所云「有截其所」也。《丙子學易編》引《蒼頡篇》云：「鬼，遠也。」又云：「鬼方，言其幽昧也。」皆不以地實之，此臆説也。《詩攷補傳》云：「震用伐鬼方，震，摯伯名。」未知何據。愚謂震，奮也，猶《詩》之「奮伐」，不得以其人實之。

《繫辭上》：八卦相盪。 案《説文》「盪」爲滌器，當从諸家作「蕩」。後漢惟《蔡湛碑》以「盪」爲「蕩」，从俗作也。《釋名》云：「蕩，盪也，排盪去穢垢也。」則知「盪」非古字。

藏諸用。 鄭本作「臧」，訓爲善，非也。此與「退藏於密」「知以藏往」皆當作「臧」，讀爲藏。《説文》無「藏」字。新附有之，非也。《漢書》皆以臧爲藏。

聖人有以見天下之賾。 《九家》作「冊」，京房、許慎皆作「嘖」。棟案：經，「賾」字皆當作「嘖」。後漢《范式碑》云「探嘖研機」。揚子《太玄經》云：「陰陽所以抽嘖，嘖，情也。」定四年《左氏傳》云「嘖有煩言」，賈逵曰：「嘖，至也。」正義云：「《易・繫辭》云『聖人有以見天下之嘖』，謂見其至深之處，嘖亦深之義也。」是古皆作「嘖」。《釋名》曰：「冊，賾也。」是冊與賾通。

言天下之至嘖而不可惡也。 荀爽本「惡」作「亞」，云「次也」。棟案：古「亞」字皆作「惡」。《尚書大傳》曰：「王升舟入水，鼓鐘惡，觀臺惡，將舟惡，宗廟惡。」鄭康成注云：「惡讀爲亞。」秦惠王《詛楚文》云「告于丕㬎大神亞駞」，《禮記・禮器》作「惡馳」。宋時有玉印曰「周惡父印」，劉原甫以爲即條侯亞父。《史記》盧綰孫他之封惡谷侯，《漢書》作「亞谷」。荀氏以惡爲亞，故訓爲次。

聖人以此洗心。　石經作「先心」。虞翻曰：「聖人謂庖羲，以蓍神知來，❶故以先心。」諸家如京房、荀爽、董遇、張璠、范長生等皆作「先心」，唯王肅及韓伯作「洗心」，非也。《管子》云：「聖人先知無形。」《尉繚子》云：「黄帝曰：『先神先鬼，先稽我智。』」皆先心之謂也。

備物致用，立成器以爲天下利。　案：成器謂网罟耒相之屬。《管子・七法篇》曰「成器不課不用」。荀悦《漢紀》引《易》云「立象成器」，非也。

莫大乎蓍龜。　《釋文》「大」作「善」，云「本亦作『莫大』」。案：何休注《公羊》、《漢書・藝文志》皆引作「莫善」，《儀禮疏》同。《釋文》是也。賈公彦云：「凡草之靈莫善於蓍，凡蟲之知莫善於龜。」《中山》：「江水出焉，其中多良龜。」郭璞云：「良，善也。」

乾坤，其《易》之緼邪。　案：緼者包裹之意。《穀梁傳》云「地緼於晉」，虞翻本作「韞」，云：「易麗乾藏坤，故爲《易》之韞。」

---

❶「蓍」，原作「著」，據稿本、四庫本改。

《繫辭下》：聖人之大寶曰位。 孟喜本作「大保」。保，古寶字。漢《尚方鑑》云：「壽比金石之固保。」《春秋》莊六年「齊人來歸衛俘」，《左傳》「俘」作「寶」。正義云：「案《說文》，『保从人，采省聲，古文保不省』。然則古字通用，寶或保字，與俘相似，故誤作俘。」

服牛乘馬。 《說文》引云：「犕牛乘馬，从牛，葡聲。」棟案：犕與服古字通。《春秋傳》僖廿四年「王使伯服、游孫伯如鄭請滑」，《史記》作「伯犕」。《後漢書·皇甫嵩傳》「董卓謂嵩曰：『義真犕未乎？』」「義」作「服」。《趙世家》云：「武靈王云：『今騎射之備，近可以便上黨之形，而遠可以報中山之怨。』」今《戰國策》云「騎射之服」，然則《史記》「備」當作「犕」也。《特牲饋食禮》云「備荅拜焉」，注云：「古備爲復。」《說文》云：「絥，車絥也。或作『鞴』，从革，葡聲。」是古「備」字有服音，「伏」字有葡音。

不封不樹。 虞仲翔曰：「穿土稱封，封，古窆字也。聚土爲樹。」《冡人》云：「以爵等爲丘封之度與其樹數。」《檀弓》云「縣棺而封」，康成曰：「封當爲窆，窆，下棺也。」鄭仲師《周禮·遂人》注云：「窆謂下棺時。《禮記》謂之封，《春秋》謂之堋，皆葬下棺也，聲相似。」封音彼驗反。《說文》曰：「堋，葬下土也，从土，朋聲。《春秋傳》曰『朝而堋』，《禮記》謂之封，《周官》謂之窆。」今讀《易》者皆作府容切，失之。

《易》者，象也。 王伯厚曰：「昔韓宣子適魯見《易》象，是古人以卦爻統名之曰象，故曰『《易》者象也』，其意深矣。」

《説卦》：參天兩地而倚數。 鄭玄注《周禮》引作「奇」，蜀才同。楝案：「倚」本古「奇」字。《荀子・大儒篇》云「倚物怪變」，❶楊倞讀爲奇。《漢書・外戚傳》「欲倚兩女」，《史記》作「奇」。《方言》曰：「倚，奇也。」郭璞曰：「奇耦參兩成五，故云奇。」居宜切。兩，《説文》引作「㒳」，石經作「㒳」，《文王命厲鼎》亦然。「兩」乃斤兩字，故漢《定陶》《上林》諸鼎皆作「㒳」。杜子春《周禮・大祝》注云：「奇，讀爲倚。」

妙萬物而爲言者也。 妙，王肅本作「眇」，音妙。董遇曰：「眇，成也。」楝案：「妙」字近老莊語，後儒遂有真精妙合之説。當从王子雍本作「眇」。陸士衡《文賦》云「眇衆慮而爲言」，蓋用《説卦》，不作「妙」字，此其證也。《義雲章》妙字作「玅」，見《汗簡》。《説文》云：「玅，急戾也，从弦省，少聲。」

震爲龍。 虞翻本作「駹」，云：「駹，蒼色。震東方，故爲駹。舊讀作『龍』，上已爲龍，非。」楝案：《周禮・犬人職》云：「凡幾、珥、沈、辜，用駹可也。」注云：「故書駹作『龍』。鄭司農云：『龍讀爲駹。』」《周禮》皆以龍爲駹。是古「駹」字皆作「龍」，讀爲駹。

---

❶「大儒」，諸本同。依《荀子》當作「儒效」。

爲旉。　虞本作「專」，云：「陽在初隱靜，未出觸坤，故專，則『乾靜也專』。延叔堅説，以專爲旉，大布，非也。」案「旉」，王肅音孚。干寶云：「花之通名，鋪爲花皃謂之藪。」棟謂「旉」當作「尃」。尃，古布字，見《説文》。延篤説是也。張有《復古編》云：「尃，布也，从寸、甫。別作『旉』，非，芳無切。」棟案：秦《銘勳鐘》尃字作「旉」，是秦以來始从方也。裴松之云：「古敷字與専相似，寫書者多不能別，古「敷」字亦作「𢾅」，从寸不从方，《汗簡》云：「古文敷作『専』。」故或作『專』。」《易經》古文十不存一，閒有存者，又經傳寫謬誤，訓詁家不能博攷遺文，隨事釋義，致使三代遺文瞢然莫攷，是可慨也。

其於稼也，爲反生。　虞本作「阪生」，云：「陵，阪也。」陸績云：「阪當爲反。」棟案：反，古阪字。《前漢·地理志》「蒲阪」字作「反」，《劉寬碑》陰同。此當仍經文作「反」，讀爲阪。

巽爲寡髮。　《釋文》云：「寡又作『宣』。」虞翻曰：「爲白，故宣髮。馬君以宣爲寡髮，非也。」棟案：《攷工》曰：「車人之事，半矩謂之宣。」鄭康成曰：「頭髮皓落曰宣。」《易》巽爲宣髮，鄭《易注》云：「宣髮，取四月靡草死，髮在人體猶靡草在地。」

離爲乾卦。　鄭氏云：「乾當爲幹，陽在外能幹正也。」董遇本作「幹」。棟案：《列子》云「木葉幹殼」，張湛云：「幹音乾。」是乾與幹同音，故或作「幹」。

《序卦》云：物不可窮也，故受之以未濟終焉。鄭玄注《乾鑿度》曰：「夫物不可窮，理不可極，故王者亦常則天而行，與時消息，不可安而忘危，存而忘亡。未濟者，亦無窮極之謂者也。」

《雜卦》云：大畜，時也。无妄，災也。萃聚而升不來也。謙輕而豫怠也。怠，京房作「治」，虞翻作「怡」。「治」與「怡」皆與「時」「來」協韻。❶小顔《匡謬正俗》曰：「張平子《東京賦》云：『堅冰作於履霜，尋木起於蘖栽。昧旦丕顯，後世猶怠。況初製於甚泰，服者焉能改裁。』李善以「裁」爲去聲，協韻。漢帝《柏梁詩》云『日月星辰和四時』，梁王云『驂駕四馬從梁來』，自斯已下同用一韻，而執金吾云『徼道宫中禁惰怠』。又曹朔作《後漢敬隱后頌》，❷述宋氏之先，云『實先契而佐唐，湯受命而創基，二宗儼以久饗，盤庚儉而弗怠』。是則怠懈之字通有『苔』音矣。」

大有，衆也。荀爽本「衆」作「終」。案《士相見（之）禮》曰：「凡與大人言，始視面，中視抱，卒視面，毋改，衆皆若是。」注云：「衆謂諸卿大夫同在此者，今文『衆』爲『終』。」《史

❶「作怡」「與怡」之「怡」，原作「貽」，據四庫本改。
❷「朔」，原作「翔」，據四庫本改。

記・五帝紀》曰「怙終賊刑」，徐廣曰：「終一作『衆』。」是「衆」有「終」音，故或作「終」也。

惠棟曰：自唐人爲《五經正義》，傳《易》者止王弼一家，不特篇次紊亂，又多俗字。如晉當爲「𣈆」，巽當爲「顨」，从《説文》。垢當爲「遘」，从古文。《乾》「確乎其不可拔」、《繫辭》「確然示人易」，皆當作「隺」。从《説文》。或作「礭」，見《鄭烈碑》。周伯琦曰：「隺，胡沃切，鶴字从此，俗用爲鶴字，非。」《坤・初六・象》「陰始凝也」，「凝」乃俗「冰」字。古「冰」字作「仌」。見《説文》。《屯・初九》「磐桓」，《漸・六二》「鴻漸于磐」，皆當作「般」。與盤同。六二「乘馬班如」當作「般」，从鄭本。《左傳》「班馬之聲」「役將班矣」，古皆作般。古文「班」。「匪寇婚媾」當作「昏冓」。从鄭本。上六「泣血漣如」，「漣」本瀾别字，當作「㦁」，或省文作「連」。《師・九二・象》「承天寵也」，當作「龍」，从王肅。古文「寵」，《毛詩・蓼蕭》云「爲龍爲光」，《左傳》作「寵」。《商頌》「何天之龍」，鄭箋云：「龍當作『寵』。」與邦協韻。邦讀爲丰。《比・初六》「終來有他吉」，當作「它」。《釋文》、宋本皆然。九五「王用三驅」，當作「敺」，古文「驅」。《履・上九》「視履考祥」，本作「詳」，見《釋文》。古「祥」字。古文祥作「詳」，又見蔡邕《尚書石經》。《泰・初九》「以其彙」，古文作「𦳝」。《釋文》。九二「包荒」，本作「巟」。《説文》同。六四「翩翩」，古文作「偏偏」。王弼本作「篇篇」，今本與《子夏傳》同。《否・九四》「疇離祉」，當作「𠷎」，从鄭本。古文「疇」。見《説文》。《豫・六二》「介于石」，古文作「砎」。《釋文》。晉孔坦書云：「砎石之易悟。」九四「朋盍簪」，古文作「貣」，或作「戠」。虞翻本。《隨・象》「君子以嚮晦」，當作「鄉」，从王肅。古「嚮」字。《說卦》「嚮明而治」同。《左傳》皆以鄉爲嚮。《无妄・象》「天命不祐」，當作「右」，从馬融。《繫辭》「可與祐神」同。古「祐」字。《大畜・六四》「童牛之牿」，當作「告」，从《說文》《九家》。或作「梏」。从鄭本。《坎・六三》「險且枕」，古文枕作「沈」。六四「樽酒」，當作「尊」。《離・九三》「日昃之離」，當作「仄」。从《說文》。今作「昃」，亦譌。《豐・象》「日中則昃」同。《睽・六三》「其牛掣」，當作「觢」，从《說文》。或作「挈」。从鄭氏。上九「後說之弧」，當作「壺」。諸家皆然。《明夷・六二》「用拯馬」，當作「拼」。从子夏、《說文》。《渙・初六》同。《解・象》「甲拆」，當作「甲宅」。从馬、鄭、陸諸家。《損》「二簋可用享」，當作「軌」，从蜀才。據此則諸簋字皆當作「軌」。古文「簋」。見《儀禮注》。《損・象》「懲忿窒欲」，當作「徵」，古「懲」字。《夬・九三》「壯于頄」，當作「頯」。从鄭氏。《說文》無頄字。《姤・象》「后以施命誥四方」，當作「告」，从《說文》、京房。古文「誥」。見鄭氏《禮記注》。初六「羸豕孚蹢躅」，古文作「蹢蹳」。啻與商通，逐與蜀古今字。《萃・象》「聚以正」，當作「取」，古「聚」字。《困・六三》「據于蒺藜」，當作「梨」。从唐石經。上六「臲卼」當作「槷杌」。槷，古文臲。杌見薛虞本。《豐・初九》「遇其配主」，當作「妃」。从鄭、虞。《既濟・六四》「繻有衣袽」，古文作「襦」。《釋文》。《繫辭》「八卦相盪」，當作「蕩」。从諸家。「藏諸用」「退藏於密」「知以藏往」，皆當作「臧」。从鄭、劉諸本。「聖人有以見天下之賾」，凡「賾」字皆當作「嘖」。

「乾之策」當作「筴」。从《釋文》。下同。「引而伸之」，當作「信」，見《釋文》。又，《詩正義》亦引作「信」。《士相見禮》注云：「古文伸作信。」范甯《穀梁解》云：「信、申字，古今所共用。」《律歷志》云：「引者，信也。」古「伸」字。見韋昭《外傳注》。「聖人以此洗心」，漢石經作「先心」。諸家皆同，唯韓伯作「洗」，非。「乾坤，其《易》之緼邪」，當作「韞」。从虞翻。「象也者，像也」，「像」當作「象」。从諸家。「以佃以漁」，「佃」當作「田」。从虞翻。「漁」當作「魚」。見《釋文》。何休《公羊傳》亦云：「田魚，讀如『論語』之『語』。」「斲木爲耜」，當作「相」。从《説文》。「天地絪緼」，當作「壹壺」。从《説文》。《朱龜碑》作「壹緼」，或作「氤氲」，亦俗字。張有《復古編》云：「壹从壺、吉，於悉切。壺从壺、凶，於云切。吉凶在壺中，不得渫也。別作『氤氲』，又作『絪緼』，並非。」「因貳以濟民行」，當作「弍」，从鄭義。貳本「副貳」字。古文「二」。見《説文》。「爲道也屢遷」，當作「婁」。《説文》無屢字，《漢書》皆以婁爲屢。「噫，亦要存亡吉凶」，當作「意」。毛萇曰：「意，歎也。」「兼三才」，當作「材」。石經。又宋本。下同。《説卦》「參天兩地」，當作「网」。从《説文》。「兩」本「斤兩」字。「妙萬物而爲言」，當作「眇」。从王肅、董遇。「震爲旉」，當作「尃」。从延篤。「爲的顙」，當作「旳」。从《説文》。又作「馰」。「巽爲寡髮」，「寡」當作「宣」。「離爲乾卦」，「乾」當作「幹」。从鄭氏。董遇作幹。《列子》云「木葉幹殼」，注云：「幹，音乾。」《釋文》所載古文皆薛虞、傅氏之説，必有據依。鄭康成傳費直《易》，多得古字。《説文》云：「其稱《易》孟氏，皆古文。」虞仲翔五世傳孟氏《易》，故所采三家説爲多。諸家異同動盈數百，然此七十餘字，皆卓然無疑，當改正者。

或問曰：「子擅易經字數十餘條，不幾近于僭乎？」荅曰：某安敢塗改聖經，但據漢、魏以來數十家傳《易》字異者而折衷焉。思以還聖經之舊，存什一于千百耳。即如數十字之外，如《噬嗑》「明罰勑法」，《釋文》云「勑俗字，當作『飭』」；《史記・五帝紀》云「信飭百官」，徐廣曰：「古勑字。」《繫辭》「掘地爲臼」，「掘」當作「闕」；如此類者尚多。但漢《易》已亡，改之無據，是用闕疑，以竢來哲。某敢蹈僭妄之咎乎！因賦一詩云：漢元窮《易》已多門，魏晉諸儒又觸藩。若使當年傳漢《易》，王、韓俗字久無存。用以祛守殘之陋。

《易經》古文僅存者，今人皆未之省，或有失讀者。如《屯・六二・象》「以從禽也」，從，古「縱」字。《蒙》「再三瀆」，《説文》作「黷」，云「握持垢也」。崔憬曰：「瀆，古『黷』字。」《需・象》「位乎天位」，上「位」字讀曰「涖」。从鄭義。《穀梁傳》曰：「涖者，位也。」《比・九五》「失前禽」，「失」，讀如「馬牛風佚」之「佚」。古「佚」字皆作「失」。見《尚書攷》。《小畜》「有孚攣如」，「攣」，古「戀」字，《中孚・九五》同。今音「力專反」。《泰・象》「財成」，古「裁」字。荀爽作「裁」。《隨・初九》「官有渝」，讀爲「管」，古「館」字。《復・六三》「頻復，厲」，古「顰」字。《玉篇》「顰」字下云「《易》本作頻」。上六「有災眚」，籀文「裁」。《明夷》「文王以之」「箕子以之」，「以」，讀爲「似」，从鄭氏。古「似」字作「以」。見《詩攷》。《夬・九四》「其行次且」，讀爲「赼趄」，古文省。《姤・九二》「包有魚」，「包」，讀爲「庖」，古文省。「包羲」字从此。鄭氏《周禮・庖人》注云：「庖之言包也。」是庖與包通。九五「以杞包瓜」，與「匏」同。《升・六四》「王用亨于岐山」，「亨」，讀爲「享」。《困・象》「剛揜也」，古「掩」字。《艮・九四》「其形渥」，「形」，本古「刑」字。見《楊震碑》陰。《渙・九二》「渙奔其机」，「机」，古文「簋」，宗廟器。《賁卦》之「賁」，讀爲「奔」。《明夷・象》「用晦而明」，「而」，讀曰「如」。从虞義。《蹇・六四》「往蹇來連」，「連」，讀曰「輦」。从虞氏。《損》「二簋可用亨」，「亨」，許庚反。从蜀才。《繫辭》「以佃以漁」，「漁」，讀爲「語」。高誘説。「不封不樹」，「封」，音彼驗反。从虞氏。《説卦》「參天兩地而倚數」，倚本「奇耦」字。「震爲龍」，讀曰「駹」。「其于稼也爲反生」，「反」，讀曰「阪」。司馬温公曰：「凡觀書者，當先正其文，辨其音，然後可以求其義。」可謂知言。

凡經字誤者當仍其舊，作「某字讀若某」，所以尊經也。漢時惟鄭康成不輕改經文，後儒無及之者。如《易・大有・九四・象》「明辨遰也」，鄭注云：「遰，讀如『明星哲哲』。」❶《繫辭》「言天下之至嘖，而不可惡也；言天下之至嘖，而不可亂也」，鄭于下句注云：「嘖當爲動。」「勞而不伐，有功而不置」，鄭云：「置當爲德。」晁氏曰：「案德，古文類『置』字，因相

❶「哲哲」，據《釋文》當作「晢晢」，之世反。

亂。」「聖人之所以極深而研機也」，《范式碑》云「探嘖研機」，是古《易》皆作「機」。鄭云：「機當爲幾。幾，微也。」今王弼本直作鄭所訓字，失其本矣。後儒謂鄭氏好改字，吾未之敢信也。

孔穎達《易正義》多衍字、譌字及脱落字。如《乾卦》「不成乎名」衍「乎」字。「《文言》曰：坤至柔」，定本無「文言曰」三字。《屯・象》「君子以經綸」，定本「綸」作「論」。《蒙・象》曰「匪我求童蒙，童蒙來求我」，脱「來」字。《需・初九・象》「利用恒，无咎」，定本「无咎」二字衍。《泰・九三・象》曰「無往不復」，定本作「无平不陂」。《謙・上六》「征邑國」，衍「邑」字。《剥・六三》「剥之无咎」，衍「之」字。《鼎・象》「聖人亨以享上帝」，定本「上帝」二字衍。「莫大乎蓍龜」，定本作「莫善」。「鮮不及矣」，定本「鮮」作「尟」。上文「君子之道鮮矣」，鄭作「尟」。案《汗簡》，「尟」本古文「鮮」字，見顔黄門《説文》。「刳木爲舟，剡木爲楫」，「刳」當作「挎」，「剡」當作「掞」。《説卦》「水火相逮」，定本「水火不相逮」。《雜卦》「豐多故也」，衍「也」字。

唐時有蘇州司户郭京撰《周易舉正》三卷，家無是書，據洪氏《隨筆》所載二十餘則，皆因王輔嗣、韓康伯之注謬加增損。今以李氏所録漢《易》攷之，乃知其妄。如云：《屯・六三·象》曰「即鹿无虞，何以從禽也」，❶今本脱「何」字。案：從，本古「縱」字，故鄭康成、黄穎皆音于用反，❷古蹤字作「縱」，見《隸釋》。不容闌入「何」字，其妄一也。《師·六五》「田有禽，利執之，无咎」，元本「之」字，行書向下引腳，稍類「言」字，轉寫相仍，故誤作「言」。觀注義亦全不作「言」字釋。案虞翻曰：「田爲二，陽稱禽，震爲言，五失位，變之正，艮爲執，故『利執言无咎』。」荀爽曰：「田，獵也。謂二帥師禽五，五利度二之命，❸執行其言，故无咎。」以「言」爲「之」，信注而不信經，其妄二也。《比·九五·象》曰「失前禽，舍逆取順也」，今本誤倒其句。案虞翻曰：「背上六，故舍逆；據三陰，故取順。不及初，故失前禽。」二句各有取義，以「失前禽」爲「舍逆取順」，其妄三也。《賁》「亨，不利有攸往」，今本「不」字誤作「小」。案鄭康成曰：「卦互體坎艮，艮止于上，坎險止于下，夾震在中，故不利大行，小有所之則可矣。」虞翻曰：「小謂五，五失正，動得位，體離，以剛文柔，故『小利有攸往』。」改「小利」爲「不利」，其妄四也。「剛柔交錯，天文也；文明以止，人文也。」注云：「剛柔交錯而成文焉，天之

❶ 「三」，原作「二」，據四庫本改。

❷ 「于」，諸本同。通志堂本《經典釋文》作「于」，宋刻宋元遞修本作「手」，盧文弨《考證》作「子」。

❸ 「五」，原作「之」，據李鼎祚《周易集解》改。

文也。」今本脱「剛柔交錯」一句。案此四字是王氏釋「天文也」一句之義，非經文也。虞翻注謂：「五利變之正，成巽體離，艮爲星，離日坎月，巽爲高，五天位，離爲文明。日月星辰高麗于上，故稱『天之文』。」玩虞義，全無以剛柔交錯爲天文之意，其妄五也。《蹇·九三》「往蹇來正」，今本作「來反」。案虞翻曰：「應正歷險，故往蹇；反身據二，故來反。」二在下故云反，改反爲正，其妄六也。《困·初六·象》曰「入于幽谷，不明也」，今本「谷」下多「幽」字。案荀爽曰「爲陰所掩故不明」，删去「幽」字，其妄七也。《鼎·象》「聖人亨以享上帝，以養聖賢」，注云：「聖人用之上以享上帝，而下以養聖賢。」今本正文多「而大亨」三字，故注文亦誤增「而大亨」三字。案虞翻曰：「大亨，謂天地養萬物，聖人養賢以及萬民。」此正釋「大亨」之義，以爲誤增，其妄八也。《豐·九四·象》「遇其夷主，吉，志行也」。今文脱「志」字。案虞翻曰：「動體明夷，震爲行，故曰吉行。」若云「志行」，不容不注，其妄九也。《小過·六五·象》曰：「密雲不雨，已止也。」注：「陽已止下故也。」今本正文作「已上」，故注亦誤作「陽已上，故止也」。案虞翻曰：「謂三坎水已之上上六，❶故『已上也』。」鄭本作「尚」，尚與上通，上與長、亢協，改爲止，其妄十也。《雜卦》「蒙稚而著」，今本「稚」誤作「雜」。案虞翻曰：「蒙

❶ 「上上」，依李鼎祚《周易集解》，此處疑衍一「上」字。

二陽在陰位，故雜。初雜而交，故著。」改雜爲稚，其妄十一也。京云曾得王輔嗣、韓康伯手寫注，定傳授真本，今所舉正皆謬悠荒唐若此，不待閱全書而知其贋矣。中惟「履霜，陰始凝也」「君子以居賢德善風俗」，一見《魏文帝紀》注，一見王肅《易》，前人固已言之。又《姤·九四》「包失魚」因王注，《震·象》「出可以守宗廟社稷」，上添「不喪匕鬯」四字，《中孚·象》「豚魚信及也」，《小過·象》「柔得中，是以可小事也」，《既濟》「亨小，小者亨也」，皆望文爲義，亦無足取。《繫辭》「二多譽，四多懼」，注云：「懼，近也。」尤爲誕妄。京創爲是書，後儒晁昭德、鄭漁仲之輩多有信而從之者，不可以不辨。

《隋·經籍志》有卜子夏《周易傳》二卷，殘缺。梁有六卷。《七略》云：「漢興，韓嬰傳。」《中經簿録》云丁寬所作。張璠云：「或馯臂子弓所作，薛虞記。」今所傳《子夏易傳》十一卷，以《釋文》及李氏《集解》校之，無一字相合者，案其文又淺近，或曰唐人張弧僞作，非也，此書與郭氏《易舉正》皆宋人僞撰，托之子夏、郭京者。唐時漢《易》尚存，子夏書雖殘缺，李鼎祚猶及采之。宋以來經典散亡，無可攷證，故令二僞書傳於世，遺誤至今。有志於經學者，急須辭而闢之。

九經古義卷第三

尚書古義上

鄭康成《書贊》云：「孔子撰書，乃尊而命之曰《尚書》。尚者，上也。葢言若天書然。」《尚書緯璿璣鈐》云：「因而謂之《書》，加尚以尊之。」《墨子·明鬼篇》云「《尚書》夏書，其次商、周之書」，則「尚」字爲孔子所加，信矣。孔穎達爲僞孔氏作正義，詘鄭氏之說，以爲伏生傳《書》始加「尚」字，其說非也。

《堯典》：曰若稽古帝堯。 鄭康成曰：「稽，同也。古，天也。言能順天而行，與之同功。」孔安國曰：「若，順。稽，攷也。能順攷古道而行之者帝堯。」此說本賈侍中。安國《傳》晉人所撰，托諸孔氏者。高貴鄉公幸太學，命講《尚書》。帝問曰：「鄭玄云『稽古同天』，言堯同於天也；王肅云『堯順考古道而行之』。二義不同，何者爲是？」博士庾峻對曰：「先儒所執，各有乖異，臣不足以定之。然《洪範》稱『三人占從二人之言』，賈、馬及肅皆以爲『順攷古道』，以《洪範》言之，肅義爲長。」帝曰：「仲尼言『唯天爲大，唯堯則之』，堯之大美在乎則天，順致古道非其至也。今發篇開義以明聖德，而舍其大更稱其細，豈作者之意邪？」桓譚《新論》曰：「秦延君能説《堯典》，篇目兩字之説，至十餘萬言，但説『曰若稽古』三萬言。」當時《堯典》發篇聚訟若此，宜後世異説之紛紛矣。

欽明文，思安安。 《尚書攷靈耀》云：「放勛欽明文，思晏晏。」鄭康成注云：「寬容覆載謂之晏。」《尒疋》云：「晏晏，温和也。」棟案：《春秋》齊景公安孺子，《古今人表》作「晏孺子」，是安與晏通。《釋名》云：「安，晏也。晏晏然和喜無動懼也。」

平章百姓。 《史記》作「便章」。《尚書大傳》作「辯章」。《索隱》云：「今文作『辯章』。」案下文「平秩」字，伏生作「便」，鄭玄作「辯」。《説文》云：「釆，辨别也，讀若『辨』。古文作『𠂹』，與『平』相似。」《于部》云：「古文平作『𠂹』。」孔氏襲古文，誤以「𠀔」爲「平」，訓爲平和，失之。辨與便同音，故《史記》又作「便」。《汗簡》云：「《古文尚書》『平章』字作『𠂹』。」《玉篇》同。《毛詩·采菽》云「平平左右」，《左傳》作「便蕃」。毛萇曰：「平平，辯治也。」服虔亦云：「平平，辯治不絶之皃。」平亦當从古文作「𠀔」。鄭注云：「辯，别也。」亦與毛、服義通。

鳥獸孳尾。 《史記》作「字微」。字與孳通，微與尾通。《説文》曰：「字者，言孳乳而侵多。」❶

❶ 「侵」，諸本同。依《説文》，當作「浸」。

《戰國策》有尾生高，高誘以爲魯人，即《論語》之微生高也。《莊子》或作尾，或作微。《説文》曰：「尾，微也。」《汗簡》云：「古文《尚書》『字』作『孶』。」是孶爲古文「字」也。《釋文》云：「孶音字。」案「字」本有孶音。《士冠禮》：「字辭云：昭告爾字。」讀爲「滋」，與宜、之協。《釋名》曰：「尾，微也。承脊之末稍微殺也。」《古今人表》有𡲼生高、𡲼生畮，師古曰：「即微生高、微生畮也。」

平秩南訛。《史記》作「南譌」。司馬貞本又作「爲」，云：「爲依字讀。春言東作，夏言南爲，皆是耕作營爲勸農之事。孔氏强讀爲『訛』字，雖則訓化，解釋亦甚紆回也。」棟案：譌與訛古字本通。《毛詩·無羊》曰「或寢或訛」，《韓詩》作「譌」。《説文》引《詩》云「民之譌言」，今《正月》詩作「訛」。《無羊》傳云：「訛，動也。」薛夫子云：「譌，覺也。」《正月》箋又訓訛爲僞，僞亦與訛通。故《王莽傳》又作「南僞」。古文《尚書》作「僞」。《索隱》作「爲」者，古「僞」字皆省文作「爲」，見古文《春秋左氏傳》。但此經「訛」字當與「僞」别，《淮南·天文》曰「歲大旱，禾不爲」，高誘曰：「爲，成也。」禾成於夏，故云「南爲」。此與東作、西成皆言農事，《索隱》本是也。

宅西曰昧谷。今文《尚書》云：「度西曰柳穀。」臣瓚《漢書注》云：「案古文宅、度同。」伏生《書傳》云「秋祀柳穀」。穀與谷通。《莊子》云：「臧與穀二人相與牧羊。」崔譔本「穀」作「谷」。鄭康成云：「柳，聚也。齊人語。」賈公彦曰：「柳者，諸色所聚。日將没，其色赤，兼有餘色，故云『柳穀』。今鄭注《尚書》从古文作『昧谷』，故虞仲翔奏鄭解《尚書》違失事目，言古大篆『丣』字讀當爲『桺』，古桺、丣同字，而以爲昧。」棟案：《史記》亦作「桺谷」，此古文也。鄭康成依賈逵所奏定爲「昧谷」，故虞氏駁之。《管子·幼官篇》言春「三丣同事」、秋「三丣同事」。《説文》曰：「丣，冒也。二月萬物冒地而出，象開門之形，故二月爲天門。」古文酉从丣，丣爲春門，萬物已出，丣爲秋門，萬物已入。一，閉門象也。故春言三丣，秋言三丣，桺、丣同字。日出于暘谷，入于桺谷。西者，隴西西縣之八充山，一曰兑山。秋門之象，故命居之。

鳥獸氄毛。 《説文》引云「鳥獸𣯛髦」，云：「𣯛，毛盛也。」古文正作「𣯛」。張有《復古編》云：「𣯛从毛、隼，《書》曰『鳥獸𣯛毛』，别作『氄』，非。」《汗簡》引《尚書》又作「腁」。案腁與褎相似，《説文》或从此。髦古毛字，《既夕記》云「馬不齊髦」，鄭注云「今文『髦』爲『毛』」，古文《尚書》「毛」皆作「髦」。

共工方鳩僝功。 《説文》引《虞書》曰「旁逑又作救。僝又作孱。功」，云：「逑，斂聚也。」與孔傳同。疑古文「鳩」字作「逑」耳。許慎、馬融皆云：「僝，具也。」孔氏訓爲見，《史記》又訓爲布。案「僝」，徐邈音撰，許、馬説是，孔訓非也。《尚書》中如「方鳩僝功」「方施象刑」「方告無辜」，漢儒皆引作「旁」，見《白虎通》《論衡》等書。而「方命」之字仍作「方」，讀爲「放」。

孔傳于「方鳩」「方割」皆訓爲方，方是，讀如字。楝謂：「方」當依字讀爲「旁」，鄭注《士喪禮》云「今文旁爲方」。是「旁」爲古文「方」也。薛宣古文「方」字皆作匚。《立政》云「方行天下」，亦讀爲「旁」。傳云「方，四方」，非也。

靜言庸違。 《楚辭·天問》曰：「康回馮怒，地何故以東南傾？」王逸曰：「康回，共工名也。」案鄭注《尚書》以爲共工名氏未聞，先祖居此官，故以官爲氏。然則《楚辭》所謂康回者，即《書》所云「靜言庸違」也。闕書作「請言」，❶王逸引《書》云「淺淺請言」，《公羊》亦云「戔戔莫諍言」。❷「違」與「回」通，《詩·大雅》云「厥德不回」，毛傳云：「回，違也。」《春秋傳》「晏子云『君無違德』」，下云「若德回亂」，明「違」與「回」同。回，邪辟也。《論衡》引作「回德」，回，邪辟也。故《史記》云「共工善言其用僻」，是訓「違」爲「辟」，與「回」同也。古「庸」字或作「康」，故《楚辭》言「康回」，秦《詛楚文》云「今楚王熊相康回無道」，董逌釋「康」爲「庸」，是也。或云「康」讀爲「亢龍」之亢，謂亢極邪辟也。

否德忝帝位。 《史記》作「鄙德」。楝案：「鄙」與「否」古通用。《論語》曰：「予所否

❶ 葉名澧云：「『闕』字疑有誤。」李慈銘易「闕」爲「周」，易「請言」爲「靖言」。

❷ 「言」，原作「這」，據四庫本改。稿本「言」字旁有走之形記號，故致誤。另，「戔戔」，《公羊傳》文十二年作「諓諓」。李慈銘易「淺淺請」爲「諓諓靖」，易「戔戔莫諍這」爲「諓諓善竫言」。

者，天厭之。」《論衡》引作「鄙」，訓爲「鄙陋」之鄙。《釋名》云：「鄙，否也。小邑不能遠通。」與《論衡》合。故陸氏《釋文》又音鄙。《益稷》云「否則威之」，徐邈音鄙。是「否」有鄙音。正義曰：「否，古文不字。」

《序》：虞舜側微。《玉篇·人部》引作「微」，云：「微，賤也。」案古文「微」字皆作「敳」，見《娟氏鼎》及《敳欒鼎》。《説文》亦然，惟《石鼓文》作「微」。

賓于四門。鄭康成云：「賓讀爲儐，舜爲上儐以迎諸侯。」案賓爲古文「儐」，見《儀禮·鄉飲酒禮》注。《穆天子傳》云「祭公賓喪」，注：「儐贊禮儀。」又云「内史賓侯」，注：「儐，相。」《史記·蘇秦傳》「必長賓之」，義作「儐」。孔安國以爲「四方諸侯來朝者，舜賓迎之」。讀爲賓客之賓，非也。晁氏《書説》云：「寅賓出日，謂測其出之景而導之；寅餞納日，謂測其入之景而候之。徐邈讀『賓』爲『儐』是也。古文『儐』通作『賓』。孔氏以賓爲導，亦讀曰『儐』，近世乃爲賓客之説，非也。」

舜讓于德弗嗣。徐廣曰：「今文作『不怡』。」《史記》作「不懌」。怡，懌也。李善《文選注》引《書》云「舜讓于德不台」，台猶怡也。《漢書音義》云：「古文『台』作『嗣』。」案「嗣」與「怡」音義絶異。《毛詩·子衿》曰「子寧不嗣音」，《韓詩》作「詒音」。古「怡」「詒」字皆省作「台」，古「嗣」字皆省作「司」，《高宗肜日》「王司敬民」，《史記》作「王嗣敬民」。呂大臨《考古圖》載《晉姜鼎》云「余惟司朕先姑」，《集古録》劉原父皆釋「司」爲嗣，是「司」爲古文「嗣」。或古「司」「台」字相似，因亂之也。「台」本音「怡」，故《史記·自序》云「唐堯遜位，虞舜不台」。

在璿璣玉衡。 案京房《易略例》及《周公禮殿記》《孟郁脩堯廟碑》皆作「旋機」。《孟郁碑》作「㫃」，與「旋」同。伏生《書傳》曰：「旋機者，何也？傳曰：旋者，還也；機者，幾也，緻也。其變幾微，而所動者大，謂之旋機，是故旋機謂之北極。」其説與京房及漢碑字合。

徧于羣神。 《史記》「徧」作「辯」。漢《樊毅脩西嶽廟記》云「辯于羣神」。《儀禮·鄉飲酒禮》云「衆賓辯」，鄭康成云：「今文『辯』皆作『徧』。」是「辯」爲古文，「徧」爲今文也。《荀子·脩身篇》云「扁善之度」，注云：「扁讀爲辨。《韓詩外傳》曰『君子有辨善之度』。」

輯五瑞。 《史記》作「揖」。《魏脩孔子廟碑》亦云「揖五瑞」。《秦本紀》曰「摶心揖志」，義作輯。漢碑皆以「揖」爲「輯」。馬融曰：「揖，斂也。」與孔訓同而字異。古「揖」字有作「輯」者。《晉語》曰「君輯大夫就車」，舊訓「輯」爲「揖」。《漢書·兒寬傳》「寬對曰『陛下統楫羣元』」，臣瓚曰：「『楫』當作『輯』。」師古曰：「『輯』『楫』與『集』三字並同，《虞書》曰『楫五瑞』，是也。其字从木，瓚曰『當爲輯』，不通。」是「揖」又作「楫」。

歲二月云云。 何休《公羊注》引《尚書》曰：「歲二月東巡守，至于岱宗，柴，望秩于山川，遂覲東后。《史記》亦作遂。協時月正日，同律度量衡。脩五禮、五玉、三帛、二生、一死贄，如五器，卒乃復。五月南巡守，至于南嶽，如岱禮。八月西巡守，至于西嶽，如初。十有一月朔北巡守，至于北嶽，如西禮。還至嵩，如初禮。歸假于禰祖，《尚書》作「藝祖」，馬、王云：「禰也。」用特。」今古文《尚書》無「還至嵩，如初禮」六字。姚方興本云「至于北嶽，如西禮」，馬融本作「如初禮」，明上下有脱文。今文《尚書》不可攷，然何邵公所引不爲無據也。《史記·封禪書》于「岱宗」之下又云：「中嶽，嵩高也。」

協時月。《白虎通》引作「叶」。《周禮·大史》「讀禮書而協事」。後鄭云：「故書『協』作『叶』。」杜子春云：「叶當爲協，書亦或爲協，或爲汁。」又《大行人》「協辭命」，故書作「叶」。先鄭云：「叶當爲汁。」《方言》曰：「協，汁也。」黑帝汁光紀或作「叶」。後漢《帝堯碑》以叶爲汁。《漢書》載《洪範》曰「旪用五紀」。伏生《書傳》引《書》云：「不叶于極，不麗于咎。」《説文》曰：「旪，古文『協』，从日、十。或作『叶』，从口。」

黎民阻飢。徐廣曰：「今文《尚書》作『祖飢』。祖，始也。」《史記》作「始」，《漢書》作「祖」。孟康曰：「黎民始飢，命弃爲稷官，古文言阻。」棟案：古文「祖」字皆作「且」。如《祖乙卣》《盄和鐘》《文王命厲鼎》《師毀敦》皆以「且」爲「祖」，故曾子曰：「祖者，且也。」古文作「阻」者，案：《儀禮·大射儀》云「且左還」，鄭玄云「古文『且』作『阻』」，是古文又以「阻」爲「且」。衛宏撰《古文異字》，其以此乎！王肅曰：「阻，難也。」馬融曰：「祖，始也。」二説並通，今文近之。鄭玄曰：「阻讀曰俎，阻厄也。」鄭《尚書》即馬融本，當云「祖讀爲阻」，傳寫之誤也。

教胄子。 《説文》引《虞書》云「教育子」，云「養子使作善也」。《尒疋》曰：「育，長也。」與孔、馬同。《周禮・大司樂》云：「凡有道者、有德者使教焉。」鄭注云：「若舜命夔典樂，教育子。」今《周禮注》仍作「胄」，非也。見《釋文》。是鄭本《尚書》與《説文》同。馬融《書傳》云：「胄，長也。」育亦訓長，見《尒疋》，字異義同。鄭注《尚書》从馬本，知馬本亦當作「育」。《周書》：「王子晉曰：『人生而重丈夫，謂之胄子。胄子成人，能治上官，謂之士。』」然則胄子猶國子與？

分北三苗。 「北」讀爲「別」，古文「北」字从二人，「別」字重八八，𠔁、北。𠔁別。字相似，因誤作「北」。《説文》於《八部》曰：「𠔁，別也。《孝經説》曰『上下有別』。」又，《卄部》曰：「𠔁，古文『別』。」許君學于賈逵，逵傳古文《尚書》，必得其實。虞翻曰：「鄭注《尚書》『分北三苗』，北，古『別』字。又訓北，言『北猶別也』。若此之類，誠可怪也。」棟謂：「北」字似「別」，非古「別」字。又「北」與「別」異，不得言「北猶別也」。虞、鄭皆失之。苗本一也，分別流之，故有三苗。猶三危本一也，分三苗分三危之地，亦因分別而名。蓋依三居之法離絶之，使不得通也。

《大禹謨》：惟影響。 依字當作「景響」，劉向奏云「神明之應，應若景響」是也。鄒季友曰：「影，古文作『景』，葛洪始加彡，此天寶三載衛包改古文从今文時所易也。」棟案：高誘《淮南子注》曰：「景，古影字。」誘，漢末人，當時已有作景旁彡者，非始于葛洪《字苑》。景旁从彡，已見《顏氏家訓》，亦非衛包所改。

《皋陶謨》：暨稷播奏庶艱食。《釋文》云：「艱，馬本作『根』。云根生之食，謂百穀。」棟案：《釋名》云「艱，根也，如物根也」，則是《書》本作「艱」，訓爲根，馬説是。古「艱」字作囏。古「艱」讀爲「根」，見《唐扶頌》。

擾而毅。徐廣曰「擾一作『柔』」，字本作「犪」，从牛，憂聲。《玉篇》云：「犪，馴也。《尚書》『犪而毅』如此。」❶《春秋傳》云「乃擾畜龍」，應劭音柔。《説文》云：「犪，牛柔謹也，从牛，憂聲。」又云：「瓇，玉也，从玉，憂聲。讀若柔。」《管子·地員》云「其木宜擾桑」，擾桑，柔桑也。字書皆音而小反，非也。徐邈音饒，亦誤。

予弗子。❷《釋文》云「子如字，鄭氏音將吏反」。案《樂記》云「易直子諒」，注云：「子讀如『不子』之子。」徐邈音「子」爲將吏反，蓋從鄭讀。《列子·説符篇》云「禹纂業事讎，唯

---

❶「犪」，原作「擾」，據《玉篇》及文義改。
❷「予弗子」，稿本前有「《益稷》」篇題。

荒土功，子產弗字，過門不入」云云。《列子》之説葢本《尚書》，讀「子」爲「字」，此在未焚書之前，必得其實。鄭氏之音，非無據矣。

《禹貢》：滎、波既豬。 傳云：「滎澤、波水已成遏豬。」馬、鄭本皆云：「滎播既都。」鄭云：「沇水溢出河爲澤，衞、狄戰在此地。今塞爲平地，滎陽民猶謂其處爲滎播。」棟案：滎、波當是二水名。《周書·職方》云豫州「其川滎、雒，其浸波溠」，孔氏以爲滎澤、波水，非也。鄭於《周禮注》依《尚書》讀波爲播，以滎播即滎澤，合爲一亦非。

和夷底績。 鄭康成云：「和讀爲桓。」《地志》曰：「桓水出蜀郡蜀山，西南行羌中。」見《史記》及《水經注》。案《漢書·酷吏傳》云「桓東少年塲」，如淳曰：「陳留之俗言桓聲如和。」❶故桓表或謂之和表。《東京賦》云「敘和樹表」。雙植謂之桓，桓表是也。四植謂之桓，桓楹是也。

嶓冢導漾。 《史記》及鄭本皆作「瀁」。《説文》曰：「漾，古文作『瀁』。」《地理志》曰：「隴西氐道縣，《禹貢》瀁水所出。」皆从古文。孔氏作「漾」，非也。

二百里男邦。 《史記》云「任國」。漢諱「邦」，改爲「國」。棟案：《白虎通》引《書》云「侯甸任衞作國伯」。今《酒誥》作「男」，古「男」與「南」通，皆訓爲任。故《詩》云：「燕燕于飛，下上

❶ 「留」，《漢書》如淳注作「宋」。

其音。之子于歸，遠送于南。」又云：「凱風自南，吹彼棘心。」沈重音「南」爲乃林反。《外傳・周語》曰：「鄭伯，南也。」先鄭司農注云：「南謂子男。」《左傳》昭十三年傳：「子產云：『鄭伯，男也。』」賈侍中云：「男當作『南』，謂南面之君。」王肅《家語》亦載子產語，云：「男、南古字通用。」鄭衆从《左傳》改南爲男，賈逵據《外傳》易男爲南，可以知二字之相通矣。《白虎通》又云「南之爲言任也」，故孔安國傳亦云：「男，任也。」今文《尚書》皆以任爲南，太史公以訓詁易經文，故亦爲任。正義云：「男聲近任，故訓爲任。」

二百里蔡。 《地里志》曰：「二百里蔡。」《刊誤》曰：「蔡讀如『蔡蔡叔』之蔡。」吴仁傑從之，以爲當作「𥻦」。

《序》：作帝告。 《史記》「告」作「誥」。司馬貞曰：「一作俈，從先王居，故作《帝俈》。」棟案：告，古文「誥」。見《禮記注》。《尚書大傳・殷傳》有《帝告篇》，引《書》曰「施章乃服明上下」，此《逸書》之猶存者。《索隱》據孔氏傳以爲《帝俈》，別無所見。

《序》：湯既黜夏命，復歸于亳，作《湯誥》。 《論語》云：「予小子履，敢用玄牡，敢昭告于皇皇后帝。」孔安國注云：「此伐桀告天之文，《墨子》引《湯誓》，其辭若此。」《湯誓》，依《墨子》當云《湯祝》。疏云：「《尚書・湯誓》無此文，而《湯誥》有之，又與此小異。」棟案：《墨子・兼愛篇》云：「湯曰：『惟予小子履，敢用玄牡，告於上天后，曰今天大旱，即當朕身履，未知得罪於上下，有善不敢蔽，有罪不敢赦，簡在帝心。萬方有罪，即當朕身；朕身有罪，無及萬方。』即此言湯，貴爲天子，富有天下，然且不憚以身爲犧牲，以祠祝於上帝鬼神。」《呂氏春秋・九月紀》云：「昔者，湯克夏而正天下，天下旱，五年不收，湯乃以身禱於桑林，曰：『余一人有罪，無及萬夫。萬夫有罪，在余一人。無以一人之不敏，使上帝鬼神傷民之命。』於是翦其髮，鄜其手，以身爲犧牲，用祈福於上帝，民乃甚説，雨乃大至。」《尸子》云：「湯之救旱也，素車白馬布衣，身嬰白茅，以身爲牲。當此時也，弦歌鼓舞者禁之。」韓嬰《詩傳》亦言湯時大旱，禱於山川，以六事自責。《汲郡古文》云：「成湯二十年大旱，禁弦歌舞。二十四年大旱，王禱于桑林，雨。」墨子、呂氏皆見百篇《尚書》，故所載與《論語》同。今《湯誥篇》絶無大旱請禱之事，孔安國親傳古文，其注《論語》，不近攷《尚書》，而遠引《墨子》，竊所未喻。

《咸有一德》：七世之廟可以觀德。《呂覽》引《商書》曰：「五世之廟可以觀怪。」「怪」字傳寫之誤。《禮緯稽命徵》曰：「唐虞五廟，親廟四，始祖廟一。夏四廟，至子孫五。殷五廟，至子孫六。」注云：「契爲始祖，湯爲受命王，各立其廟，與親廟四，故六。」《孝經緯鉤命決》曰：「唐堯五廟，親廟四，與始祖五。禹四廟，至子孫五。殷五廟，至子孫六。周六廟，至子孫七。」後《魏書・禮志》云：「《禮緯》云：『夏四廟，至子孫五。殷五廟，至子孫六。周六廟，至子孫七。』注云：『言至子孫，則初時未備也。』」緯書雖不可盡據，亦以見夏、商無七廟之文。《漢書・韋元成傳》匡衡告謝毀廟曰：❶「往者，大臣以爲在昔帝王，承祖宗之休典，取象於天地。天序五行，人親五屬，天子奉天，故率其意而尊其制。是以禘、嘗之序靡有過五，受命之君躬接于天，萬世不墮。繼烈以下五廟而遷，上陳太祖間歲而祫，自唐以下皆當以五爲則。」吕氏在焚書之前，必得其實。《毛詩・豳風》曰「七月鳴鵙」，王肅傳云：「七當爲五。古五字如七，因訛爲之。」此經「七」字亦當作「五」。

《盤庚》：若顛木之有由蘖。　由，《説文》引作「㽕」，云「木生條也。古史言『由枿』」。❷徐鍇曰：「《説文》無由字，今《尚書》只作『由枿』，蓋古文省丂而後人因省之，通用爲『因』『由』等字，从丂，象枝條華函之形。」徐鉉曰：「案孔安國注《尚書》，直訓由作『用』也。『用枿』之語不通。」棟案：經傳「由」字皆訓爲生。《毛詩序》云：「由儀，萬物之生各得其宜。」是由訓爲生，儀訓爲宜。《春秋傳》曰「吉凶由人」，言吉凶生乎人也。孔氏《書傳》晉人僞撰，故从俗讀。

予迓續乃命于天。　小顔《匡繆正俗》云：「《商書・般庚》云『予御續乃命於天』，《詩・

---

❶ 惠氏避清聖祖玄燁諱，改「玄」爲「元」。

❷ 「史」，諸本同。依《説文》當作「文」。葉名灃云：「史字疑誤。」

鵲巢》云『百兩御之』，訓解皆爲迎。」棟案：此經與《牧誓》「弗迓克奔」皆當作「御」。趙宋以來，儒者見孔氏訓御爲迎，遂改作「迓」。或衛包所改。蔡氏撰《書傳》亦仍其謬。嗚呼！古學之亡久矣，吾誰與正之！《列子》云：「鄭氏遇駭鹿，御而擊之。」注：「御音訝，迎也。」

爾謂朕：曷震動萬民以遷？ 蔡邕石經曰：「今爾惠朕，昌祇動萬民以遷？」❶棟案：震與振同。《虞書》「震驚朕師」，《史記》作「振」。又祇、振每通用，《皋陶謨》云「日嚴祇敬六德」，《無逸》云「治民祇懼」，《史記》皆作「振」。《内則》云「祇見孺子」，鄭玄云：「祇，敬也。或作『振』。」

《説命》。 《釋文》云：「説，本又作兑。」《禮記》皆引作「兑」。鄭氏云：「兑當爲説。」案《周易》以兑爲説。《吕覽·四月紀》曰「凡説者兑之也」，是兑與説通。

《西伯戡黎》。 《釋文》云：「伯亦作『柏』。」郭璞《穆天子傳注》云：「古伯字多从木。」戡黎，《尚書大傳》作「㦰耆」，《説文》作「㦰黎」，云：「㦰，殺也。」《漢書》載《左氏傳》泠州鳩曰「王心弗㦰」，孟康曰：「古堪字。」今《左傳》作「堪」。《釋詁》云：「堪，勝也。」郭璞注引《書》云「西伯堪黎」，是「堪」與「㦰」同。孔氏傳云：「戡亦勝也。」案《説文》戡訓刺，非勝也。當从

❶「昌」，石經此字殘缺，疑當作「曷」。

《書傳》作「㦰」。

《微子》：天毒降災荒殷邦。《史記》曰：「天篤下菑亡殷國。」漢《平輿令薛君碑》又以竺爲篤，古毒、篤、竺三字皆通。

我舊云刻子，王子弗出。《論衡》引《微子》曰「我舊云孩子，王子不出」，言紂爲孩子之時，微子睹其不善之性。性惡不出衆庶，長大爲亂不變，故云也。後世性惡之説本此。焦氏《易林》曰：「嬰兒孩子，未有知識。彼童而角，亂我政事。」《説文》曰：「咳，小兒笑也。古文作『孩』，从子。」

我不顧行遯。《釋文》云：「顧音故。徐仙民音鼓。」❶毛居正曰：「案顧字，《禮部韻》無上聲，音當從一音用。」棟案：商《詩》「韋、顧既伐」，《古今人表》作「韋、鼓」，是「顧」有「鼓」音。《緇衣》云：「君子寡言而行，以成其信。」鄭注云：「寡當爲顧，聲之誤。」是「顧」有上聲。《禮部韻》宋人所撰，焉識古音！毛氏據以駁徐邈，未之得也。

❶「徐」，原作「俆」，據稿本、四庫本、槐廬叢書本改。

九經古義卷弟四

尚書古義下

《泰誓》。 晁氏曰：「儒言《尚書》『泰誓』作『大』，❶開元閒學士衛包受詔成《今文尚書》，乃始作『泰』。或以交泰爲説，真燕書哉！」棟案：顧彪《古文尚書義疏》云：「泰者，大之極也。猶如天子諸侯之子曰大子，天子之卿曰大宰，此會中之大，故稱『泰誓』。」彪字仲文，隋煬帝時爲秘書學士，當時已改爲泰，非始於衛包。《繁陽令楊君碑》「大夫人」字始作「泰」，知大與泰異文始於後漢。

雖有周親，不如仁人。 王伯厚曰：「孔安國《論語注》言有管、蔡爲周親，不如箕子、微子之仁人。與注《尚書》異。《書傳》云：『紂至親雖多，不如周家之多仁人。』朱文公《集注》從《書傳》。」棟案：《書傳》本云「少仁人」，故疏云「多惡不如少善」。上云「受有億兆夷人」，

❶ 李慈銘云：「晁氏云云，本《困學紀聞》卷二所引，與此微異。」今查《困學紀聞・易》，「儒言」作「古文」。

是言至親之多；「予有亂十人」，今本「亂」下有「臣」字，非。王伯厚已辨之。是言仁人之少。故《論語》引之，以爲「才難」。

《牧誓》：乃惟四方之多罪逋逃，是崇是長，是信是使。谷永引《書》云：「四方之逋逃多罪，是崇是長，是信是使。」小顏以爲今文《泰誓》之辭，非也。宗，尊也，故傳訓爲尊。《春秋傳》云「師叔，楚之崇也」，崇亦訓尊。

弗迓克奔，以役西土。《匡謬正俗》曰：「《牧誓》篇云『弗御克奔，以役西土』，孔安國注云：『商衆能奔來降者，不迎擊之。』徐仙民音御爲五所反。案御既訓迎，當音五駕反，不得音御。」案此則孔氏《尚書》本作「御」，訓爲「迎」也。《史記》及馬融本皆作「禦」，王肅又讀御爲禦，非也。古禦字作「御」，古文《春秋傳》皆然。《毛詩·谷風》曰「亦以御冬」，毛傳云：「御，禦也。」御又與迓同。《大雅·思齊》曰「以御于家邦」，傳曰：「御，迎也。」鄭氏于《鵲巢》箋亦訓御爲迎。《曲禮》曰「大夫士必自御之」，注云：「御當爲訝。訝，迎也。」《士昏禮》注同。《春秋傳》曰「跛者御跛者，眇者御眇者」，皆訝也，世人亂之。但御雖爲迓，訓詁家當依本字釋之，無直改經文之理。唐石經亦仍其誤，則知古文之亡久矣。毛傳訓御爲迎，葢本《尒疋》。今《釋詁》仍作「迓」者，俗儒所竄易也。

《武成》：惟一月壬辰，旁死魄。張霸僞《武成》云：「惟一月壬辰，旁死霸。」《説文》

曰：「霸，月始生霸然也。承大月二日，承小月三日，从月，䨣聲。《周書》曰『哉生霸』。普伯切。」❶楝案：古鐘鼎文「魄」字皆作「霸」，或省作「雨」。《公諴鼎》云「惟十有四月，既死霸」，與《説文》合。周伯琦《六書正譌》云：「霸今俗作必駕切，以爲『霸王』字。而『月霸』乃用『魄』字，非本義。『王霸』字本作『伯』，『月魄』字作『霸』，其義始正。䨣音膊，雨濡革也，从雨，从革。」今薛宣「古文魄作『㚘』，㚘，古『戟』字」，未詳。

至于大王，肇基王迹，王季其勤王家。 傳云：「大王修德以翦齊商人，始王業之肇迹。王季纘統其業，乃勤立王家。」楝案：孔説非也。迹，古績字。言不窋失官，社稷不守，至於大王，光復祖宗，始立勳績于王家。王季以八命作牧，勤勞王家之事。文王能繼成其勳，《周禮》：「王功曰勳。」大膺帝命，作西伯以撫六州之衆也。

《洪範》：無偏無陂，遵王之義。 蔡邕石經及《尚書》舊本皆作「頗」。唐玄宗詔曰：「每讀《尚書·洪範》，至『無偏無頗，遵王之誼』，三復斯文，並皆協韻，唯『頗』一字，實則不倫。又，《周易·泰卦》中『無平不陂』，《釋文》『陂』字亦有『頗』音。『陂』之與『頗』，訓詁無別。爲『陂』則文亦會意，爲『頗』則聲不成文。兼訪諸儒，僉以爲然，終非獨斷，宜改『頗』爲

❶「普伯切」，稿本作小字。

『陂』。乃宣示國學。」棟案：此詔及《匡謬正俗》「遵王之義」，義皆作「誼」，故玄宗謂與「頗」字不協，據《周易》改爲「陂」。《楚辭》曰「偭繩墨而不頗」，王逸曰：「頗，傾也。《易》曰『無平不頗』。」《楚辭》與「差」協韻。是古《易》本作「頗」，故《釋文》又音破河反，改頗爲陂，失所據矣。《說文·言部》云：「詖，古文以爲頗字，音彼義切。」是頗有詖音，古文作「詖」。《周禮·典同》云「陂聲散」，注云：「陂讀爲『險詖』之詖。」是陂與詖同。正與誼字協，何不倫之有邪？古「義」字皆作「誼」，《漢書》猶然。鄭仲師《周禮注》云：「古者書『儀』但爲『義』，今時所謂『義』爲『誼』。」是也。」吴才老以此經「義」字音俄，謂與「陂」協，而不知本是「誼」字。顏師古又謂誼有宜音，皆好古之過也。《史記》《吕覽》亦作「義」，當是後人所改。

無有作好，遵王之道；無有作惡，遵王之路。《吕覽》引云：「毋或作好，遵王之道；毋或作惡，遵王之路。」高誘曰：「或，有也，古『有』字皆作『或』。」《商書》曰「殷其弗或亂正四方」，《多士》云「時予，❶乃或言爾攸居」，傳皆云：「或，有也。」鄭康成注《論語》，亦云：「或之言有也。」《韓非子》曰「無或作利，从王之指；無或作惡，从王之路」，文雖異，然皆以「或」爲有。韓子、吕氏皆在未焚書之前，必有所據。王伯厚以爲述《洪範》而失之，未盡然也。《說

❶「予」，原脱，據四庫本補。

文》引《商書》曰「無有作妞」。《玉篇》作丣，云「古文好字」。案《石鼓文》好字从孜，《好時鼎》从好，篆文女字似丑，故或从左，或从女，文之異也。周伯琦《六書正譌》云：「玫，愛而不釋也。从女，丑聲。別作好，乃呼皓切。」

曰蒙。 鄭、王本皆作「雺」，在「曰驛」之下，《史記》亦然。《微子世家》。又作「霧」，與雺通。《尒疋》曰：「天氣下，地不應，曰雺。」孔傳曰「蒙，陰闇」，與《尒疋》合。徐邈云：「蒙音亡鉤反。」明字本作「雺」，轉寫誤爲「蒙」耳。張有《復古編》云：「霿，地气發，天不應，从雨、敄，俗作霧。」蒙，鄭本又作「蟊」。《汗簡》云：「古文《尚書》以𧊒爲蒙。」古文蟊作「𧕟」，从三虫。今與虫同，从三虫，以爲古文「蒙」字，非也。當云古文作「𧊒」，今文作「蟊」。

曰驛。 傳云：「氣落驛不連屬。」棟案：驛，古文作「悌」，今文作「圛」。鄭氏《齊詩箋》云「古文《尚書》以悌爲圛」，孔穎達曰：「古文《尚書》即今鄭注《尚書》也，賈逵以今文校之，定以爲圛，故鄭依賈氏所奏，从定爲圛。」《史記》作「涕」，涕即悌也。古書篆字作立心，與水相近，讀者失之，故誤从水。見鄭氏《易注》。大史公从孔安國問，多得古文之説，故作「悌」，後人轉讀，遂爲「涕」也。《説文》曰「圛讀若驛」，今《尚書》作「驛」，是又襲今文而失之。《司馬相如傳》云「昆蟲闓懌」，「闓懌」猶「愷悌」也，亦發明之意。

凡七，卜五占用，二衍忒。 劉昌詩云：「『乃命卜筮，曰雨，曰霽，曰蒙，曰驛，曰克，曰貞，曰悔，凡七。卜五占用，二衍忒。』讀者皆以『占用二』作一句。《史記・宋世家》載箕子之對，謂『卜五，占之用，二衍貳』，鄭玄注曰：『「卜五，占之用」謂雨、霽、圛、雺、克也。「二衍貳」謂貞、悔也。』兆卜之名七，龜用五，《易》用二，然則卜五占者用之，衍貳則非占也。《尚書》省去『之』字，合以『占用』爲一句，『二衍貳』爲一句，則義理明矣。」

五者來備。　王伯厚曰：「《史記》作『五事來備』，《後漢書・荀爽傳》云『五韙咸備』，注：『韙，是也。』《李雲傳》云『五氏來備』。」楝案：經文「曰時五者來備」，時，是也，言是五者皆備至也。孔氏以「曰時」二字屬上句，與漢儒所受《尚書》異讀，後人遂以「五是」爲傳習之譌，非也。「是」又作「氏」者，《覲禮》曰「大史是右」，注云：「古文『是』爲『氏』。」《曲禮》曰「五官之長曰伯是」，《職方》注云「是或爲氏」。《漢書》云「造父後有非子，至玄孫，氏爲莊公」，小顏曰：「氏與是同，古通用字。」古文引經或从簡略，「時五者來備」，則云「五是來備」。《易・坤》之初六「履霜堅冰至。《象》曰：履霜堅冰，陰始凝也」。《三國志注》引云「初六，履霜，陰始凝也」。後人遂以「堅冰」二字爲衍文，可謂無識。上經云「立時人爲卜筮」，此云「時五者來備」，皆訓爲是。

《金縢》：是有丕子之責于天。　鄭注《尚書》曰：「丕讀曰不，愛子孫曰子。」《史記》作「負子」。《索隱》引鄭注云「丕讀曰負」，誤也。　楝案：《白虎通》曰：「天子曰不豫，言不復豫政也。諸侯曰負子，子民也，言憂民不復子之也。」《公羊傳》曰「屬負茲」，《禮記音義隱》曰「天子曰不豫，諸侯曰不茲，大夫曰犬馬，士曰負薪」，然則「負子」即「不茲」也。負與丕音相近。負讀爲陪，《禹貢》「陪尾」，《史記》作「負尾」。子又與茲同，諸説不一，鄭氏爲長。《益稷》曰「予不子」，故鄭讀从之。孔訓丕爲大，義所未安。

惟朕小子其親逆。 鄭注云：「新迎，改先時之心，更自新以迎周公。」鄭所傳古文《尚書》乃馬季長本，訓親爲新。《禮記》「在親民」，程子曰「親當作新」，蓋本先儒之説。熊氏朋來作《經説》，以爲漢儒擅改經字，加以音釋惑人，若《大學》「親民」親作「新」，則非漢儒所及，待河南程子而後能言之。真夏蟲之見也。馬本亦作「親迎」，鄭于《東山》箋亦言成王既得《金縢》之書，親迎周公，而注仍訓爲新，蓋古親與新同也。

予造天役。 王莽作《大誥》，云「予遭天役」。案《史記》，「《甫刑》云『兩遭具備』」，今《尚書》作「造」。《文侯之命》云「嗣造天丕愆」，孔傳亦訓爲遭。

《序》：周公既得命禾，旅天子之命。 《史記》云「魯天子之命」。孔穎達《春秋正義》云：「石經古文『魯』作『𣄧』。」《説文》曰：「𣄧，古文旅，古文以爲『魯衛』之魯。」蓋古「旅」字、「魯」字皆作「𣄧」，故「旅」字亦作「魯」。《秦和鐘》曰「以受毛魯多釐」，董逌曰：「魯，古文旅。」秦時已誤「魯」爲「旅」，司馬襲秦舊文故也。

《康誥》：王曰：「嗚呼！ 封，敬明乃罰。人有小罪，非眚。」 王符《潛夫論》云：「《康誥》云：『王曰：於戲！封，敬明乃罰，人有小罪匪省。』」

《酒誥》：盡執拘以歸于周。 拘，《説文》引作「抲」，云：「抲，撝也，从手，可聲。」棟案：可、句字異，古文未有通用者。《説文解字·敘》云：「廷尉説律至以字斷法，『苛人受錢』，苛之字止句也，不合孔氏古文。」然漢時可、句亦有通用者。

《梓材》：戕敗人宥，王啟監，厥亂爲民。 今文《尚書》曰「彊人有王開賢，厥率化民」，王充曰：「言賢人壯彊於禮義，故能開賢，其率化民。」棟案：古「宥」字或作「有」。古「有」字皆作「又」。《王制》曰「王三又然後制刑」，鄭注云：「又當作宥。」《管子》書又以「侑」爲「宥」。「開」本「啟」字，避漢帝諱，故作「開」。以「亂」爲「率」，以「爲」爲「化」，古「貨」字作「⿰貝爲」，「訛」字作「譌」，或从「化」，或从「爲」，字本相通。古今文之異如此。正義云：「鄭注古文，篇與夏侯等同，而經字多異。夏侯等書『宅嵎夷』爲『宅堣鐵』，『昧谷』曰『柳谷』，『心腹腎腸』曰『憂腎陽』，『劓刵劅剠』云『臏宫劓割頭庶剠』❶，是鄭注不同。」

無胥戕，無胥虐。至于敬寡，至于屬婦，合由以容。 孔鮒云：「妾婦之賤者，謂之屬婦。屬，逮也，逮婦之名，言其微也。」《説文》引云「至于嫋婦」，嫋婦，「姫身」也。案《廣韻》引

❶「宫」，原作「官」，據稿本、四庫本改。

崔子玉《清河王誄》云「惠於媰孀」，則媰非姙身也。

《洛誥》：無若火始餤餤。 梅福上書成帝曰：「《書》曰『毋若火始庸庸』，勢陵於君，權隆于主，然後防之，亦無及矣。」注云：「庸庸，微小皃也。」今《洛誥》作「餤餤」，傳云「火始然餤餤尚微」。愚謂「餤餤」猶「炎炎」也，古「餤」字皆作「炎」，「炎炎」勢盛，不得謂「始然」，作「庸庸」者是。「庸庸」猶「熒熒」，《大公六韜》云「熒熒不救，炎炎奈何」，亦此意也。

《序》：成周既成，遷殷頑民。 《史記》作「遺民」，賈侍中亦以爲遷邶、鄘之民於成周，皆古文《尚書》説也。陳亮曰：「臧哀伯云：『武王克商，遷九鼎於雒邑，義士猶或非之。』『義士』即『多士』，所謂『遷殷頑民』者，由周而言則爲『頑民』，由商而論則爲『義士』矣。」《周書·作雒》曰「俘殷獻民，遷于九畢」。孔晁云：「賢民，士大夫也。九畢，成周之地，近王化也。」

《無逸》。 《書大傳》作「毋逸」。《論衡》同。《史記》作「無佚」。案漢石經，「逸」字皆作「佚」，《漢書》猶然。王伯厚曰：「毋者，禁止之辭，其義尤切。」棟案：《儀禮·士昏禮》云「夙夜毋違命」，注云：「古文『毋』作『無』。」《史記》從古文，故亦作「無」。「毋」與「無」古今字，非有兩義。

乃或亮陰，三年不言。其惟不言，言乃雍。 《正義》引鄭氏注云：「其不言之時，時有所言，則羣臣皆和諧。」《坊記》引此云「三年其惟不言，言乃讙」，《魯世家》載《無逸篇》與《坊記》同。裴駰載鄭氏注云：「讙，喜悦也。言乃喜悦，則民臣望其言久矣。」棟案：《史記》所載者，伏生所傳今文《尚書》也。鄭氏之注不與《正義》同者，當在《書大傳》中。後所注者乃賈氏所傳古文《尚書》也。熊朋來《經説》云：「《坊記》『言乃讙』之注，但知有《説命》之書，不知其爲《無逸》之文，妄稱爲『讙説』之讙，不知本文當爲『雍』。作《釋文》《正義》者從而遂非傳説，尤爲可恨。」熊氏不攷《尚書》古、今文之異，而妄下雌黄，亦可謂無忌憚矣。

自朝至于日中昃，不遑暇食。 遑，當依《國語》作「皇」。《左傳》皆以「皇」爲「遑」。《靈臺碑》云「日稷不夏」，「稷」與「昃」同，詳《易古義》。依字當作「𣅀」。鄭本《尚書·多方》云「天惟五年須夏之子孫」，注云「夏之言暇」，是「夏」與「暇」通。《詩正義》。《尚書大傳》「夏之言假也」。古「假借」字止作「叚」，暇从日，叚聲，故「暇」亦作「夏」。

則皇自敬德。 蔡邕石經「皇」作「兄」，「自」作「曰」，上文「無皇曰」同。正義云：「王肅本『皇』作『況』」。《秦誓》云「我皇多有之」，《公羊傳》載云「而況乎我多有之」，亦以「皇」爲「況」。❶ 蔡邕、王肅所載皆古文《尚書》也。況，滋。益用敬德也。」「兄」本古「況」字，《樊毅碑》「況」作「兄」。《管子》書皆以「兄」爲「況」。《漢書》「尹翁歸字子兄」，注云：「兄讀曰況。」《桑柔》詩云「倉兄填兮」，《召旻》云「職

❶ 「皇」，原作「王」，據稿本、四庫本改。

兄斯引」，傳皆云「兄，滋也」。《釋文》：「兄音況，本亦作況。」

《君奭》。《說文》曰：「奭，召公名，讀若郝。《史篇》名醜。」案奭與奭相似，《說文》云：「皕，古文以爲『醜』字，皆从皕。」故《史篇》以爲召公名醜。

惟人在。我後嗣子孫，大弗克恭上下，遏佚前人光。《漢書·王莽傳》引云：「嗣事子孫，大不克共上下，遏失前人光。」棟案：古「佚」字皆作「失」。《外傳·周語》云「淫失其身」，《管子·山國軌》曰「未淫失也」，秦《詛楚文》曰「淫失湛亂」。董逌訓「失」爲「佚」。《春秋經》曰「肆大眚」，《穀梁傳》云「肆，失也」。「失」猶「逸」也，「逸」與「佚」同，謂逸囚也。《公羊·經》「齊侯使國佐如師」，傳云：「佚，獲也。」《釋文》曰：「佚，一本作『失』。」《莊子》書皆以「失」爲「佚」。《漢書·地理志》云：「漢中淫失枝柱，與巴蜀同俗。」《杜欽傳》：「《書》云『或四三年』，言失欲之生害也。」小顏云：「失讀曰佚。」《主父偃傳》云「齊王內有淫失之行」，《游俠傳》云「遂行淫失」，皆作「佚」也。

《序》：成王東伐淮夷，遂踐奄。伏生《書傳》云：「『遂踐奄』，踐之者，籍之也。籍之謂殺其身、執其家、豬其宮。」《史記》「踐」作「殘」，《周禮·大司馬》云「放弒其君則殘之」，逸《禮·王霸記》云「殘滅其爲惡」。

《多方》：乃惟爾辟以爾多方，大淫圖天之命，屑有辭。案《多士》言桀「大淫泆，有辭」，《釋文》云：「泆，又作『佾』，注同。馬本作『屑』，云過也。」棟謂：「屑」當作「屑」，與「佾」相近，故誤作「佾」。《說文》云：「屑，動作切切也。」蔡氏以爲「瑣屑有辭」，孔氏又訓「屑」爲「盡」，皆未當。屑，裴光遠《集綴》又作「佾」，見《汗簡》。

《立政》：灼見三有俊石經作「會」。**心。** 灼，《說文》引作「焯」，云：「明也，从火，卓聲。」案《覲禮》「匹馬卓上，九馬隨之」，鄭注云：「卓讀如『卓文君』之卓，猶『的』也。」是「卓」有灼音，故云「从火，卓聲」。《汗簡》云：「古文《尚書》『灼』作『焯』。」

予旦已受人之徽言。 蔡邕石經曰「旦以前人之微言」。《論語撰考讖》曰「子夏六十四人共撰仲尼微言」。《漢書·藝文志》云「昔仲尼没而微言絶」，小顔曰：「精微要妙之言。」唐石經亦作「徽」，孔傳以爲「美言」。

以覲文王之耿光。 杜林說：「耿，光也，从光，聖省聲。」《說文》曰：「凡字皆左形右聲，杜說非也。」棟案：蔡邕石經作「鮮光」，故許氏不從其說。《外傳》曰：「其光耿于民矣。」杜伯山傳漆書古文，必得其實，作「鮮光」者非也。王逸《楚辭章句》云：「耿，明也，光也。」

《周官》：以公滅私。 《說文》云：「厶，姦衺也。」「公，平分也，从八，从厶。八猶背也。韓非曰：『蒼頡作字，自營爲厶，背厶爲公。』」

《君陳》。 《汲郡古文》云：「成王十一年，王命周平公治東都。」沈約案：「周平公即君陳，周公之子，伯禽之弟。」鄭康成注《坊記》云：「君陳蓋周公子。」

《序》：康王既尸天子，遂誥諸侯。《史記》作「告」，鄭氏《緇衣》注云：「告，古文『誥』。」

《呂刑》：苗民弗用靈，制以刑，惟作五虐之刑曰法。《墨子》引云：「苗民否用練，折則刑，惟作五殺之刑曰法。」《禮記·緇衣》引曰：「苗民匪用命，制以刑。」「否」，古「不」字。「否用練」，未詳，或傳寫之誤。「折」與「制」古字通，古文《論語》云「片言可以折獄」，《魯論》「折」作「制」，「虐」與「殺」亦通，見《春秋攷》。

皇帝哀矜庶戮之不辜。王伯厚曰：「皇帝始見于《呂刑》，趙岐注《孟子》引《甫刑》曰『帝清問下民』。」棟案：孔傳云君帝，帝堯也，是孔氏本作「君帝」。

告爾祥刑。《後漢書·劉愷傳》引作「詳刑」。鄭康成《周禮注》云：「《書》曰『度作詳刑，以詰四方』。」又鄭《書注》云：「詳，審察之也。」則知古文本作「詳」，「詳」與「祥」古今字。《易·履·上九》曰「視履考祥」，《釋文》云「本亦作『詳』」。此經當依古文作「詳」，訓爲「祥」。下經「監于茲祥刑」，同。《尚書·君奭》云「其終出于不祥」，蔡邕石經云「其道出于不詳」。

惟貨惟來。《釋文》云：「來，馬本作『求』」，云有求請賕也。」《漢律》云：「諸爲人請求於吏以枉法，而事已行者，皆屬司寇。」《說文》曰：「賕，以財物枉法相謝也，从貝，求聲。」棟案：漢盜律有受賕之條，即經所云「惟貨」也；又有聽請之條，即經所云「惟求」也。孔氏本作「來」，以爲舊相往來，義反紆回矣。

其罰百鍰。 鍰，《史記》作「率」。徐廣曰：「率，即鍰也，音刷。」《説文》作「鍰」，云「鋝也」。《索隱》曰：「舊本『率』亦作『選』。」《漢書·蕭望之傳》：「張敞曰：『《甫刑》之罰，小過赦，薄罪贖，有金選之品。』」應劭曰：「選音刷，金銖兩名。」師古曰：「字本作『鋝』，鋝即鍰也。」蓋古文作「鍰」，今文作「選」。《五經異義》云：「夏侯、歐陽説云：墨罰疑赦，其罰百率。古以六兩爲率。古《尚書》説：百鍰，鍰者率也，一率十一銖二十五分銖之十三也，百鍰爲三斤。鄭氏以爲古之『率』多作『鍰』。」《周禮·職金》疏。《考功記·冶氏》云「重三鋝」，注：「鄭司農云：『鋝，量名也，讀爲「刷」。』」元謂許叔重《説文解字》云『鋝，鍰也』，❶今東萊稱或以大半兩爲鈞，十鈞爲鐶，鐶重六兩大半兩。鍰、鋝似同矣，則三鋝爲一斤四兩。」《説文》云：「鋝，十銖二十五分之十三也。《周禮》曰『重三鋝』，北方以二十兩爲鋝。」

上下比罪。 棟案：漢時有《決事比》，蓋取則于古。

《費誓》。 《説文》云：「《周書》有『粊誓』，從米，北聲。」《廣韻》作「𥹉」，从米，比聲，云

---

❶ 惠氏避清聖祖玄燁諱，改「玄」爲「元」。

「魯東郊地名」。此據孔氏本言之。則知古文本作「柒」。裴駰謂「《尚書》作柴」，字之誤也。

鄭氏注《周禮·雍氏》《禮記·曾子問》皆引作「柒誓」。

《序》：東郊不開。 唐石經初刻「開」作「闢」。《匡謬正俗》又作「闢」，云「古闢字」。馬本亦作「闢」。《釋文》云：「闢，舊讀皆作『開』。」小顏以爲孔氏釋云「東郊不開」，不得徑讀「闢」爲「開」。案《説文》，《虞書》「闢四門」作「𨷖」，从門从𠬞。此經「闢」字亦當從《説文》作「𨷖」。唐石經作「闢」者，衛包改从今文也。宋以來直作「開」字，非也。

《秦誓》：日月逾邁，若弗云來。 正義曰：「『員』即『云』也。」是《尚書》本作「員」，衛包改古文，始从云。《詩·出其東門》云「聊樂我員」，《釋文》曰：「員，本作『云』。」《詩·正月》云「昏姻孔云」，本又作「員」。《商頌》曰「景員維河」，鄭箋云：「員，古文作『云』。」言古文以「員」爲「云」也。

惟截截善諞言。 《説文》引云「戔戔巧言」。又，《言部》引云「戩戩善諞言」。《公羊》云「諓諓善竫言」。❶ 賈逵《國語注》云：「諓諓，巧言也。」王逸引《書》云「諓諓靖言」。《漢書·李尋傳》云：「昔秦穆公説諓諓之言，任仡仡之勇。」案此則古文作「戩戩」，今文作「戔

❶「竫」，原作「諍」，據四庫本改。

戔」也。

惟截截善諞言，俾君子易辭。《公羊》云：「惟諓諓善竫言，❶俾君子易怠。」案《説文》「籀文辭从台」，《史記・三王世家》齊王策云「俾君子怠」，與《公羊》合，此古文《尚書》也。

是能容之。《禮記》「是」作「寔」。棟案：古「寔」字皆作「是」。秦惠王《詛楚文》曰：「昔我先君穆公及楚成王，是戮力同心，兩邦若壹。」王之望讀「是」爲「寔」。《戰國策》「蘇厲曰『白起是攻用兵』」，高誘曰：「是，實也。」《公羊》桓五年傳云：「寔來者何？猶曰是人來也。」高氏以「是」爲「實」者，古《春秋經》「寔來」，《左傳》作「實來」。今本《左傳》仍作「寔來」。《韓奕》箋云：「『實墉實壑』，『實』當作『寔』。趙、魏之東，『寔』『實』同聲。」高誘，涿人，故亦以「寔」爲「實」。

惠棟案：《儒林傳》云孔氏有古文《尚書》，孔安國以今文讀之，因以起其家。逸《書》得十餘篇，司馬遷亦從安國問故，遷書載《堯典》《禹貢》《洪範》《微子》《金縢》諸篇，多古文説。如《堯典》「放勛」，古文「勳」，見《説文》。「辯于羣神」；辯，古文「徧」。見《儀禮注》。《禹貢》「九江入賜大龜」，入，古文「内」，見《南宮中鼎》。《堯典》「夙夜出内朕命」，「内」亦作「入」。賜，古文「錫」，見《儀

❶ 「竫」，原作「諍」，據《公羊傳》改。

禮注》。下「賜土姓」同。古文「入」亦作「内」，《郙敦》云「毛伯内門立中庭」，内門，入門也。「嶓冢導瀁」；古文「瀁」，見《説文》。《洪範》「曰涕」，「悌」字之誤，古文以「悌」爲「圛」。《微子》「我其發出往」；鄭本亦作「往」，今作「狂」，非。《金縢》周公奔楚事；《論衡》以爲古文家説。皆卓然古文，無可疑者。第其述事欲便于覽者，往往以訓詁之字竄易經文，後之學者無可攷證，反以《史記》爲今文耳。又，《殷本紀》所載《湯征》《湯誥》，皆逸《書》十篇中文也。今所傳古文《湯誥》與《史記》所載絶不相類，其中如「敢用玄牡」等語，乃湯時大旱請禱之文，見《墨子》及《吕覽》。豈誠孔壁之舊哉！

九經古義卷弟五

毛詩古義上

王伯厚云：「近世説《詩》者，以《關雎》爲畢公作，謂得之張超，或謂得之蔡邕，未詳所出。」棟案：《藝文類聚》三十五卷載張超《誚青衣賦》云：「周漸將衰，康王晏起。畢公喟然，深思古道。感彼關雎，德不雙侶。但願周公，妃以窈窕。防微消漸，諷諭君父。孔氏大之，列冠篇首。」案其文云「康王晏起」，與《魯詩》同；「深思古道」，又同《韓詩》。超，漢末人，范書有傳。《古文苑》云：「蔡伯喈作《青衣賦》，志蕩詞淫，故張子並作此以規之。」邕賦亦載集中，無畢公作《關雎》語。

采采卷耳，不盈頃筐。　傳云：「頃筐，易盈之器也。」荀卿子引此詩，亦云：「頃筐易滿也，卷耳易得也，然而不以貳周行。」《大雅・行葦》云「敦弓既堅」，傳云：「天子敦弓。」敦與彫古今字。荀卿子云「天子彫弓，諸侯彤弓」，正義以「天子彫弓」爲事不經見，非也。《經典・序録》云孟仲子傳根牟子，根牟子傳趙人孫卿子，❶孫卿子傳魯人大毛公，此傳及《行葦》傳蓋用其師說。王伯厚曰：「毛傳以『平平』爲『辨治』，又以五十矢爲束，皆與《荀子》同。」鄭氏《詩譜》云：「魯人大毛公爲《故訓傳》於其家，河閒獻王得而獻之，以小毛公爲博士。」徐堅曰：「荀卿授魯國毛亨，作《詁訓傳》以授趙國毛萇，時人謂亨爲大毛公，萇爲小毛公。」後儒以爲毛萇作《詩傳》，非也。

肅肅兔罝，施于中逵。《韓詩》作「中馗」，薛君曰：「馗中設九交之道也。」案《說文》「馗」正字也，「逵」或字也，當从《韓詩》。《玉篇》：「馗，古文作『旭』。」《釋草》云「中馗，菌」，《釋文》云：「郭音仇，舍人本作『中鳩』。」是「馗」有「鳩」聲，與「仇」協。

南有喬木，不可休息。《釋文》云：「『休息』並如字，古本皆爾，本或作『休思』，此以意改爾。」案《韓詩外傳》「息」作「思」，《樂記》云「使其文足論而不息」，《荀卿子》「息」作「諰」，《說文》云：「諰，思之意，从言，从思。」《禮記》多古文，或「思」「息」通也。

江之永矣，不可方思。《說文》于「羕」字下引《詩》云「江之羕矣」，《韓詩》同。《尒疋》云「羕，長也」，郭璞云「羕，所未詳」，是未攷《韓詩》。《齊侯鎛鐘》云「士女考壽萬年，羕保其身」；

❶「孫」，原作「荀」，據稿本、四庫本及《經典釋文》改，下「孫」同。

又，「子子孫孫羕保用亯」。是「羕」乃古「永」字，《韓詩》从古文，故作「羕」，《説文・永部》別載「羕」字，未之攷也。

《采蘩》云：夙夜在公。 《尉氏令鄭君碑》云「𣦼夜在公」，即「夙」字。《説文》曰：「𣦸，早敬也，从丮。持事雖夕不休，早敬者也。」《義雲章》及古鐘鼎文皆作「𣦸」。徐鉉曰：「今俗作『夙』，譌。」《春秋》有季孫夙，《左傳》作「宿」，从古文。

《采蘋》云：于以湘之，維錡及釜。 傳云：「湘，亨也。」正義云：「《尒疋》無文，傳以當時驗之。」案《漢書・郊祀志》云「皆嘗鬺亨上帝鬼神」，小顏云：「鬺亨，煮而祀也。《韓詩》：《采蘋》曰：『于以鬺之，唯錡及釜。』」「湘」訓「亨」無攷，當从《韓詩》作「鬺」。《廣雅》云：「鬺，飪也，音傷。」

白茅純束。 箋云：「純讀如屯。」《戰國策》曰「錦繡千純」，高誘曰：「純音屯，束也。」《左氏傳》云「執孫蒯于純留」，《漢書》作「屯留」，是古文皆以「純」爲「屯」。古文「純」作「屯」，見《虢姜敦》。

威儀棣棣，不可選也。 傳云：「物有其容，不可數也。」案《朱穆集》載《絶交論》云：「威儀棣棣，不可算也。」鄭注《論語》云：「算，數也。」與毛訓同。《漢書・車丞相贊》云：「斗筲之徒，何足選也。」古「選」與「撰」通。《周禮・大司馬》云「撰車徒」，鄭注云：「撰，讀曰算，算車徒，謂數擇也。」

《日月》云：報我不述。　傳云：「述，循也。」箋云：「不循禮也。」《釋文》云：「述，本亦作『術』。」《文選注》引《韓詩》曰：「報我不術。」薛君曰：「術，法也。」棟案：「術」，古文「述」。薛夫子訓爲「法」，非也。《士喪禮》云：「筮人許諾不述命。」注云：「述，循也。既受命而申言之曰述。古文『述』皆作『術』。」《祭義》「術省」，鄭氏云：「『術』當爲『述』，聲之誤也。」

《谷風》云：不遠伊邇，薄送我畿。　傳云：「畿，門內也。」案《呂覽・正月紀》曰：「出則以車，入則以輦，務以自佚，命之曰『招蹷之機』。」高誘曰：「招，至也。蹷機，門內之位也。《士冠禮》注云：「闑，門橜也。閾，閫也。古文『闑』爲『槷』，『閾』爲『蹙』。」《春秋傳》曰：「婦人送迎不出門，見兄弟不踰閾。」《禮記》云：「內言不出于閫。」「蹷」即「橜」也，或「蹙」字之誤，是「蹷」「閾」字通，「蹷」即「閫」也。乘輦于宮中遊翔，至于蹷機，故曰『務以自佚』也。《詩》曰『不遠伊邇，薄送我畿』，此不過蹷之謂。」「畿」與「機」古字通。

《旄丘》云：狐裘蒙戎。　蒙，徐邈音武邦反，《春秋傳》作「尨茸」，故讀從之。棟案：「蒙」本與「尨」通。《管子・五輔篇》云「敦懞純固」，義作「敦尨」。《荀子》引《詩》曰「受小共大共，爲下國駿蒙」，今《詩》「蒙」作「尨」。《小戎》詩云「蒙伐有苑」，箋云：「蒙，尨也。」

有力如虎，執轡如組。　傳云：「組，織組也。武力比於虎，可以御亂。御衆有文章，言能治衆，動於近成於遠也。」《呂氏春秋》曰：「《詩》曰『執轡如組』，孔子曰：『審此言也，可以爲天下。』子貢曰：『何其躁也！』孔子曰：『非謂其躁也，謂其爲之於此而成文於彼也。聖人組脩其身而成文於天下矣。』」大毛公與吕氏同時，葢皆有所受之也。

赫如渥赭。 《堯廟碑》云「赫如屋赭」。案《易·鼎·九四》曰「其形渥」，鄭玄本作「剭」，音爲「屋」，云「三公傾覆王之美道，屋中刑之」。古「形」與「刑」通，見漢碑。又傅氏《易·萃·初六》「一渥爲笑」，今《易》作「握」。鄭玄讀爲「夫三爲屋」之屋。葢古文「渥」字或省文，或「屋」字反从水旁，《五帝紀》「帝嚳溉執中而徧天下」，徐廣曰：「古既字作水旁。」故諸儒訓詁各異也。

《北風》云：其虚其邪。 箋云：「邪讀如徐。」曹大家注《幽通賦》引作「徐」，葢三家之説也。《弟子職》云「志無虚邪」，亦讀如徐。虚徐，狐疑也。

《柏舟》云：實維我特。 《韓詩》「特」作「直」。高誘注《吕覽》云：「特猶『直』也。」棟案：「直」猶「犆」也。《繁陽令楊君碑》以「犆」爲「特」，故《韓詩》作「直」，義得通也。《穀梁傳》曰「犆言同時」，本亦作「特」。《玉藻》注云：「犆讀皆如『直道而行』之直。」是「犆」與「特」同，又讀爲直。《士相見禮》曰「喪俟事不犆弔」，❶定本作「特」。《義雲切韻》「特」作「犆」。

---

❶ 按此句見《禮記·少儀》。

中冓之言，不可道也。 《玉篇》引作「⿱宀冓」，云「中夜之言」也。《韓》《魯詩》同。《廣雅》曰：「⿱宀冓，夜也。」《大玄·玄攡》曰「晝以好之，夜以醜之」，故下云「言之醜也」。

不可讀也。 傳云：「讀，抽也。」《匡謬正俗》曰：「『抽』當爲『籀』。籀，讀也，从竹，擂聲。『擂』即古『抽』字。」皆依《說文》爲說。棟案：《說文》云：「籀，讀書也。」又，《手部》「擂」或从「抽」。大史公曰「紬史記石室金鐀之書」，「紬」亦讀「抽也」。《王莽傳》云「或紬其兩脅」，師古曰：「『紬』與『抽』同。」《呂覽·十月紀》云「涉血盩肝」，高誘曰：「盩，古『抽』字。」

象服是宜。 傳云：「象服，尊者所以爲飾。」案《說文》曰：「襐，飾也。」史游《急就篇》云「襐飾刻畫無等雙」，《漢書·外戚傳》「襐飾將醫往問疾」，師古曰：「襐，盛飾也。」「象」本「襐」字，古文省，疏以爲象骨飾服，失之。

鶉之奔奔。 高誘注《呂覽》引作「賁」，云「色不純也」。《左傳》《禮記》皆作「賁」。案漢有虎賁，舊作「奔」，古字通。《白駒》詩云「賁然來思」，傳云：「賁，飾也。」鄭箋引《周易·賁卦》以釋之。徐邈音「賁」爲「奔」，真得古音矣。今人以《賁卦》之「賁」及《詩》「賁然來思」皆音彼義反，失之。詳《易攷》。朱育《集字》「奔」作「贔」。

升彼虛矣，以望楚矣。 傳云：「虛，漕虛。」《管子·大匡》曰「狄人伐衛，衛君出致于虛」，注云：「虛，地名。」

《干旄》云：素絲祝之。 箋云：「祝當作『屬』，屬著也。」鄭氏《攷工・函人》注云：「屬讀如『灌注』之注。」《戰國策》曰「一舉而注地於楚」，高誘曰：「注，屬。」又，《周禮・瘍醫職》云「祝藥劀殺之齊」，注云：「祝當爲注，讀如『注病』之注，聲之誤也。注謂附著藥。」《淮南子》曰「冶工之鑄器」，高誘曰：「鑄讀作『祝』。」《禮記・樂記》云「封帝堯之後于祝」，注云：「祝或爲『鑄』。」葢古字祝、屬、注、鑄皆同音。陸氏《釋文》音「祝」爲之蜀反，未詳。

考槃在澗。 《韓詩》「澗」作「干」。棟案：「澗」當作「閒」，與寬、諼協韻。「閒」與「干」古今字。《聘禮・記》「凡庭實，隨入，左先，皮馬相閒可也」，注云：「古文『閒』作『干』。」《文選注》五卷引《韓詩》云「考盤在干」，地下而黄曰干。

庶姜孽孽。 《釋文》云：「孽，魚竭反。徐五謁反。《韓詩》作『钀』，牛遏反，長貌。」《吕覽》云「宋王築爲蘖臺」，高誘曰：「蘖當作『钀』。『蘖』與『钀』其音同。《詩》云『庶姜钀钀』，高長貌也。」

《芄蘭》云：能不我甲。 傳云：「甲，狎也。」徐邈音胡甲反。《匡謬正俗》曰「甲雖訓『狎』，自有本音，不當便讀爲『狎』」，其説非也。漢儒訓故，音義相兼。毛傳如《汝墳》「惄如調飢」，調，朝也。《小星》「維參與昴」，《集韻》引作「昴」。昴，畱也；《騶虞》「彼茁者葭」，茁，出也；《谷風》「亦以御冬」，御，禦也；《葛屨》「摻摻女手」，摻摻，猶「纖纖」；《説文》作「攕攕」。

《宛丘》「子之湯兮」，湯，蕩也；《東山》「烝在桑野」，烝，寘也；《破斧》「四國是皇」，皇，匡也；《齊詩》作「匡」。《常棣》「烝也無戎」，烝，填也；《蓼蕭》「爲龍爲光」，龍，寵也；《左傳》作「寵」。《六月》「如輊如軒」，輊，摯也；《正月》「褒姒威之」，威，滅也；《左傳》作「滅」。《小旻》「是用不集」，集，就也；《韓詩》作「就」。《小弁》「譬彼壞木」，壞，瘣也；《説文》作「瘣」。《鴛鴦》「摧之秣之」，摧，莝也；《文王》「陳錫哉周」，哉，載也；《左傳》《國語》作「載」。《大明》「俔天之妹」，俔，磬也；《韓詩》作「磬」。《棫樸》「追琢其章」，追，彫也；《文王有聲》「遹求厥寧」，遹，述也；孫炎《尒疋注》云：「遹，古『述』字。」「王后維翰」，翰，幹也；同音寒。《卷阿》「似先公酋矣」，似，嗣也；《蕩》「侯作侯祝」，作，詛也；《崧高》「往迈王舅」，迈，己也；《烝民》「古訓是式」，古，故也；「我儀圖之」，儀，宜也；《江漢》「矢其文德」，矢，施也；《禮記》作「弛」，與「施」同。《閔予小子》「繼序思不忘」，序，緒也；《良相》「畟畟良相」，畟畟，猶測測；《烈祖》「鬷假無言」，鬷，總也；《長發》「率履不越」，履，禮也。《韓詩》作「禮」。如此類不可悉舉，皆音義相兼者。《芄蘭》詩「甲」字，《韓詩》本作「狎」。《尚書·多方》「甲于內亂」，鄭、王皆以「甲」爲「狎」。古文省少，以「甲」爲「狎」，遂有狎音，非假借也。經傳中惟徐氏釋音獨得古人之義，小顏輒斥以爲非，何也？

《清人》云：❶河上乎逍遥。《釋文》曰：「逍本又作消，遥本又作揺。」《説文・新附》曰：「逍遥，猶翱翔也。」徐公文曰：「《詩》只用『消揺』字，此二字《字林》所加。」棟案：後漢崔駰撰《張平子碑》已用「逍遥」字，不始于吕忱也。❷但經典中只合用「消揺」耳。近有傖父作字書名《正字通》，謂《莊子・消揺游》篆文已从辵，其妄若此。

《羔裘》字亦作「求」。**云：舍命不渝。**箋云：「舍，猶處也。」王肅云：「舍，受也。」棟案：舍猶釋也。《管子・小問》曰：「語曰：『澤命不渝，信也。』」徐廣《史記注》云：「古『釋』字作『澤』。」《周頌・載芟》曰「其耕澤澤」，《尒疋》作「郝郝」，❸今亦讀爲「釋」。康成《周禮注》曰：「舍即釋也。」又，《士冠禮》注云：「古文『釋』作『舍』。」是「澤命」即「舍命」也，葢古有是語，《詩》引之以美君子之信。《列子》云：「其人舍然大喜，曉之者亦舍然大喜。」「舍」皆讀爲「釋」。

子之昌兮，俟我乎堂兮。箋云：「『堂』當爲『棖』。」棟案：古文《論語》有「申棖」，《史記》作「中堂」。漢《王政碑》云：「有羔羊之絜，無申棠之欲。」「堂」與「棠」同。見《魯峻碑》。是「堂」本與「棖」通，故讀爲「棖」，非鄭之改字也。

---

❶「清人」上，稿本有「鄭風」二字。

❷「忱」，原作「諶」，據四庫本改。

❸「郝郝」，原作「釋釋」，據四庫本改。

《子衿》。　傳云：「青衿，青領也。」正義曰：「《釋器》云：『衣皆謂之襟。』李巡曰：『衣皆，衣領之襟。』孫炎曰：『襟，交領也。』衿與襟音義同。」棟案：張有《復古編》云：「紟，衣系也，从糸、今。古作絵，别作衿，非。」又云：「裣，衽也，从衣、金，别作襟，非。」「裣」與「襟」通，與「衿」異。《正義》混衿、襟爲一，非也。王伯厚云：「漢石經作『子裣』，得之。」

縞衣綦巾，聊樂我員。　《釋文》曰：「員，本亦作『云』。」《商頌》箋曰：「員，古文作『云』。」言古文以「員」爲「云」也。《韓詩》作「魂」。案「魂」亦與「云」通。《中山經》曰「其光熊熊，其氣魂魂」，魂魂，猶「云云」也。《吕覽・圜道篇》曰「雲氣西行，云云然」。「云」亦古文「雲」字。薛夫子訓「魂」爲「神」，失之。《春秋正義》引《孝經説》云「魄，白也」，「魂，云也」，是「魂」與「云」通。云，動也，《易・繫辭》云「動静云爲」。

敝笱在梁，其魚魴鰥。　箋云：「鰥，魚子也。」古魂反。正義曰：「鰥，魚子，《釋魚》文。今《尒疋》作「鯤」。李巡曰：『凡魚之子總名鯤也。』鯤、鰥字異，蓋古字通用，或鄭本作『鯤』。」棟案：《説文》「鰥从魚，罤省聲」。「罤」本「昆弟」字。古魂切。周人謂兄曰「罤」，《尒疋》作「晜」。从弟爲「罤」，从魚爲「鰥」，與「鯤」同物同音，非通用字也。《汗簡》云：「古《論語》『昆』作『𦤎』。」又云：「石經『鰥』作『臮』。」

齊子發夕。　傳云：「發夕，自夕發至旦。」《小宛》詩云「明發不寐」，薛夫子、王叔師皆訓「發」爲「旦」。故焦氏《易林》云：「襄送季女，至於蕩道。齊子旦夕，留連久處。」旦夕，猶「發夕」也。《説文》云：「禮，昏鼓四通爲大鼓，夜半三通爲戒晨，旦明五通爲發明。」「發明」猶「旦明」也。下經云「齊子愷悌」，《尒疋》云：「愷悌，發也。」郭璞云：「發，發行也。」

河水清且漣猗。《釋文》云：「漣，力纏反。」案《説文》，「漣」即「瀾」或字也，音洛干切。《尒疋・釋水》正作「瀾」。《漸漸之石》箋云「與衆豕涉入水之波漣」，「漣」即「瀾」字，故一本作「瀾」。陸氏音連，亦誤。

胡取禾三百億兮。傳云：「萬萬曰億。」箋云：「十萬曰億。」賈逵、唐固注《國語》皆以萬萬爲億。棟案：徐岳《數術記遺》曰：「黄帝爲法，數有十等，及其用也，乃有三焉。十等者，億、兆、京、垓、秭、壤、溝、澗、正、載。三等者，謂上、中、下也。其下數者，十十變之，若言『十萬曰億』『十億曰兆』『十兆曰京』也。中數者，萬萬變之，若言『萬萬曰億』『萬億曰兆』『萬兆曰京』也。上數者，數窮則變，若言『萬萬曰億』『億億曰兆』『兆兆曰京』也。」甄鸞曰：「毛注曰『萬萬曰億』，此即中數也。鄭注云『十萬曰億』，此即下數也。鄭注以數爲多，故合而言之。上數宏廓，世不可用。」韋昭《楚語》注云：「十萬曰億，古數也。今人乃以萬萬爲億。」是中數之説始於秦、漢也。

三歲貫女。《魯詩》「貫」作「宧」。外傳《國語》云「入宧於吴」，韋昭曰：「宧爲臣隷也。」《嘯堂集古録》有《臣敷印》，其字作「臣敷」。貫，當讀爲「宧」。徐邈音官，此「宧」字之誤。傳云「貫，事也」，葢本《尒疋》，而與「宧」義亦通。婁壽以爲「宧」即「貫」字，恐未然也。

素衣朱襮。 傳云：「襮，領也。諸侯繡黼丹朱中衣。」箋云：「『繡』當爲『綃』，綃黼丹朱中衣，中衣以綃黼爲領，丹朱爲純。」棟案：鄭氏此説葢从《魯詩》。見《士昏禮》注。焦贛曰：「『素衣朱襮』，衣素表朱也。」

見此粲者。 傳云：「三女爲粲。」案《説文》云：「『三女爲㛳』，㛳，美也，从女，𣦼省聲。」《字林》从女、𣦼不省。《廣韻》引此傳亦作「㛳」。周伯琦《六書正譌》云：「《詩》云『見此𣦼者』，俗用『粲』，非。」

《有杕之杜》云：噬肯適我。 傳云：「噬，逮也。」《韓詩》「噬」作「逝」，云「及也」。案《尒疋·釋言》云「遾，逮也」，與毛傳合。从辵，不从口。《方言》云：「噬，逮也。北燕曰噬。逮，通語也。」

載獫歇驕。 箋云：「載，始也。始田犬者，謂達其搏噬，始成之也。」朱子謂以車載犬，休其足力，❶恐非重人賤畜之義。張衡《西京賦》云「屬車之箴，載獫獥獢」，寧得謂以副車載

❶「足力」，原作「無太」，據稿本、四庫本、清經解本改。

犬邪？蓋文似相連而意不屬耳。

《小戎》。 箋云：「此羣臣之兵車，故曰小戎。」案《齊語》及《管子》云「十軌爲里，故五十人爲小戎，里有司帥之」，韋昭曰：「此有司之所乘，故曰小戎。」「古者戎車一乘，步卒七十二人，今齊五十人。」棟謂：韋氏所據乃《司馬灋》文。❶《六月》詩所謂「元戎」也。七十二人爲大戎，五十人爲小戎，其周之制與？

《無衣》云：與子同澤。 傳云：「澤，潤澤也。」箋云：「襗，褻衣，近污垢。」案《説文》「襗，絝也」，絝爲脛衣，非褻衣也。《釋名》曰：「汗衣，近身受汗垢之衣也。❷《詩》謂之澤。作之用六尺，裁足覆胷背。」汗衣滋液，故謂之澤。毛説是也。《釋文》不云鄭異字，《正義》謂「易傳爲襗」，非也。

《宛丘》云：子之湯兮。 傳云：「湯，蕩也。」陸氏曰：「舊音他浪反。」棟案：「湯」本古「蕩」字，王逸引此詩正作「蕩」，云：「蕩，猶蕩蕩，無思慮皃也。」古文《論語》云「君子坦蕩蕩」，鄭康成注云「《魯論》作『坦湯』」，是古皆以「湯」爲「蕩」。古又以「蕩」爲「湯」，《地理志》「河内

---

❶「文」，原作「云」，據稿本、四庫本改。
❷「垢」，原脱，據四庫本補。

蕩陰縣」，小顔音湯。或音他郎反者非。

穀曰于差。 王肅音嗟，《韓詩》作「嗟」。古「嗟」字或省文作「差」，然此詩「差」字仍當从鄭，音初佳反。

可以棲遲。 《嚴發碑》云「西遲衡門」，《説文》云：「西，鳥在巢上。象形。日在西方而鳥棲，故因以爲東西之西。或作棲，从木、妻。」是「西」爲古文「棲」也。

《防有鵲巢》：卬有旨苕。 《後漢志》注：「《博物記》云：『卬地在陳國陳縣北，防亭在焉。』《詩》云『卬有旨苕』『防有鵲巢』。」

胡爲乎株林。 毛氏傳云：「株林，夏氏邑。」劉昭曰：「陳有株邑，蓋朱襄之地。」

有蒲與荷。 正義曰：「如《尒疋》則夫渠之莖曰茄，見《釋草》。此言荷者，意欲取莖爲喻，亦以荷爲大名，故言荷耳。」樊光注《尒疋》引《詩》『有蒲與茄』，然則《詩》本有作『茄』字者。」案揚雄《反離騷》曰「衿芰茄之緑衣兮，被夫容之朱裳」，師古曰：「『茄』亦『荷』字，見張揖《古今字譜》。」

《檜》。 王符《潛夫論》云：「會在河、伊之閒，其君驕貪嗇儉，滅爵損禄，羣臣卑讓，上下不臨。詩人憂之，故作《羔裘》，閔其痛悼也；《匪風》，冀君先教也。會仲不悟，重氏伐之，上下不能相使，禁罰不行，遂以見亡。」余案：節信此言，蓋本《周書》《史記》，此高辛時有鄶之君，非《外傳》檜仲也。是以《汲郡古文》云：「帝高辛十六年，帝使重帥師滅有鄶。」左史戎夫所云「重氏伐之，鄶君以亡」是也。《世本》云：「陸終娶鬼方氏妹曰女嬇，生子六人，四曰求言，是爲鄶人。鄶人者鄭是。」宋衷曰：「求言，名也。妘姓所出。鄶，國也。」陸終在高辛之後，或因有鄶之墟而封之，後爲鄭武公所滅耳。王符之説失之。

《素冠》云：棘人欒欒兮。 傳云：「棘，急也。」棟案：「棘」，古「瘠」字。《義雲章》作「⿸疒束」，《義雲切韻》又作「脨」，見《汗簡》。字相似，因誤爲「棘」。《呂覽·任地》曰「肥者欲棘」，高誘曰：「棘，羸瘠也。《詩》云『棘人之欒欒』。」

《東山》云：零雨其濛。 王逸引作「蒙」，云「盛皃」。《説文》引作「霝」，「从雨、吅，象零形」。《石鼓庚文》云「霝雨奔流」。又，鐘鼎文皆以「霝」爲「令」。

周公東征，四國是皇。 傳云：「皇，匡也。」董氏曰：「《齊詩》作『匡』。」賈公彦引以爲據，則是「皇」讀爲「匡」。《尒疋》「皇」「匡」皆訓爲「正」，《白虎通》曰：「言東征述職，周公黜陟而天下皆正也。」《法言》又作「王」。❶

伐木許許。 傳云：「許許，柹皃。」《説文》引作「所所」，云「伐木聲也，从斤，户聲」。

---

❶「王」，原作「主」，據稿本、四庫本改。

許、所古字通。❶ 尋詩意，毛説爲長。 朱子《詩傳》引《淮南子》云「舉大木者呼邪許」。 案「邪許」者舉木之聲，非伐木也。《漢書·疏廣傳》「數問其家，金餘尚有幾所」，師古曰：「幾所，猶言『幾許』也。」《禮説》曰：「所者削柹，猶斯者析薪，故『斯』『所』皆从斤。《説文》依毛傳而云『所所，伐木聲』。遠聞其聲，近見其貌，傳言貌者，以伐木之柹興縮酒之茅。」

《天保》云：俾爾單厚。 傳云：「單，信也。或曰：單，厚也。」箋云：「單，盡也。」棟案：王符《潛夫論》引此詩本作「亶」，故傳訓爲「信」，鄭本作「單」，故爲「盡」。「亶」與「單」古今字。《周頌》云「於緝熙，單厥心」，單，《國語》引作「亶」。

吉蠲爲饎。 《釋文》云：「蠲，舊音圭。」案《呂覽》曰「臨飲食必蠲絜」，高誘曰：「蠲，讀爲『圭』。」蓋三家《詩》本作「吉圭惟饎」，故高讀从之。《孟子》曰：「卿以下必有圭田。」趙岐曰：「圭，潔也。」

《采薇》云：歲亦陽止。又，《杕杜》云：日月陽止。 案董仲舒《雨雹對》云：「十月陰雖用事，而陰不孤立，此月純陰，疑于無陽，故謂之陽月。詩人所謂『日月陽止』者也。」鄭《采薇》箋用董説。

---

❶ 「字通」，原作「通字」，據稿本、四庫本乙正。

由儀，萬物之生各得其宜也。 宜，束皙《補亡詩》引作「儀」，李善注云：「毛萇《詩傳》『儀，宜也』。」《倉頡篇》曰「宜，得所也」。此與《角弓》「如食宜饇」，《文王》「宜鑒于殷」皆當从《韓詩》《禮記》作「儀」，訓爲「宜」。《尚書·般庚》曰「若顛木之有由蘖」，《説文》「由」作「甹」，云「古文作『由』，木生條也」。是「由」訓爲「生」，故《序》稱「萬物之生」。徐鍇曰：「『由』本古文『甹』，後人通用爲『因』『由』等字。」

爲龍爲光。 傳云：「龍，寵也。」案「龍」讀爲「寵」，昭十二年傳云：「公賦《蓼蕭》，叔孫昭子曰：『宴語之不懷，寵光之不宣，令德之不知，同福之不受。』」焦氏《易林》曰：「蓼蕭露瀼，君子寵光。鳴鸞噰噰，福禄來同。」是書傳皆讀「龍」爲「寵」。王肅《周易·師》之九二《象》曰「在師中吉，承天龍也」，訓爲「寵」。今《易》作「寵」，知「龍」爲古文「寵」，故傳云「龍，寵也」。《商頌·長發》曰「何天之龍」，箋云：「龍當作『寵』，寵，榮名之謂。」

《六月》云：如輊如軒。 傳云：「輊，摯也。」《攷工》云：「大車之轅摯，其登又難。」注云：「摯，輖也。」《輈人》云：「軒摯之任。」《淮南·人間》云：「道者，置之前而不𨏥，錯之後而不軒。」高誘曰：「𨏥音志，从車，不从手。」《既夕禮》云「志矢一乘，軒輖中」，鄭氏云「輖，墊也」，是「𨏥」又作「墊」。

搏獸于敖。 《水經注》引云「薄狩于敖」，《東京賦》同。徐堅《初學記》引作「搏狩」。棟案：「狩」本古「獸」字，故鄭箋云「田獵，搏獸也」，何休《公羊注》云：「『狩』猶『獸』也。」《淮南・覽冥》云「狡蟲死」，高誘曰：「蟲，狩也。」漢《石門頌》云「蕙虫蔽狩」，婁壽曰：「義作斃獸。」若經文作「搏獸」，鄭氏之箋不已贅乎？ 唐石經仍作「搏獸」。

既伯既禱。 《說文》引云「既禡既禂」，云「禱牲馬祭也」。《周禮・大司馬》云「有司表貉」，先鄭云：「貉讀爲禡，禡謂師祭也。」又《甸祝》「表貉」，杜子春讀「貉」爲「百爾所思」之百，書亦或爲「禡」。後鄭《肆師》注云「貉讀爲『十百』之百」。葢「貉」讀爲「禡」，又讀爲「百」。「百」即「伯」也，字異而音義皆同。《甸祝》又云「禂牲禂馬」，杜子春云：「禂，禱也。《詩》云『既伯既禱』。」後鄭云：「禂，讀如『伏誅』之誅，今『侏大』字。」棟案：《尚書・無逸》曰「譸張爲幻」，馬融本作「輈」，《尒疋》及《詩》又作「侜」。毛傳云：「侜，侜張也。」揚雄《國三老箴》曰「負乘覆餗，姦寇侏張」，李善曰：「『輈』與『侏』古字通。」然則禂、侜、譸、侏四字皆音同。

吉日庚午。 翼奉曰：「南方惡行廉貞，寅午主之；西方喜行寬大，己酉主之。二陽並行，是以王者吉午酉也。《詩》曰『吉日庚午』。」棟案：《穆天子傳》云「天子命吉日戊午」，又云「吉日辛酉，天子升于昆侖之丘」，此王者吉午酉之證也。《穆天子》書出於晉代而奉說與之合，當亦傳之先達者。

鶴鳴于九皋。 《韓詩章句》曰「九皋，九折之澤」，《楚辭章句》「澤曲曰皋」，王充亦言：「鶴鳴九折之澤。」《孫叔敖碑》云「收九罕之利」，婁壽曰：「本澤字，去水省，非也。『罕』即『皋』字，馬文淵所謂『四下羊』也。」案文當云「四下半」，半音工刀反，从四，半聲。漢時已誤半爲羊，故文淵辨之。

《正月》云：赫赫宗周，褒姒威之。　傳云：「威，滅也。」案《靈臺碑》云「興威繼絶」，《騶氏竟銘》云「胋虜殄威」，《詛楚文》「伐威我百姓」，皆以「威」爲「滅」。

《十月之交》云：蕃維司徒。　《古今人表》「蕃」作「皮」。案魯國有蕃縣，應邵曰「蕃音皮」，是「蕃」有皮音，故亦作「皮」也。《儀禮・既夕》云「設披」，鄭注云：「今文『披』皆爲『藩』。」案「披」从手，皮聲。見《説文》。「藩」與「蕃」同，故以「披」爲「蕃」，聲之誤也。《鄉射禮》云「君國中射則皮樹中」，注云「今文『皮樹』爲『繁豎』」，是古皮、繁同音，故《韓詩》作「繁」。白裒《魯國記》云：「陳逸子游爲魯相，蕃子也，國人爲諱，改曰『皮』。」白褒晉人，未識古音，故有是説。古蕃、繁皆音婆，《春秋傳》有「薳罷」音皮，《公羊》作「頗」，是「皮」亦有「婆」音。

家伯維宰。　案《古今人表》有太宰冢伯，是「家伯」作「冢伯」，故鄭箋以「冢宰」釋之。

豔妻煽方處。　《説文》「煽」作「傓」。傳云：「豔妻，褒姒。美色曰豔。」案《魯詩・十月之交》云「此日而食，于何不臧」，又曰「閻妻扇方處」，言厲王無道，内寵熾盛，政化失理，故致災異，日爲之食，爲不善也。《中候擿雒戒》曰：「剡者配姬以放賢，山崩水潰納小人，家伯罔主異載震。」孔穎達云：「剡、豔古今字，以剡對姬爲其姓，以此知非褒姒也。」鄭从《魯詩》爲厲王時事，是也。下經云「皇父孔聖，作都于向」，《汲郡古文》幽王元年王錫大師尹氏、皇父命，六年皇父作都于向。鄭氏《詩序》箋云：「作《詁訓傳》時移其篇第。」毛公秦人，必有所據，未可盡非。

抑此皇父。 箋云：「抑之言噫，噫是皇父疾而呼之。」徐邈音噫，《韓詩》云「抑，意也」。案「意」即「噫」也。《周頌》「噫嘻成王」，定本作「意」。《淮南·繆稱》曰「意而不戴」，高誘曰：「意，恚聲。」「抑」本與「意」通，蔡邕石經《論語》云「意與之與」，古文「意」作「抑」。《大雅》有《抑》篇，《外傳》作「懿」。韋昭云：「懿，讀曰抑。」

《雨無正》云：若此無罪，淪胥以鋪。 《韓詩》云：「『熏胥以痡』，熏，帥也；❶胥，相也；痡，病也。言此無罪之人，而使有罪者相帥而病之，❷是其大甚。」《後漢書注》。《漢書·敘傳》云：「烏乎史遷，薰胥已刑。」晉灼曰：「齊、韓、魯《詩》作『薰』。薰，帥也，从人得罪相坐之刑也。」顏籀曰：「《韓詩》『淪』作『薰』，薰者，謂相薰蒸。」❸棟謂：薰，閽也。《春秋傳》云

❶ 此句二「熏」字，原皆作「薰」，據稿本、四庫本改。
❷ 「之」，原脱，據四庫本補。
❸ 「謂」，原脱，據四庫本補。

「以韓起爲閽」,「薰」與「閽」通。《易·艮》之九三曰「厲薰心」,荀爽本「薰」作「勳」,虞翻本又作「閽」。胡廣《漢官解詁》曰:「光祿勳,『勳』猶『閽』也,《易》曰『爲閽寺』。」是「薰」與「閽」通之證。胥,胥靡也。《漢書·楚元王交傳》云:「申公、白生諫不聽,胥靡之。」應劭引此詩云「淪胥以鋪」,胥靡,刑名也。《呂氏春秋》曰「傅説,殷之胥靡」,高誘曰:「胥靡,刑罪之名。」《詩》言王赦有罪之辜,而反坐無罪者以薰胥之刑也。三家《詩》得之,毛公誤也。荀爽本云「厲動心」,注云:「互體有震,震爲動。」古「動」「勳」字每相亂,《樂記》「讙以立動」,注云:「動或爲勳。」《淳于長夏承碑》云「策薰著于王室」,劉向《説苑》曰「太王有聖人之恩,故事勳育」。

《小旻》云:謀夫孔多,是用不集。發言盈庭,誰敢執其咎。 傳云:「集,就也。」《韓詩》作「就」。見《外傳》。《尚書·顧命》曰「克達殷集大命」,蔡邕石經「達」作「通」,「集」作「就」,是「集」讀爲「就」,與「咎」協韻也。

如匪行邁謀,是用不得于道。 案《左傳》襄八年子駟引此詩,杜元凱注云:「匪,彼也。行邁謀,謀於路人。不得於道,衆無適從。」顧炎武云:「案《詩》云:『謀父孔多,是用不集。發言盈庭,誰敢執其咎。』則杜解爲長。」棟案:此必三家《詩》有作「彼」者,故杜據彼爲説。《雨無正》云「如彼行邁」,其意略同。顧又云:「古有以『匪』字作『彼』者,襄廿七年引《詩》

『彼交匪敖』作『匪交匪敖』。」案《漢書》引《桑扈》詩亦作「匪」。又，《荀子·勸學》：「《詩》云『匪交匪紓，❶天子所予』。」今《采菽》詩上「匪」字作「彼」，或古「匪」「彼」通用，如顧説也。

❶「紓」，原作「紆」，據稿本、四庫本改。

九經古義卷弟六

毛詩古義下

《小宛》曰：握粟出卜，是何能穀。 古者，卜筮先用精鑿之米以享神，謂之糈。《南山經》曰「糈用稌米」，❶《淮南·説山》曰「巫用糈藉」，郭璞、高誘皆云「祀神之米」。《楚辭》云「巫咸將夕降兮，懷椒糈而要之」，王逸曰「言巫咸將下，願懷椒糈要之，使筮者占茲吉凶之事」，是也，故《日者列傳》云「卜而有不審，不見奪糈」。詩言貧者不得精鑿之米貞于陽卜，而但持卷握之粟求兆于豬肩、羊膊，雖得吉卜，安能爲善乎？《管子》云「守龜不兆，握粟而筮者屢中」，言無與於吉凶也。糈，王逸、郭璞皆音所。《莊子》云「鼓筴播精」，司馬彪曰「簡米曰精」。《釋文》云「精一音所，則當作數」，「精」非也，此必「糈」字之誤。王伯厚曰「《文選注》作『播糈』」，故音所。崔譔云「鼓筴播精」，言賣卜。《説文》曰：「貟財卜問曰貶，从貝，疋聲。讀若所。」然則《日者傳》「奪糈」當作「奪

❶「南」，原作「東」，據《山海經》改。四庫本作「中」。

貶」，「胥」與「疋」同。《墨子》曰：「『有二生於此，善星一，行爲人筮者，與處而不出者，其精孰多？』公孟子曰：『行爲人筮者其精多。』」精者，精糳米也。《漢書·五行傳》云：「卜請其漦而藏之，乃吉，於是布幣策告之。」師古曰：「説者以爲策者糈米。」

《巧言》曰：僭始既涵。❶　傳云：「涵，容也。」鄭音咸，云：「涵，同也。」《韓詩》作「減」，減，少也。棟案：古「咸」字作「減」。《春秋傳》云「咸黜不端」，諸本「咸」或作「減」。《説文》云「涵，水澤多也」，毛既訓「涵」爲「容」，當从省文作「函」，「函」本與「咸」通。《周禮·伊耆氏》「共其杖咸」，鄭注云：「咸讀爲函。」司馬相如《封禪文》云「上咸五，下登三」，徐廣曰：「咸一作『函』。」《漢書·天文志》「閒可椷劍」，蘇林曰：「椷音函，容也。」毛音「含」，訓爲「容」；鄭音「咸」，訓爲「同」，義並得通。薛君以爲「減少」之減，失之。

《何人斯》云：爾之安行，亦不遑舍。　熊氏《經説》云：「舍與車、盱協音作『舒』，便合讀作『舒』。《春秋·哀六年》，❷齊人弑其君荼，音舒。《公羊》作『舍』字，音『舒』，自古有之。」棟案：《史記·律書》云：「舍者，日月所舍。舍者，舒氣也。」是「舍」有「舒」義，故有「舒」音。

---

❶「僭」，原作「譖」，據稿本、四庫本改。

❷「哀」，原作「定」，據四庫本改。

《大田》云：俶載南畝。 箋云「俶讀爲熾，『載』讀爲『菑栗』之菑」。《地理志》云：「梁國甾縣，故戴國。」《春秋正義》曰：「古者甾、戴聲相近，故鄭玄《詩箋》讀『俶戴』爲『熾甾』。」棟案：《詩》「俶載」字不作「戴」，《春秋》戴國，陸氏《釋文》作「載」，石經作「戴」。「戴」與「載」字本通。《緇衣》詩「載弁俅俅」，箋云：「載猶『戴』也。」陳留戴國本亦作「載」，故隋時置載州，顏籀以爲誤而駁，蓋未知字之相通也。《釋名》云：「戴，載也。載之於頭也。」

去其螟螣。 《説文》曰：「螟，蟲食穀葉者，吏冥冥犯法即生螟。蟘，蟲食苗葉者，《釋蟲》云「食葉蟘」。吏乞貸則生蟘。吏乞貸者，《周書》所謂「奸吏濟貸」也。《詩》曰『去其螟蟘』。」案「螣」古文作「[illegible]」，見朱育《集字》，與《毛詩》合。《唐公房碑》作「蟘」，《孫叔敖碑》作「貣」，與《説文》略同。《吕覽·五月紀》曰「百螣時起」，高誘曰：「螣，讀近殆。兖州人謂蝗爲螣。」❶其音與《説文》説亦同。

《瞻彼洛矣》。 傳云：「天子玉琫而珧珌，諸侯璗琫而璆珌，大夫鐐琫而鏐珌，士珕琫而珕珌。」正義云：「傳因琫珌歷道尊卑，所用似有成文，未知所出。」《説文·玉部》云：「《禮》云佩刀，天子玉琫而珧珌，諸侯璗琫而璆珌，士珕琫而珧珌。」又云：「琫，佩刀上飾。」

---

❶「百螣」「曰螣」「爲螣」之「螣」，原作「[illegible]」，據四庫本改。

「珌，佩刀下飾。」「天子以玉，諸侯以金。」《説文》所稱《禮》者，蓋逸《禮》也。棟聞之，《尒疋》者，六經之訓詁也。其《釋器》，一則云：「黄金謂之𨯯，其美者謂之鏐；白金謂之銀，其美者謂之鐐。」又云「以蜃者謂之珧」，豈非以禮有成文而爲是説與？毛公《詩傳》多識故實，可以補傳記之缺，學者省之。

《桑扈》云：兕觵其觩。《説文》引云「兕觵其觓」，从角、丩，云「角皃」。《良耜》云「有捄其角」，箋云「捄，角皃」。《穀梁傳》云「展觓角而知傷」，范甯云「觓，球球然角皃」，則「觩」與「捄」皆當作「觓」。周伯琦《六書正譌》云：「觓，从角，丩聲，俗作『觩』，非。」

樂酒今夕，君子維宴。王逸《楚辭章句》引云「樂酒今昔」，云：「昔，夜也。」昔、夕古字通。《穀梁傳》曰「日入至于星出謂之昔」，崔譔《莊子注》云：「昔，夕也。」《管子·小匡》云「旦昔從事」，「旦昔」，猶「旦夕」也。《列子》曰：「尹氏有老役夫，昔昔夢爲國君。」注云：「昔昔，夜夜也。」

《瓠葉》云：有兔斯首。箋云：「斯，白也。今俗語斯白之字作『鮮』，齊魯之閒聲近『斯』。有兔白首者，兔之小者也。」正義曰：「宣二年《左傳》曰『于思于思』，服虔曰『白頭皃』，字雖異，蓋亦以『思』聲近『鮮』，故爲白頭也。」案《尒疋·釋詁》曰：「鮮，善也。」《釋文》云：「本或作『𧩯』，沈旋曰古『斯』字。」又，《説文·雨部》云：「䨮，从雨，鮮聲，讀若『斯』。」此

「鮮」與「斯」聲近之證。旋，沈約子。

《漸漸之石》云：山川悠遠，惟其勞矣。 箋云：「山川者，荆舒之國所處也，其道里長遠，邦域又勞勞廣闊，言不可卒服。」正義云：「廣闊遼遼之字，當從『遼遠』之遼，而作『勞』字者，以古之字少，多相假借，詩又口之詠歌，不專以竹帛相授，音既相近，故遂用之。此字義自得通，故不言當作『遼』也。」案昭七年《左傳》云「隸臣僚」，服虔《解誼》曰：「僚，勞也，共勞事也。」尞、勞古音同，故「潦水」亦作「澇水」。師古注《上林賦》：「潦音牢。」勞勞之語，見孔氏聘辭。「僚」與「遼」皆從「尞」聲，知古字通也。

《文王》云：於昭于天。 正義曰：「《尚書》注云鄭注《尚書》。『於者嗚聲』，則於、嗚古今字。」案《説文》及《義雲章》古「烏」字皆作「弞」，「烏」本「嗚呼」字，古文《春秋傳》皆然。弞、於字相似，因譌爲之。

《大明》云：俔天之妹。 傳云：「俔，磬也。」《説文》曰：「俔，譬諭也。」《韓詩》作「磬」，磬，譬也。傳不訓爲「譬」，而云「磬」者，蓋讀「俔」爲「磬」也。

殷商之旅，其會如林。 《説文》引此詩「會」作「旝」，《春秋傳》云「旝動而鼓」，杜元凱以「旝」爲「旃」，故馬融《廣成頌》曰「旃旝森其如林」。

檀車煌煌，駟騵彭彭。 箋云：「兵車鮮明，馬又彊，則暇且整。」《小疋・出車》云「旂旐央央」，傳云：「央央，鮮明也。」棟案：漢有鮮明騎，見《魯峻石壁殘畫》。又朱浮墓石壁人物有鮮明隊，皆見《隸續》。司馬彪《輿服志》云：「若會耕祠，主縣假給辟車、鮮明卒。」《史記》褚少孫撰《任安傳》云：「小吏上書，❶言任安受太子節發兵，言『幸與我其鮮好者』。」《索隱》云：「鮮音仙，謂太子請其鮮好之兵甲也。」《漢書·辛慶忌傳》云：「慶忌性好輿馬，號爲『鮮明』。」此與《皇矣》箋以「畔援」爲「跋扈」，「畔援」亦作「畔換」，《敘傳》云：「項氏畔換。」注云：「猶言跋扈。」皆當時之語。跋扈將軍，見漢人所撰《梁冀别傳》。范氏作漢史，采入傳中。

會朝清明。 傳云：「會，甲也。」甲朝者，一朝也。古皆以甲爲一，如第爲甲第，觀爲甲觀，令爲甲令，夜爲甲夜。《書》曰「壹戎殷」，言役不再籍也。《戰國策》張儀曰：「昔者，紂爲天子，帥天下將甲百萬，以與周武爲難。武王將素甲三千，❷領戰一日，破紂之國，禽其身，據其地。」高誘曰：「一日，甲子之日也。太公望爲號到牧野便克紂，故曰『一日』。」毛公以意説《詩》，故訓「會朝」爲「甲朝」，又云「不崇朝而天下清明」，不崇朝者，不終朝也。後人泥于訓詁，或訓爲甲子之朝，或訓爲甲兵之甲，皆非毛公之意。

---

❶「吏」，原作「史」，據四庫本改。

❷「千」，原作「兵」，據稿本、四庫本改。

古公亶父。　古公者，故公也。《説文》云：「古，故也。」《穀梁傳》云「踰年不即位，是有故公也」，猶言先王先公。《穆天子傳》云「大王亶父」。

周原膴膴。　此名國之始也。《汲郡古文》云：「武乙元年邠遷于岐周，❶三年命周公亶父。」高誘《吕覽注》云：「岐山在右扶風美陽之北，其下有周地，周家因之，以爲天下號也。」

乃慰乃止。❷　傳云：「慰，安。」案《方言》云：❸「慰，居也。江、淮、青、徐之間曰慰。」是「慰」與「止」同義。

《皇矣》云：其菑其翳。　傳云：「木立死曰菑。」李巡《尒疋注》云「以當死害生曰菑」。棟案：菑者，側立之象。木死不卧，以根著于地，故謂之菑。鄭氏《周禮注》云：「泰山、平原所樹立物爲菑，聲如甾。博立梟棊亦爲菑。」菑猶事也。

患夷載路。　毛讀「患」爲「串」，鄭如本字釋之。正義云：「患夷者，患中國之夷。」棟案

❶「乙」，原作「丁」，據四庫本改。

❷「乃慰乃止」上，稿本原有「瓜瓞云」三字。

❸「云」，原作「也」，據稿本、四庫本改。

案：董仲舒云：「書文止于一者謂之忠，❶持二忠者謂之患。」混夷之人荒忽無常，故謂之患夷。患夷載路，鴟鴞革響矣。一説《説文》無「串」字，古「患」字作「⿱毌心」，「毌」乃古「貫」字。《晉姜鼎》云「令俾⿱毌車通」，楊南仲訓爲毌，與「貫」同。棟案：《明堂位》云「崇鼎、貫鼎、大璜、封父龜」，鄭氏云：「崇、貫、封父皆國名。」「貫」之與「昆」同物同音，故《緜》詩謂之「混」，《皇矣》詩謂之「串」。《尚書大傳》云「文王受命四年伐犬夷，六年伐崇」，鄭注云：「犬夷，混夷也。」《皇矣》伐崇之詩，時混夷已平，故云「載路」。崇鼎、貫鼎皆伐二國時所得之寶，故與封父同稱，則「串夷」之爲「貫」無疑矣。

度其鮮原，居岐之陽。《周書·和寤》曰「王乃出圖商，至于鮮原」，孔晁曰：「近岐周之地。」《汲郡古文》曰「帝辛五十二年秋，❷周師次于鮮原」，則鮮原乃商、周之境，鄭訓爲「善」，非也。《正義》及蘇氏皆誤以爲程邑，王氏《地理攷》亦未及引，蓋博物之難如此。

與爾臨衝。傳云：「臨，臨車也。衝，衝車也。」案文當云「隆」，隆，車也。隆，高也，巢車之類。《鹽鐵論》云：「衝隆不足爲强，高城不足爲固。」《韓詩》作「隆衝」。後漢殤帝諱隆，

---

❶「文」，原作「云」，據稿本、四庫本改。

❷「五十二」，原作「十五」，據四庫本改。

改「隆」爲「臨」。漢有隆慮縣，東京爲臨慮，避諱也。臨慮屬河内郡，亦作「林」。高誘注《淮南》仍作「臨」。❶隆之字曰盛，故「伏隆」爲「伏盛」。見《東觀漢記》。孔穎達以爲「臨者，臨下之名」，失之。《左氏》定八年傳云「主人焚衝」，注云：「衝，戰車。」《釋文》云：「《説文》作『幢』，陷陳車也。」衝車隆高，故可焚。

《下武》云：昭兹來許。　傳云：「許，進。」訓「許」爲「進」，未詳所出。案《後漢・志》載《東觀漢記》引《詩》云「昭兹來御」，蔡邕《獨斷》云「御者，進也」，與傳合，疑傳寫之誤。

《行葦》，忠厚也，周家忠厚仁及草木。　棟案：漢儒皆以《行葦》爲公劉之詩，班叔皮《北征賦》曰「慕公劉之遺德，及《行葦》之不傷」，寇榮曰：「公劉敦行葦，世稱其仁。」王符曰：「《詩》云『敦彼行葦，牛羊勿踐履。方苞方體，惟葉握握』。公劉厚德，恩及草木，羊牛六畜且猶感德。」趙長君曰：「公劉慈仁，行不履生草，運車以避葭葦。」長君从杜撫受學，義當見《韓詩》也。

《既醉》云：永錫爾類。　傳云：「類，善也。」王逸曰：「類，法也。」案《荀卿子・禮論》曰：「禮有三本。天地者，生之本也；先祖者，類之本也。」注云：「類，種。」襄廿二年傳云

❶「臨」，原作「林」，據稿本、四庫本改。

「子展廢良而立太叔，❶曰『請舍子明之類』」。良，子明子，是「類」爲「子」。《吕覽・權勳篇》云「齊王謂觸：子必剗若類」，又云「若殘豎子之類」，皆謂「類」爲「子」。《周語》：「叔向曰：『類也者，不忝前哲之謂也。』」韋昭云：「言能以孝道施於族類，故不辱前哲之人。」《後漢書・劉平傳》云：「平抱弟仲女，云仲不可以絶類。」《郅惲傳》：❷「鄭敬云：『今幸得全軀樹類。』」注云：「樹類，謂有子嗣。」故鄭箋改傳以爲族類是也。

《假樂》云：民之攸塈。 傳云：「塈，息也。」正義曰：「《釋詁》云：『呬，息也。』某氏曰：『詩云「民之攸塈」。』郭璞曰：『今東齊呼息爲呬。』則塈與呬古今字也。」棟案：《説文》「塈，仰涂也」，非休息之謂。又，《説文・口部》引《詩》云：「『犬夷呬矣』，東夷謂『息』爲『呬』。」《正義》以「塈」與「呬」爲古今字，未知何據。《釋詁》云：「憩，休；呬，息也。」《尒疋釋文》云：「憩，本或作愒。」《玉篇》云：「屭，息也。今爲憩。」「屭」與「塈」字相似，毛公傳《詩》，多據《尒疋》。《説文》無「憩」字，則《釋詁》「憩」字當依《玉篇》作「屭」，故某氏于此下引《詩》云「民之攸塈」。《大疋・民勞》云「汔可小愒」，傳云：「愒，息。」《甘棠》詩云「召伯所憩」，《釋

---

❶ 「二」，原作「三」，據四庫本改。

❷ 「惲」，原作「暉」，據四庫本改。

文》云：「愒，本又作揭。」揚雄賦云「度三巒兮偈棠梨」，師古曰：「偈讀曰愒。」《説文・心部》云：「愒，息也，从心，曷聲。」徐鉉曰：「今別作憩，非是。」然則《甘棠》詩「憩」字當作「愒」，《假樂》詩「塈」字當作「𡲬」。❶《洞酌》詩同。❷又，《谷風》詩「伊余來塈」，皆从土、既。或古字假借，以「塈」爲「𡲬」。

《公劉》。　傳云：「巘，小山別於大山也。」劉熙《釋名》曰：「小山別大山曰甗，音彦。甗，甑也。甑一孔，甗形孤出處似之也。」《尒疋》云：「小山別大山，鮮。」與毛傳異。毛於《皇矣》傳仍用《尒疋》此傳，或別有所據。

汔可小康。❸　箋云：「汔，幾也。」《釋詁》曰：「蟣，汔也。」「蟣」，古「幾」字，見《碧落文》，《汗簡》云。

《板》詩云：天之方難，無然憲憲。　傳云：「憲憲，猶欣欣也。」棟案：「欣」讀爲「軒」，古「憲」「獻」二字皆有軒音。《樂記》曰「武坐致右憲左」，鄭注云：「憲讀爲軒。」劉熙《孟子注》《文選注》引。曰：「獻猶軒，軒，在物上之稱也。」《左傳》「掀公出於淖」，徐邈云：「掀，許言

❶「𡲬」，原作「厩」，據四庫本、清經解本改。
❷「洞酌」，原脱，據稿本、四庫本補。
❸「汔」，原作「汽」，據四庫本改，下「汔」同。

反。」是古音「欣」與「軒」同。鄭注《内則》云「軒讀爲憲」。二字又反復訓。吴時姚信有《昕天論》，云「昕讀爲軒」，見《月令》正義。《説文》「昕」讀若「希」，與此異。

天之牖民，如壎如篪。 傳云：「牖，道也。」箋云：「王之道民以禮義，則民和合而從之如此。」《説文》曰：「牖，譚長以爲甫上日也，非户也。」棟案：「甫上日」，从昏而明，「道民以禮義」，猶昏而照之以天光也。《尚書大傳》云：「文王有四隣，以免乎牖里之害。」又《商傳》云：「太公與三子見文王於羑里。」「羑」本古文「誘」字，《正義》云「牖」與「誘」古今字，《韓詩外傳》「牖」作「誘」。

《抑》詩云：用逿蠻方。 箋云：「逿當作『剔』，剔，治也。」《泮水》詩云「狄彼東南」，箋云：「狄當作『剔』。」《韓詩》作「鬄」，云「除也」。《士喪禮》云「四鬄去蹄」，注云：「今文『鬄』爲『剔』。」棟案：「逿」古文「逖」，見《説文》。《義雲章》又作「愁」，訓爲「剔」。《左氏》僖廿八年傳云「糾逖王慝」。漢《都鄉正街彈碑》云「糾剔王佽」，「逖」訓「遠」，見《尒疋》。或从狄，省文也。

《桑柔》云：靡所止疑。 傳云：「疑，定也。」正義云：「疑音凝。」棟案：《鄉飲酒禮》云「賓西階上疑立」，注云：「疑讀爲『疑然从於趙盾』之疑，疑然，立自定之皃。」音魚乙反。《正義》音凝，非也。

孔棘我圉。 箋云：「圉當作禦。」棟案：《漢書》「强禦」字皆作「强圉」。又，《管子》書多以「圉」爲「禦」。

《雲漢》云：耗斁下土。　箋云：「斁，敗也。」棟案：「斁」當作「殬」，《汗簡》云「古文《尚書》『斁』作『殬』」。故《春秋繁露》引此詩云「耗射下土」，「射」與「斁」通。「斁」本訓「厭」。《毛詩》古文作「殬」，鄭隨文釋之，故訓爲「敗」。

《崧高》云：往近王舅。　傳云：「近，己也。」箋云：「近，辭也，聲如『彼記之子』之記。」毛居正《六經正誤》云：「近，《說文》作『䢋』，从丌，从辵。丌音基，辵音綽，今作迈，音記，字譌作『近』，不敢改也。」《說文》云：「迈者，古之遒人以木鐸記詩言，从辵，从丌，丌亦聲。讀與記同。」《玉篇》云：「迈，今作『記』。」今《釋文》、唐石經皆作「近」，此傳寫之誤。鄭讀如「彼記」之「記」者，《王風·揚之水》云「彼其之子」，箋云：「其或作『記』，或作『己』。」讀聲相似，故毛訓爲己，鄭讀爲記。

《烝民》云：古訓是式。　傳云：「古，故；訓，道。」箋云：「故訓，先王之遺典也。」《說文》引《詩》作「詁訓」，《言部》。云「訓故言也」。張揖《雜字》云：「詁者，古今之異語也；訓者，謂字有意義也。」郭氏《尒疋》有《釋詁》《釋訓》，樊、孫等《尒疋》皆爲《釋故》、見《詩釋文》。《釋訓》。《藝文志》《詩》有《魯故》《韓故》《齊后氏故》《孫氏故》《毛詩故訓傳》，唐石經及《正義》

皆作「詁訓」，❶《釋文》作「故訓」。《正義》云：「定本作『故』。」《書》有大、小夏侯《解故》，皆所謂「故訓，先王之遺典也」。小顏曰：「故者通其指義。」孔穎達以爲「古訓者，故舊之道，故爲先王之遺典」，何其謬與！《周書·大開武》曰：「淫文破典，典不式，教民乃不類。」荀卿子引傳曰：「博聞彊志，不合王制，君子賤之。」皆謂不式古訓者也。《正義》首卷《詁訓傳》下亦引是詩以爲證，與此疏異者，顧君寧人所謂「諸儒義疏，不出一人之手」是也。

《江漢》云：匪疚匪棘。 箋云：「棘，急。」《正義》云：「棘，急。《釋言》文。彼『棘』作『械』，當作「悈」。音義同。」案《釋言》云：「悈，褊急也。」注云：「皆急狹。」《鹽鐵論》引《詩》云「獫允孔熾，我是用戒」，「戒」即「悈」也。《毛詩》「戒」作「棘」，是「棘」與「戒」古字通。

《瞻卬》云：蟊賊蟊疾。 《釋文》「蟊」作「蛑」，云：「本又作『蟊』。」棟案：「蟊」本作「蟊」，从蟲，不从蚰。昆。古文「蟊」作「蛑」，从虫，从牟。《釋文》是也。

《清廟》。 《釋文》云：「廟，本又作『庿』，古今字也。」棟案：《士冠禮》「廟」字亦作「庿」，《說文》云：「庿，古文廟。」

周公既成洛邑，朝諸侯。 《釋文》「洛」作「雒」，云：「本亦作『洛』字，從水。」後漢都洛

❶「石」，原作「不」，據稿本、四庫本、省吾堂本、清經解本、槐廬叢書本改。

陽，以火德，爲水尅火，故改爲各傍隹。」楝案：陸氏此說見魚豢《典略》。然案朱育《集字》以「𨾚」爲「雒」，則古本有此字，非始於後漢也。

維天之命，於穆不已。　正義曰：「《譜》云子思論《詩》『於穆不已』，孟仲子曰『於穆不似』。」楝案：《說文》「以」字从反巳，《漢書》皆作「目」，與「㠯」同。《檀弓》注云：「以，已字。」「以」與「已」字本同，又與「似」相通。《易·明夷》曰：「文王以之」「箕子以之」，鄭氏本「以」皆作「似」。《斯干》詩云「似續妣祖」，箋云：「似讀如『巳午』之巳。」《正義》曰：「直讀爲巳，不云字異，則古者似、巳字同。『於穆不已』師徒異讀，是字同之驗也。」《譜》云：「孟仲子，子思弟子。」

假以溢我。　《說文》引云「誐以溢我」，《廣韻》引云「誐以謐我」，《左傳》又云「何以恤我」。襄廿七年。毛傳云：「假，嘉。溢，慎。」案「誐」與「何」音相近，故譌爲「何」。「溢」與「謐」字相類，「謐」又與「恤」通，皆訓爲「慎」。古文《虞書》云「惟刑之恤哉」，伏生《尚書》「恤」作「謐」，此其證也。

貽我來牟。　《漢書·劉向傳》引作「釐麰」，云「釐麰，麥也，始自天降」。《說文》云：「來，周所受瑞麥，天所來也，故爲『行來』之來。」楝案：郭顯卿《字指》後漢中庶子。「釐」字从耊，徐仙民讀與「來」同。

《載芟》云：有略其相。 俗作耜。傳云：「略，利也。」《釋文》云：「《字書》作『畧』。」棟案：「畧」本籀文「鍔」字，故《釋詁》云：「畧，利也。」相有鋒鍔，乃能熾菑其田畝。「略」無訓「利」之文，當从《字書》作「畧」。唐石經亦作「略」，非。

萬億及秭。 《廣韻》云：「秭，千億也。」《風俗通》云：「千生萬，萬生億，億生兆，兆生京，京生秭，秭生垓，垓生壤，壤生溝，溝生澗，澗生正，正生載。載，地不能載也。」

《良相》云：以開百室。 《周書·作雒》曰：「都鄙不過百室，以便野事。」都鄙謂采地井田，六鄉則一族，六遂則一酇，皆百室也。周禮百室之制，都鄙與鄉遂同也。

《絲衣》：鼐鼎及鼒。 《釋文》云：「鼒音茲。徐音災，郭音才。」《說文》曰：「鼒从鼎，才聲。」郭音是也。《史記音義》引此詩「鼒」作「哉」，云：「哉音資。」案「哉」與「才」通。《張平子碑》云「往才女諧」，邢昺曰：「哉，古文作『才』。」鼒省文作「才」，音資，失之。

《酌》：告成大武也。 案《儀禮》《漢書》作「勺」。《禮樂志·獲赤鴈歌》云「勺椒漿，靈已醉」，是「勺」與「酌」同。《左傳》作「汋」。《周禮·士師》云「八成，一曰邦汋」，先鄭云：「汋讀如『酌酒尊中』之酌。」陸氏《詩釋文》云：「酌亦作『汋』。」《正義》云古今字。

保有厥士。 棟案：「士」，古文「土」，見《周牧敦》。《史記》云「有邦有士，告汝祥刑」，今《尚書·呂刑》「士」作「土」。《呂覽·任地》云：「后稷曰：『子能使吾士靖而甽浴士乎？』」高誘曰：「士當作『土』。」

《泮水》云：薄采其茆。　傳云：「茆，鳧葵也。」《周禮・醢人》有「茆菹」，鄭大夫讀「茆」爲「茅」，杜子春讀「茆」爲「卯」。《説文》引《詩》云「言采其𦳋」，徐仙民音柳，與《説文》合。案《汗簡》云：「古文《尚書》以『𦳋』爲『縮』。」《左傳》「縮酒」，《説文》引作「莤」，「莤」與「𦳋」同，與鄭大夫説合，不得訓爲鳧葵矣。　茆本从丣，不从丣，《周禮》「茆菹」，北人皆音柳，非也。《律歷志》云：「冒茆於卯。」

《閟宫》曰：后稷之孫，實維大王。居岐之陽，實始翦商。　傳云：「翦，齊也。」箋云：「翦，斷也。」鄭注《周禮・翦氏》云：「翦，斷滅之言也。《詩》云『實始翦商』。」棟案：毛、鄭二説皆非也。《尒疋・釋詁》曰：「翦，勤也。」周自后稷受封以來，世有爵土，自不窋失官，社稷幾不血食。至於大王，初遭獯鬻之難，自豳遷岐，始能光復祖宗，脩朝貢之職，勤勞王事。至於文王，三分有二，尚合六州之衆，奉勤于商。見《周書・程典篇》。武王初循服事之誠，末年然後受命，皆所謂「纘大王之緒」也。楊慎據《説文》引《詩》作「戩商」，解云「福也」，以爲大王始受福于商而大其國。案《説文・戈部》云：「戩，滅也。」宋本亦然，説與鄭氏合，無訓「戩」爲「福」之文。惟《尒疋》及《天保傳》云：「戩，福也。」然「實始福商」，其説大鑿，恐未然也。

戎狄是膺，荆舒是懲。　《史記・建元以來侯者年表》云「戎狄是應，荆荼是徵」，裴駰

注：「毛傳云：『應，當也。』鄭玄云：『徵，艾。』」《介疋》云：「應，當也。」故傳从之。《說文》云：「膺，受也。」又，訓「受」與傳異，今作「膺」者，葢沿《孟子》之誤。《孟子》多俗字，當以《史記》所引爲正。

《玄鳥》云：奄有九有。 傳云：「九有，九州。」《韓詩》作「九域」，訓與毛傳同。棟案：「域」當作「或」，《說文》曰：「或，邦也，从口，从戈，以守一。一，地也。」古「或」字作「有」，「有」字作「又」，亦作「或」。詳《尚書攷》。《商書》云「九有以亡」，又云「以有九有之師」，皆九州也。上云「正域彼四方」，傳云：「域，有也。」案「域」亦當作「或」。

武王載旆。 《史記》：「湯曰『吾甚武』，號曰武王。」旆，《說文》引作「坺」，治也。《荀子》引作「發」，「坺」與「發」通。公叔文子名拔，❶或作「發」，見《檀弓》注。與「下」協韻。《周禮·大司馬》「中夏教茇舍」，鄭注云：「茇讀如『萊沛』之沛。」「沛」與「旆」皆音浦貝反，與「茇舍」音通，是「旆」亦讀爲「坺」，古音通也。

惠棟曰：王伯厚謂鄭康成先通《韓詩》，故注《三禮》與箋《詩》異。案《鄭志》：「荅炅模云：『爲記注時就盧君，先師亦然，後乃得毛公傳記古書義。又且然記注已行，不復改之。』」

❶「叔」，原作「孫」，據四庫本改。

盧君謂盧子幹也，先師謂張恭祖也。《續漢書》盧植與鄭玄俱事馬融，同門相友。玄本傳云「玄又從東郡張恭祖受《韓詩》」，故記注多依韓說。《六蓺論》云：「注《詩》宗毛爲主，毛義若隱略，則更表明，如有不同，即下己意。」案鄭箋宗毛，然亦閒有從韓、魯説者。如《唐風》「素衣朱襮」以「繡黼」爲「綃黼」；《十月之交》爲厲王時；《皇矣》「侵阮徂共」爲三國名；皆从《魯詩》。《衡門》「可以樂飢」，以「樂」爲「𤻲」；《十月之交》「抑此皇父」，「抑」讀爲「意」；《思齊》「古之人無斁」，「斁」作「擇」；《泮水》「狄彼東南」，「狄」作「鬄」；皆《韓詩》説也。鄭漁仲以「素衣朱綃」爲《齊詩》，未詳。

鄭漁仲云：「漢氏文字未有引《詩序》者，惟魏黄初四年有曹共公『遠君子近小人』之語，蓋《詩序》至是而始行。」棟案：《左傳》襄廿九年季札見歌《秦》，曰：「美哉！此之謂夏聲。」服虔《解誼》云：「秦仲始有車馬禮樂之好，侍御之臣，戎車四牡，田守之事，與諸夏同風，故曰夏聲。」《詩正義》引之。又，蔡邕《獨斷》載《周頌》卅一章，盡録《詩序》，自《清廟》至《般》詩一字不異，何得云至黄初時始行于世耶？漁仲又謂《詩序》作于衞敬仲，亦臆説。

毛公傳《詩》，世謂趙人毛萇撰，而不知爲大毛公也。薛君爲《韓詩章句》，世謂淮陽薛漢撰，而不知爲薛夫子也。大毛公名亨，魯人，著《故訓傳》，見《詩譜》及《初學記》。薛夫子名方回，字夫子，廣德曾孫，漢之父也。見《唐書・宰相世系表》。

九經古義卷弟七

周禮古義上

《天官・腊人》。 注云：「腊之言夕也。」《説文》：「㫺，乾肉也，从殘肉，日以晞之，與俎同意。」籀文作「𦢊」，从肉。㫺、夕古字通。《穀梁傳》云：「日入至于星出謂之㫺。」《管子》云：「旦㫺從事。」王逸《楚辭章句》引《詩》云「樂酒今㫺」，是皆以「㫺」爲「夕」。㫺之爲物，經夕乃乾，故言「夕」或作「久」，「久」猶「㫺」也。《外傳》云「厚味實腊毒」，韋昭曰：「腊讀若廟㫺酒。」漢之酋久白酒亦云「㫺酒」。 張參《五經文字》云：「《説文》作『㫺』，石經作『昔』。」

《大宰》：六典，二曰教典，以擾萬民。 注云：「擾猶馴也。」案《春秋傳》云「乃擾畜龍」，應劭曰：《史記注》。「擾音柔，擾，馴也。」《尚書》「擾而毅」，徐廣曰：「擾一作『柔』。」字本作「犪」，見《玉篇》。「犪」有「柔」音，故《史記》或作「柔」。 又有「馴」音，故李軌、徐邈皆音尋倫反，或音而小反，失之。

九賦。 注云「賈人倍算」，此漢律也。 應劭《漢書注》云：「《漢律》，人出一算，算百二十錢，唯賈人與奴婢倍算。」

《小宰》：八成，一曰聽政役以比居。 先鄭云：「比居謂伍籍也。比地爲五，因内政寄軍令，以伍籍發軍起役者，平而無遺脱也。」李靖曰：「《春秋左氏傳》云『先偏後伍』。又，《司馬法》曰『五人爲伍』。《尉繚子》有『束伍令』。漢制有『尺籍伍符』，後世符籍以紙爲之，於是失其制矣。」

《宫正》：幾其出入。 注云：「謂幾呵其衣服、持操及疏數者。」《釋文》「呵」作「苛」，音呼何反，又音何。 毛居正《六經正誤》云：「案《閽人》注『苛其出入』，《比長》注『呵問』，《秋官・萍氏》『苛察』，《環人》『苛留』，凡五處，音義皆同。 而字或作『荷』，或作『苛』，或作『呵』，其實一也。古字通用，借用大抵如此。《漢書》『誰問』作『何』，『責問』作『呵』，亦作『訶』，『刻虐』作『苛』，『芙渠』作『荷』。」棟案：「刻虐」之「苛」字本作「荷」，《毛詩序》云「哀刑政之荷」，《春秋傳》云「荷慝不作」，《漢書》「好持荷禮」是也。今本皆作「苛」，非也。「荷擔」之荷本作「何」，《易》「何天之衢」、《論語》「何蕢」是也。 責問之呵本作「苛」，《漢乙令》有「呵人受錢」。見陳羣《新律序》。《説文》云：「廷尉説律至以字斷法，苛人受錢，苛之字止句也。」苛从止，从句，則爲岢字，經典所無，然古文可與句通。《康誥》云「盡執拘以歸于周」，《説文》引《書》云「盡執抲」，但苛从艸，从可，不从止，以苛爲「止句」，故《説文》以爲不合孔氏古文。

《内饔》：馬黑脊而般臂，螻。　注云：「般臂，臂毛有文。」疏云：「鄭荅泠剛『童牛之梏』，牛在手曰梏，牛無手，以前足當之。此馬亦然，故言『般臂』。」《北山經》曰：「諸毗之水，其中多水馬，其狀如馬，文臂牛尾。」郭璞云：「臂，前腳也。《周禮》曰『馬黑脊而斑臂，膢』。」

《外饔》：饗士庶子。　注云：「士庶子，衛王宮者，若今時之饗衛士矣。」《續漢書・禮儀志》云：「饗遣故衛士儀：百官會，位定，謁者持節，引故衛士入自端門。衛司馬執幡鉦護行。行定，侍御史持節慰勞，以詔恩問所疾苦，受其章奏所欲言。畢饗，賜作樂，觀以角抵。樂闋罷遣，勸以農桑。」案：前漢饗衛士於曲臺，後漢於平樂觀。

《瘍醫》：以五氣養之。　注云：「『五氣』當爲『五穀』，字之誤也。」何焯云：「氣，《訂義》音餼，則字不必改而義得矣。」棟案：《説文》「饋客芻米曰氣」，「氣」本「餼」字，經傳無五氣之文。《内經》云「五穀爲養，五果爲助，五菜爲充」，故鄭據此「五氣當爲五穀」，《訂義》非也。

《酒正》：四飲，二曰醫。　注云：「醫之字，从殹、从酉省也。」案文當云「从殹从酒省」。《説文》云：「殹，病聲，酒所以治病也。《周禮》有醫酒。」

《司裘》。　注：「中秋鳥獸毴毨。」《釋文》云：「毴音毛。」棟案：「毴」當爲「髦」字之誤也。鄭氏《尚書》云「中秋鳥獸髦毨」，「中冬鳥獸毴髦」，涉下而誤耳。

《内司服》。注：「六服皆袍制，以白縳爲裏，使之張顯。今世有沙縠者，名出于此。」《釋名》曰：「縠，粟也。其形足足而踧，視之如粟也。」又謂：「沙縠，亦取踧踧如沙也。」《説文》云「縠，細縳也」，與鄭説合。

《地官·廛人》。注：「故書『廛』爲『壇』，杜子春讀『壇』爲『廛』。説云：『市中空地。』玄謂廛，民居區域之稱。」案：《管子·五輔篇》曰「辟田疇，利壇宅」，《荀卿子》云「定廛宅」，是古「廛」字皆作「壇」也。

《土訓》。注：「鄭司農云：『訓讀爲馴。』」案「訓」與「馴」古今字，《史記·五帝紀》云「帝堯能明馴德」，徐廣曰：「馴，古訓字。」又，《殷本紀》「帝舜命契曰『百姓不親，五品不馴』」，《後漢書》又作「訓」。古文作「愻」，俗作「遜」。《萬石君傳》「馴行孝謹」，亦作「訓」。《易·坤·初六·象》曰「馴致其道」，鄭注云：「馴，從也。」徐爰音訓，依鄭義。《漢書·韋玄成傳》玄成詩云「惟我節侯，顯德遐聞，左右昭宣，五品㠯訓」，「訓」與「聞」協，則知「訓」讀爲「馴」，先鄭之説信矣。

《大司徒》：以土圭之灋測土深，❶正日景以求地中。注云：「故書『求』爲『救』。杜子

❶「測」，原作「則」，據稿本、四庫本、省吾堂本、清經解本改。

春云：『當爲求。』」案「救」當作「殺」，古文「求」。《説文》引《虞書》云「旁殺孱功」，蔡邕石經《般庚》云「器非殺舊」，皆以「殺」爲「求」。古「救」字作「捄」，「裘」字作「求」。

其附于刑者，歸于士。 注云「士謂主斷刑之官」，「或謂歸于圜土」。鄭以古「土」字有作「士」者，故復以「圜土」釋之。《詩・周頌》云「保有厥士」，義作「土」。《世本・作篇》云「相士作乘馬」，即相土也。《呂覽・任地》云：「后稷曰：『子能使吾士靖，而甽浴士乎？』」高誘曰：「士當爲土。」《周牧敦》亦以「士」爲「土」。

《小司徒》：及三年，則大比。 注云：「大比謂使天下更簡閲民數及其財物也。鄭司農云：『五家爲比，故以比爲名，今時八月案比，是也。』」《東觀漢記》元初四年，詔曰：「方今八月，案比之時。」李賢《後漢書注》云：「案比，謂案驗户口，次比之也。」《續漢書・禮儀志》云：「仲秋之月，縣道皆案户比民。」疏云：「漢時八月案比，而造籍書。周以三年大比，未知定用何月。」案《管子・度地篇》云：「令曰：常以秋歲末之時閲其民，案家人，比地，定什伍口數，别男女大小。其不爲用者，輒免之。有錮病不可作者，疾之。可省作者，半事之。」

《鄉大夫》：以鄉射之禮五物詢衆庶，五曰興舞。 注云：「故書『舞』爲『無』。杜子春『無』讀爲『舞』，謂能爲六舞。」古「無」與「武」同音，「武」又與「舞」通。《禮器》云「周坐尸，詔侑武方」，注云：「武當爲『無』，聲之誤也。」《論語》「射不主皮」，馬融云：「射有五善焉：一曰和志，體和；二曰和容，疑「和」字衍。有容儀；三曰主皮，能中質；四曰和頌，合《雅》《頌》；五曰興武，與舞同。」漢《武梁祠堂畫象》云「秦武陽」，今《史記》作「秦舞陽」，知古字通。

《牛人》：共兵車之牛，以載公任器。 注：「任猶用也。」《二老堂雜誌》云：「宋景文公博極羣書，其筆記云：『余見今人爲學不及古人之有根柢，每亦自愧。常讀《式目》中有「任器」字，注云未詳。其「任器」乃荷擔之具，雜見子史中，何言未詳？』予謂《禮·牛人》『以載公任器』乃六經語，而景文但引子史，何邪？」

《師氏》：掌國中失之事，以教國子弟。 注云：「中，中禮者也；失，失禮者也。故書中爲得，杜子春云：『當爲得，記君得失若《春秋》是也。』」《三倉》曰：「中，得也。」《史記索隱》。《封禪書》云「康后與王不相中」，《周勃傳》「勃子勝之尚公主，不相中」，皆訓爲得。《呂覽》云：「禹爲司空，以通水潦，顏色黎黑，步不相過，竅氣不通，以中帝心。」高誘曰：「中猶得。」然則「中失」猶「得失」，故鄭用杜説而不改字。

《保氏》：五射。 注：「鄭司農云：『五射，白矢、參連、剡注、襄尺、井儀也。』」《釋文》云：「襄音讓，本作『讓』，諸音非。」棟案：「讓」亦音襄，古字通。《大戴記·投壺篇》本云「弓既平張，四侯且良，決拾有常，既順乃讓。乃揖乃讓，从言，聲。乃隮其堂，乃節其行，既志乃張」。是「讓」有「襄」音。《詩·角弓》「讓」與「亡」叶。

《調人》云：凡有鬬怒者，成之。　鄭司農云：「成之，謂和之也。和之，猶今二千石以令解仇怨，後復相報，移徙之。此其類也。」何休《公羊注》云：「古者，諸侯有難，王者若方伯和平之後，後相犯，復故罪。」此調人成之之法也。成之者何？和之也。《王褒集・僮約》注云：「漢時官不禁報怨，引見《御覽》。故二千石以令解之。」令者，漢令有和難之條。鄭云「後復相報，移徙之」者，案後漢桓譚疏曰：「今人相殺傷，雖已伏法，而私結怨讎，子孫相報，後忿深前，至於滅户殄業，而俗稱豪健。故雖怯弱，猶勉而行之。此爲聽人自理，而無復法禁者也。今宜申明舊令，若已伏官誅，而私相傷殺者，雖一身逃亡，皆徙家屬於邊，其相傷者加常二等，不得雇山贖罪。如此則仇怨自解。」譚所云「舊令」，即先鄭所云「移徙」之法也。

《質人》：同其度量，壹其淳制。　注：「杜子春云：『淳當爲純，純謂幅廣，制謂匹長。』」案《管子》作「綧制」，《制分篇》云「衡石一稱，斗斛一量，丈尺一綧制，戈兵一度」。❶上經注云：「量度若今處斗斛及丈尺。」愚謂斗斛屬量，戈兵屬度，《管子》是也。

《掌節》：皆有期以反節。　注云：「將送者執此節以送行者，皆以道里日時課，如今郵行有程矣。」《漢書・趙充國傳》云：「充國陳兵利害，六月戊申奏，七月甲寅，璽書報從充國

❶ 按此句見《君臣篇》。

計。」此「郵行有程」之證。

《遂師》：及窆，抱磨。　注云：「磨者，適歷執綍者名也。」疏云：「天子千人，分布六綍之上，分布稀疏得所，名爲『適歷』。」棟謂：「歷」當作「秝」。《説文》：「秝，稀疏適也，讀若歷。」稀疏適均，故謂之「適歷」。

《稍人》：掌令丘乘之政令。　注云：「丘乘，四丘爲甸。甸讀與『維禹敶之』之敶同，其訓曰乘，由是改云。」疏云：「案《毛詩》云『惟禹甸之』，不爲『敶』者，鄭先通《韓詩》而言『敶』。『敶』是軍陳，故訓爲『乘』，由甸出車一乘，可以爲軍，故改云『乘』，不爲『甸』也。」棟案：「敶」古文「陳」，見《義雲章》。《小司徒》注云：「甸之言乘也，讀如『中甸』之甸。」又，《甸祝》注云「甸之言田也」，《小宗伯》注云「甸讀爲田」，古陳、田字同。「陳」又訓「乘」，又與「甸」通。

《司稼》：巡野觀稼，以年之上下出斂灋。　注云：「斂灋者，豐年從正，凶荒則損。若今十傷二三，實除減半。」疏云：「鄭舉漢灋以況義，『十傷二三』者，謂漢時十分之内傷二分、三分，餘有七分、八分在。『實除減半』者，謂就七分、八分中爲實在，仍減去半不税，於半内税之。」案《後漢紀》云：「永元五年詔：『今年郡國秋稼爲旱蝗所傷，其什四以上勿收田租，有不滿者，以實除之。』」注云：「所損不滿四者，以見損除也。」然則不滿四者，謂十傷二三也。十四以上勿收田租，則不在斂灋之内矣。

《春官・司几筵》。　注云：「筵亦席也。鋪陳曰筵，藉之曰席。然其言之『筵』『席』通矣。」《大射儀》曰「賓升就席」，注云：「今文『席』爲『筵』。」是「筵」與「席」古今字，故云「筵」「席」通。

《職喪》。　注云：「職，主也。」《周書・大聚》云：「立職喪以恤死。」

《大宗伯》：以血祭祭社稷、五祀、五嶽。　注云：「故書『祀』作『禩』。鄭司農云『禩當爲祀』。」案《小祝》「保郊禩于社」，杜子春讀「禩」爲「祀」。《説文》云：「祀或从禩。」《汗簡》云：「古文《尚書》以『禩』爲『祀』。」

五命賜則。　注云：「王莽時以二十五成爲則，方五十里，合今俗説子男之地。」《王莽傳》云：「諸公一同，有衆萬户，土方百里；侯伯一國，衆户五千，土方七十里；子男一則，衆户二千有五百，土方五十里。附城大者，食邑九成，衆户九百，土方三十里。自九以下，降殺以兩，至於一成。五差備具，❶合當一則。」案十里爲成，成百户，故方百里爲萬户，方七十里爲四千九百户，言五千，舉成數也。方五十里爲二千五百户，皆與《王制》合。「附城」猶

❶「具」，原作「其」，據稿本、四庫本改。

周之附庸，自九成至一成，降殺以兩，五差計之，合一則二十五成之數。《呂覽・慎勢》云：「王者之封建也，彌近彌大，彌遠彌小，海上有十里之諸侯。」附城一成，其古制與！康成謂唯劉子駿識之爾。

《小宗伯》云：凡王之會同、軍旅、甸役之禱祠，肄儀爲位。 注云：「若今時肄司徒府也。」《漢書・淮南王傳》云「與諸侯王、列侯會肄丞相、諸侯議」，注云：「肄，諳也。」《漢舊儀》曰：「哀帝元壽二年，以丞相爲大司徒。」

《肆師》。 注：「《尚書傳》曰：『王升舟入水，鼓鐘亞，觀臺亞，將舟亞，宗廟亞。』」案《尚書大傳》「亞」作「惡」，鄭注云：「惡讀爲亞。」施宿《石鼓文釋》云：「亞，《汗簡》作『亞』」，云《古孝經》作『惡』。」詳《易古義》。

凡師不功，則助牽主車。 注云：「故書『功』爲『工』，鄭司農『工』讀爲『功』。古者『工』與『功』同字。」

凡國之大事，治其禮儀。 注云：「故書『儀』爲『義』，鄭司農云『義讀爲儀』。古者書『儀』但爲『義』，今時所謂『義』爲『誼』。」

《司几筵》：設莞筵紛純。 注云：「紛如綬，有文而狹者。」《漢官儀》云「綬長一丈二尺，闊三尺」，故云「有文而狹」。

《冢人》：以爵等爲丘封之度與其樹數。注云：「別尊卑也。王公曰丘，諸臣曰封。《漢律》曰：『列侯墳高四丈，關内侯以下至庶人各有差。』」《易大傳》云「不封不樹」，虞翻注云：「穿土稱封，封，古『窆』字也。聚土爲樹。」其説與《冢人》合。丘者丘隧，故曰「王公曰丘」；封者葬下棺，故曰「諸臣曰封」。樹數高下無明文，因引《漢律》以證之。《疏》以封爲聚土，樹爲樹木，皆失之。鄭注《檀弓》，仍以封爲高下之數，非也。

《大司樂》：凡有道者有德者，使教焉。注云：「道，多才萟者；德，能躬行者。若舜命夔典樂教育子是也。」《釋文》云：「育音胄，本亦作『胄』。」《説文》引《虞書》云「教育子」，云「養子使作善也」。今薛宣《書古文》亦作「育」，《尒疋》育、胄皆訓「長」，故馬季長注《尚書》亦云「胄，長也。教長天下之子弟」。詳《尚書攷》。

以樂德教國子中、和、祗、庸、孝、友。注云：「中猶忠也。」案「中」與「忠」通。漢《吕君碑》云「以中勇顯名」，❶義作「忠」。後漢王常爲漢忠將軍，《馮異傳》作「中」。古文《孝經》引《詩》云「忠心藏之，何日忘之」，見《釋文》。今《毛詩》作「中」。《曾子大孝篇》云：「仁者，仁此者也；義者，宜此者也；忠者，中此者也。」知「忠」與「中」同。

---

❶ 「漢」，諸本同。依《隸釋》當作「魏」。

凡六樂者，文之以五聲，播之以八音。 注云：「故書『播』爲『藩』。杜子春云：『藩當爲播，讀如「后稷播百穀」之播。』」棟案：古「藩」字亦作「播」。《尚書大傳》《五行傳》。云「播國率相行事」，鄭注云：「播讀爲藩。」

令去樂。 注云：「去樂，藏之也。《春秋傳》曰：『壬午猶繹，萬入去籥。』萬言入，則去者不入，藏之可知。」案古人皆謂「藏」爲「去」。《春秋傳》云「去樂卒事」，又云「紡焉以度而去之」，《公羊傳》云「去其有聲者」，皆訓爲「藏」。顧炎武云：「《漢書·蘇武傳》『掘野鼠，去中實而食之』。師古曰：『去謂藏之也。』《陳遵傳》『皆藏去以爲榮』，師古曰：『去亦藏也。』《魏志·華陀傳》『去藥以待不祥』，臣松之案：『古語以「藏」爲「去」。』」

《樂師》：詔來瞽皋舞。 注云：「鄭司農云：『皋當爲告。』玄謂：皋之言號，告國子當舞者舞。」《説文》曰：「禮：祝曰皋，登謌曰奏。故皋、奏皆从夲。《周禮》曰『詔來鼓皋舞』，皋，告之也。」先鄭讀「皋」爲「告」者，《戰國策》曰「商君告歸」，延篤以爲「告歸，今之歸寧也」。《東觀漢記·田邑傳》云：「邑年三十，歷卿大夫，號歸罷，厭事，少所嗜欲。」「號歸」即「告歸」也。「皋」讀爲告，「告」讀爲號，皋、告同音，故《大祝》注云：「皋讀爲『卒嗥呼』之嗥。」《漢書》記云，高祖嘗告歸之田。服虔云：「告音如『嗥呼』之嗥。」是「告」又讀爲嗥，然則「皋」「告」「嗥」三字同物同音，故二鄭所讀亦無兩義。 顔籀注《漢書》以爲「告」字假爲「嗥」音，並無別義。 熊朋來《經説》又以鄭氏前後異讀，皆不識古音，而妄下雌黄者也。

《大胥》。 注：「漢《大樂律》曰：『卑者之子，不得舞宗廟之酎。除吏二千石到六百石及關内侯到五大夫子，先取適子，高七尺已上，年十二到年三十，❶顔色和順，身體脩治者，以爲舞人。』」《疏》云：「既云取七尺以上，而云十二到三十，則十二者誤，當云二十至三十。」又引《鄉大夫職》以爲證。 棟案：劉昭《後漢書補注》引盧植《周禮注》所載《大樂律》，「七尺」作「五尺」，鄭注《論語》云「六尺，謂年十五以上」，則五尺爲十二，審矣。 賈《疏》失之。

《鎛師》：凡軍之夜三鼜，皆鼓之，守鼜亦如之。 注云：「守鼜，備守鼓也。 杜子春云：『一夜三擊，備守鼜也。《春秋傳》所謂「賓將趨」者，音聲相似。』」《夏官·掌固》云「夜三鼜以號戒」，杜子春云：「讀鼜爲『造次』之造，爲擊鼓行夜戒守也。《春秋傳》所謂『賓將趨』者，『趨』與『造』音相近，故曰『終夕與燎』。」案「鼜」，《説文》作「𪔛」，云：「夜戒守鼓也，从壴，蚤聲。禮，昏鼓四通爲大鼓，注作「鼜」，引《司馬法》云云。 夜半三通爲戒晨，旦明五通爲發明，注作「眗」。 讀若戚。」鄭於《鼓人》注用叔重之説。 杜子春又云「鼜讀爲『憂戚』之戚」，與《説文》合。 賈《疏》云：「言鼜者，聲同憂戚，取軍中憂懼之意。」趨、造音相近，長言爲趨，短言

❶「三十」下，原衍一「一」字，據四庫本删。

爲戚。

《鞮鞻氏》：掌四夷之樂。　注云：「四夷之樂，東方曰《韎》，南方曰《任》，西方曰《株離》，北方曰《禁》。《詩》云『以《雅》以《南》』是也。」《後漢書·陳禪傳》云：「尚書陳忠劾禪曰：『古者合歡《白虎通》作「觀」。之樂舞於堂，四夷之樂陳於門。故《詩》云「吕《雅》吕《南》」，《韎》《任》《朱離》」。』」注云：「《毛詩》無『韎任朱離』之文，葢見齊、魯之《詩》也，今亡。」

《太卜》：原兆。　注云：「原，原田也。」《周易·比卦》云「原筮元永貞」，干寶曰：「原，卜也。《周禮》三卜，一曰原兆。」《春秋傳》曰「原田每每」，《説文》云：「每，艸盛上出也。」高印之田坼如龜文，故曰「原田」。兆之璺罅有似高印之田，《尒疋》云：「高平曰原。」故曰「原兆」。賈《疏》以爲原與「原田」字同，恐大憒憒也。

《大祝》：六號，五曰齍號。　注云：「齍號，爲黍稷皆有名號也。❶《曲禮》曰『黍曰薌合，粱曰薌萁，稻曰嘉疏』。」案《禮記正義》云隋祕書監王劭勘晉、宋古本，皆無「稷曰明粢」一句，立八疑十二證，以爲無此一句爲是。今此注所引亦無是句，當在十二證之一也。又，獻帝《宗廟祝嘏辭》所薦一元大武、柔毛、剛鬣、商祭、明眎、香合、嘉疏、醎鹺、豐本，而不及

❶「爲」，《周禮注》作「謂」。

明粢；又，蔡氏《獨斷》載祭宗廟禮牲之别名及祭號等，皆與《曲禮》同，獨無「稷曰明粢」一句。

九𢷾。三曰空首。《穆天子傳》云：「天子賜許男駿馬十六，許男降，再拜空首。」郭璞云：「空首，頭至于地。」

九經古義卷弟八

周禮古義下

《夏官·司爟》。　《説文》曰：「爟，取火於日，官名。舉火曰爟。《周禮》曰『司爟掌行火之政令』，从火，雚聲。或作『烜』，从亘。」案《司爟》注：「讀如『予若觀火』之觀。」古喚反。《秋官》司烜氏，音燬。「讀如『衞侯燬』之燬」。鄭氏兩讀，許君合而一之，葢本賈侍中之説。高誘曰：「爟讀如權字。」《漢·郊祀志》云：「通權火。」

《羅氏》云：中春，羅春鳥。　注云：「春鳥，蟄而始出者，若今南郡黄雀之屬。」郭義恭《廣志》云：「黄雀脂肥絶美，江夏、竟陵常給獻大官。」《御覽》。

《司右》。　注：「《司馬灋》曰：『弓矢圍，殳矛守，戈戟助。凡五兵，長以衞短，短以救長。』」案：今《司馬灋》曰：「右兵，弓矢禦，殳矛守，戈戟助。凡五兵五當，長以衞短，短以救長。」賈公彦曰：「弓矢圍者，圍城時也。」愚謂：「圍」當作「圉」，古「禦」字作「圉」，《管子》《墨子》書皆然。鄭注作「圍」，傳寫之誤。今《司馬灋》爲「禦」字，从俗作也。

《方相氏》：掌蒙熊皮。 注云：「冒熊皮者，以驚敺疫癘之鬼，如今魌頭也。」應劭《風俗通》曰：「俗説亡人魂氣游揚，故作魌頭以存之，言頭魌魌然盛大也。或爲魌頭爲觸壙，殊方語也。」《御覽》。《説文》云：「今逐疫有頗頭。」

《大僕》：建路鼓于大寢之門外，以待達窮者與遽令。 注云：「鄭司農云：『窮謂窮寃失職，則來擊此鼓，若今時上變事擊鼓矣。遽，傳也。若今時驛馬軍書當急聞者，亦擊此鼓。』玄謂：遽令，郵驛上下程品。」棟案：《漢廐律》有「上變事」及「驚事告急」，《漢廐律》魏改爲《郵驛令》。《漢書·梅福傳》云：「數因縣道上言變事，求假軺傳，詣行在所條對急政，輒報罷。」師古曰：「變謂非常之事。」《黥布傳》賁赫上變事，乘傳詣長安。

《職方氏》。 《樊毅脩華嶽碑》云「《周禮》識方氏」。歐陽永叔云：「識字字畫分明，非譌闕，疑當時《周禮》之學自如此。」棟案：《周禮》多古字，如「織」字作「職」，「職」字作「識」，「識」字作「志」，漢時已不能盡攷，況後世乎！

《秋官·司圜》。 注：「鄭司農云：『圜，謂圜土也；圜土，謂獄城也。今獄城圜。』」《春秋元命苞》曰：「爲獄圜者，象斗運。」宋均注云：「作獄圜者，象斗運也。」《初學記》引。

《冥氏》。 注：「鄭司農云：『冥讀爲「冥氏春秋」之冥。』」王伯厚云：「漢泰山冥都傳《春秋》，故云《冥氏春秋》。」案《夏本紀》，禹，姒姓，後有冥氏。

《薙氏》。　注云：「書『薙』或作『夷』。鄭司農云：『今俗閒謂「麥下」爲「夷下」，言芟夷其麥，以其下種禾豆也。』玄謂：薙讀如『鬀小兒頭』之鬀。」《説文》云：「鬀，鬄髮。大人曰髡，小兒曰鬀，盡及身毛曰鬄。」案《甘泉賦》云「列新雉於林薄」，服虔曰：「新雉，香草也，雉、夷聲相近。」師古曰：「新雉即辛夷。」《春秋傳》曰：「五雉，爲五工正夷民者也。」服虔曰：「雉者，夷也。夷，平也。」孔穎達云：「雉聲近夷，雉訓夷，夷爲平。」「薙」讀如鬀者，《説文》云：「古文雉从弟。」篆文弟、夷字相似。荀氏《易·涣·六四》云「匪弟所思」，今本作「夷」。

《蟈氏》。　注：「鄭司農云：『蟈讀爲蜮，蜮，蝦蟇也。《月令》曰「螻蟈鳴」。』玄謂：蟈，今御所食蛙也，字从虫，國聲。蜮乃短狐與！」案：《説文》「蜮」正字也，「蟈」或字也，許氏以爲短狐。

《壺涿氏》。　注云：「故書『涿』爲『獨』。鄭司農云：『獨讀爲「濁其源」之濁，音與涿相近，書亦或爲濁。』」

《大司寇》：凡庶民之獄訟，以邦成弊之。　注云：「邦成，八成也。鄭司農云：『邦成，謂若今時《決事比》也。』」《士師職》云「掌士之八成」，先鄭云：「行事有八篇，若今之《決事比》。」則「八成」謂「邦汋」「邦賊」以下八事。賈《疏》以爲《小宰》之「八成」，非也。《東觀漢記·鮑昱傳》云：「時司徒例訟久者至十數年，比例輕重，非其事類，錯雜難知。昱奏定《決事都目》八卷，以齊同法令，息遏民訟。」則知漢時決事雖多，至三百餘篇，其都目以八篇爲卒，故先鄭引以爲證。

《小司寇》云：凡命夫命婦，不躬坐獄訟。 注云：「不身坐者，必使其屬若子弟也。」杜預僖廿八年《傳》注云：「《傳》曰王叔之宰與伯與之大夫坐獄於王庭，各不身親，蓋今『長吏有罪，先驗吏卒』之義。」

以八辟麗邦灋。 注云：「杜子春讀『麗』爲『羅』。玄謂：麗，附也。《易》曰『日月麗乎天』。」案麗者離也，離猶罹也，「羅」當作「罹」。《洪範》云「不罹于咎」，《史記》引作「離」，《尚書大傳》引作「麗」，古字並通。

議親之辟。 注：「鄭司農曰：『若今時宗室有罪，先請是也。』」《漢書・平帝紀》：「元始元年，令公、列侯嗣子有罪耐以上，先請。」《續漢書・百官志》云：「宗室若有犯法當髡以上，先詣宗正，宗正以聞，乃報決。」

議賢之辟。 注：「鄭司農云：『若今時廉吏有罪，先請是也。』」宣帝黃龍元年詔曰：「舉廉吏，誠欲得其真也。吏六百石，位大夫，有罪先請。」

議能之辟。 《說文》曰：「罷，遣有辠也，从网、能。言有賢能而入网，而貫遣之。《周禮》曰『議能之辟』。」

議貴之辟。 鄭司農云：「若今時吏墨綬有罪，先請是也。」《後漢・光武紀》云：「建武二年詔曰：『吏不滿六百石，下至墨綬長相，有罪先請。』」蔡邕《橋公碑》云：「遷齊相，臨淄令賂財贓多，罪正受鞫就刑，竟以不先請免官。」

大賓客，前王而辟。 鄭司農云：「若今時執金吾下至令尉奉引矣。」《續漢書・輿服志》云：「乘輿大駕，公卿奉引，大僕御，大將軍參乘。乘輿灋駕，八卿不在鹵簿中。河南尹、執金吾、雒陽令奉引，奉車郎御，侍中參乘。」

《士師》：掌士之八成，一曰邦汋。 鄭司農云：「汋讀如『酌酒尊中』之酌。國汋者，斟汋盜取國家密事，若今時刺探尚書事。」《詩正義》云：「汋與酌古今字。」《周頌》「酌」，《左傳》作「汋」。《公羊》僖八年經云「鄭伯乞盟」，傳云「蓋酌之也」，注云：「酌，挹也。」《穀梁》作「汋」。是「汋」爲挹取之義。沈約曰：「寫書謂之刺，漢制不得刺尚書事是也。」《後漢書・楊倫傳》：「尚書奏倫探知密事。」應劭《風俗通》云：「司徒韓演伯南爲丹楊大守，❶坐從兄季朝爲南陽太守刺探尚書，演法車徵。」蓋《漢律》有此條，故鄭據以爲説。

《訝士》云：凡四方之有治於士者，造焉。 注云：「如今郡國亦時遣主者吏，詣廷尉議

---

❶「楊」，四庫本作「陽」。

者。」棟案：此請讞之法，當在《漢興律》篇中。胡廣《漢官篇解詁》曰「廷尉當疑獄」。《北堂書鈔》引。❶《漢書·景帝紀》後元年詔曰：「獄疑者讞有司，有司所不能決，移廷尉。有令讞而後不當，讞者不爲失。」《杜周傳》云：「周爲廷尉，二千石繫者新故相因，不減百餘人。郡吏大府舉之廷尉，一歲至千餘章。大者連逮證案數百，小者數十人，遠者數千里，近者數百里，會獄。」注云：「舉，皆也。言郡吏大府獄事皆歸廷尉也。」《陳湯傳》：「廷尉增壽議，以爲臣下承用失其中，故移獄廷尉。」如淳曰：「移獄廷尉，如今讞罪輕重。」《于定國傳》：「定國爲廷尉，冬月，治請讞，飲酒益精明。」是漢時疑獄皆讞於廷尉。後漢襄楷上疏曰：「頃數十歲以來，州郡玩習，又欲避請讞之煩，輒託疾病，多死牢獄。」蓋自安、順而後，請讞之法稍弛矣。

《朝士》：凡士之治有期日。期内之治聽，期外不聽。 注：「鄭司農云：『若今時徒論決，滿三月，不得乞鞫。』」鄧展曰：「《漢律》有故乞鞫。」司馬貞案：「《晉令》云：『獄結竟，呼囚鞫語罪狀，囚若稱枉欲乞鞫者，許之也。』」《新律序》云：「二歲刑以上，除以家人乞鞫之制，省所煩獄也。」二歲刑謂耐以上，此魏世所改。

❶ 「鈔」，諸本皆闕，據文義補。

凡民同貨財者，令以國灋行之。犯令者刑罰之。 注云：「若今時加貴取息坐臧。」《漢書·王子侯表》云：「旁光侯殷坐取息過律，免。陵鄉侯訢坐貸穀息過律，免。」息有程限，過律則坐臧也。

《司刑》。 注：「鄭司農云：『漢孝文帝十三年，除肉刑。』」疏云：「所赦者，唯赦墨、劓與刖三者，其宮刑至隋乃赦也。」《尚書正義》曰：「漢除肉刑，除墨、劓、刵耳，宮刑猶在。大隋開皇之初，始除男子宮刑，婦人猶閉於宮。」崔浩《漢律序》曰：「文帝除肉刑，而宮不易。」張斐《律注》云：「以淫亂人族序，故不易也。」棟案：《漢書》鼂錯對策曰「除去陰刑」，張晏曰：「宮刑也。」則漢文亦除宮刑矣，或後仍復之，賈、孔之説葢本崔、張。

《司刺》：三赦。 注云：「若今時律令年未滿八歲，八十以上，非手殺人，他皆不坐。」《光武紀》：「建武三年詔曰：『男子八十以上、十歲以下，及婦人從坐者，自非不道、詔所名捕，皆不得繫。』」鄭氏《孝經注》云：「手殺人者大辟，即《漢律》所云不道也。」

《司厲》：其奴，男子入于罪隸，女子入于舂稾。 注云：「鄭司農云：『今之爲奴婢，古之罪人也。』玄謂：『奴，從坐而没入縣官者，男女同名。』」高誘曰：「《漢律》，坐父兄没入爲奴。」《魏志·毛玠傳》：「《漢律》，罪人妻子没爲奴婢，黥面。」《説文》曰：「男入罪曰奴，女入罪曰婢。」《初學記》引。《風俗通》曰：「古制本無奴婢，即犯事者或原之。臧者，被臧罪没入爲官奴婢。獲者，逃亡獲得爲奴婢也。」《初學記》引。

《掌戮》：殺王之親者，辜之。 注云：「辜之言枯也，謂磔之。」《荀子·正論》云「斬斷枯磔」，注云：「《韓子》曰：『采金之禁，得而輒辜磔。』《内儲説》。辜即枯也。」又，《莊子》有辜人巫咸，文云「暴虐不姑」，「姑」與「枯」通。《易·大過》之九二云「枯楊生荑」，鄭讀「枯」爲「姑」，謂「無姑，山榆」，是辜、枯、姑三字古皆通也。《壺涿氏》注：「杜子春云：『㮙讀爲枯，枯，榆木名。』」與鄭注《易》同。

《條狼氏》：掌執鞭以趨辟。 注云：「若今卒辟車之爲也。」《續漢書·志》云：「大使車，立乘駕駟，從伍百，璅弩十二人，辟車四人。」

《薙氏》：掌殺草。秋繩而芟之。 注云：「含實曰繩。」❶《釋文》曰：「繩音孕。」棟謂：「繩」當爲「䚲」字之誤也。《管子·五行篇》「䚲婦不銷弃」，注云：「䚲，古孕字。」《大玄·馴首》曰：「䋲其膏，人一月而膏。」「䋲」與「䚲」同。《玉篇》云「䚲或孕字」，《汗簡》云「古文《尚書》以䚲爲孕」。孕讀如繩。《易·漸·九三》「婦孕不育」，荀爽本「孕」作「乘」。乘、繩聲近，故《漸·九五》云：「鴻漸于陵，婦三歲不孕，終莫之勝。」

❶「含」，原作「舍」，據稿本、四庫本改。

《伊耆氏》：共其杖咸。 注云：「咸讀爲函。」古「咸」與「函」通。《毛詩・巧言》曰「僭始既涵」，《韓詩》作「既減」，減猶涵也。司馬相如《封禪文》云「上咸五，下登三」，徐廣曰：「咸一作『函』。」《漢書・天文志》「閒可械劒」，蘇林曰：「械音函。」

《大行人》云：諸矦之禮，立當前疾。 毛居正《六經正誤》云：「案車上無名疾者。《說文》：『軓，車軾前也，从車，凡聲。《周禮》曰「立當前軓」，音範。』疑此近是。」棟謹案：《禮說》云：「諸矦來朝，行享於廟，入大門下車，所立之位：上公立當車軹，侯伯立當前侯，子男立當車衡。」案：「侯」俗作「疾」。唐石經及宋本皆同。《論語》邢昺疏《鄉黨》。引《周禮》作「前矦」，云「侯伯立當前矦胡下」。又，《小雅・蓼蕭章》孔《疏》引《大行人》，亦作「前矦」。蓋《說文》「疾」作「疾」，古文「矦」作「𥎦」，相似易亂，故「前矦」譌爲「前疾」。賈《疏》不詳，莫能辨正，俗本流傳，誤人久矣。又案：《說文》引《周禮》作「前軓」，云「軓，車軾前也」。《詩・小戎》「陰靷」，傳云：「陰，揜軓也。」孔《疏》謂以板木横側車前，陰映此軓，故謂之陰。《考工記》「軓前十尺」，謂軾前曲中下垂柱地，如人之頸，故謂之矦，矦猶胡也，故鄭注訓爲胡。以其在軓前，故曰「前矦」。然則陰也、矦也、胡也，皆前軓之名。揜軓曰陰，曲中曰矦，下垂曰胡，總名爲軓。當依《說文》定作「軓」，則前衡後軹，而軓在其閒，讀者一見而心目了然矣。

凡諸侯之王事。 注云：「《孟子》曰『諸侯有王』。」毛氏《正誤》曰：「諸本皆云『《孟子》

曰諸侯有王』，案《孟子》無此句。《小行人》注引《春秋傳》曰『宋公不王』，又曰『諸侯有王，王有巡守』，此注是也。」棟案：《藝文志》，《孟子》十一篇。趙臺卿《題辭》云：「著書七篇，又有《外書》四篇，《性善辨》《文説》《孝經》《爲正》，其文不能弘深，不與《内篇》相似。」《外篇》今亡，秦、漢諸人引《孟子》者，今《孟子》皆無之。見王伯厚《攷證》。鄭氏所引，安知不在《外篇》乎！毛説未是。劉昌詩云新喻謝氏多藏古書，有《性善辯》一帙，則知與《文説》《孝經》《爲正》是謂四篇。然則《孟子》逸書宋時猶有存者，唐時尚未亡也。

《小行人》云：令諸侯春入貢，秋獻功。 注云：「秋獻功，若今計文書斷於九月，其舊法。」盧植曰：「計斷九月，因秦以十月爲正故。」劉昭《注補》。

《司儀》：問君，客再拜對；君問大夫，客對；君勞客，客再拜稽首。 注云：「問君曰：『君不恙乎？』對曰：『使臣之來，寡君命臣于庭。』問大夫曰：『二三子不恙乎？』對曰：『寡君命使臣于庭，二三子皆在。』勞客曰：『道路悠遠，客甚勞。』勞介則曰：『二三子甚勞。』」王伯厚曰：「此亦見《説苑》。鄭氏所述蓋古禮也。賈《疏》云：『未知所出何文，或云是孔子聘問之辭。』」棟案：襄廿七年《春秋傳》曰：「仲尼使舉是禮也，以爲多文辭。」服虔云：「以其多文辭，故特舉而用之。後世謂之《孔氏聘辭》。」此書漢時猶存，故鄭引之，或説非無據也。

《行夫》：居於其國，則掌行人之勞辱事，焉使則介之。 注云：「使謂大、小行人也。

故書曰『夷使』。鄭司農云：『夷使，使於四夷。』玄謂夷，發聲。」案此則「夷使」猶「焉使」也。《晉語》云「焉作爰田」「焉作州兵」，《淮南子》云「天子焉始乘舟」，《禮記》云「故先王焉爲之立制」，又云「焉使倍之」，《公羊傳》云「比託始焉爾」，又云「吾將焉致乎魯國」，皆訓爲「於」。篆文「焉」「於」相似，故「於」亦作「焉」。「焉使」者，言於行人之使則爲之介。劉氏音「焉」爲「夷」，非也。或以「焉」屬上句，尤誤。

《考工記》：作舟以行水。　注云：「故書『舟』作『周』。鄭司農云：『周當爲舟。』」隸法「周」作「冉」，又作「月」；「舟」作「月」，或作「凡」。字本相類。謹案：《詩説》云：「《大東》『舟人之子』，鄭曰：『舟當作周。』案《集古録·庚父敦銘》有伯庶父作《王姑舟尊敦》，或謂『舟』爲『丹』，又以爲『井』，董廣川以爲朱鮪《集字》『舟』爲古文『周』字。《汗簡》云朱育《集字》。顧壄王釋亦引《詩》爲証。又，《史伯碩父鼎銘》亦有『王母舟母』四十二字，則『舟』即爲『周』，『舟人之子』即上文『西人之子』也。」《詩》以「舟」爲「周」，《考工》以「周」爲「舟」，義並通。

《輪人》：以其圍之阞捎其藪。　鄭司農云：「藪讀爲『蜂藪』之藪，謂轂空壺中也。」案《説文》曰：「橾，車轂中空也，从木，喿聲，讀若藪。」然則「藪」本作「橾」，讀爲「藪」也。

參分其輻之長，而殺其一。　注云：「殺，衰小之也。」案「殺」猶「衰」也，見《儀禮注》。「衰」亦訓「小」。《春秋傳》云：「其周德之衰乎！」注云：「衰，小也。」小猶殺也。

《輈人》：大車之轅摯。 注云：「摯，輖也。」案「摯」本「軒輊」字，或作「𨏥」，見《淮南子》。或作「墊」，見《儀禮注》。《既夕》云：「志矢一乘，軒輖中。」《廬人》注云：「反覆猶軒輖也。」軒輖猶軒摯。《毛詩》「如輊如軒」，傳云：「輊，摯也。」張有《復古編》云：「𨏥，抵也，从車、執，別作輊，非。」

輈欲頎典。 注云：「頎典，堅刃貌。鄭司農云：『頎讀爲懇，典讀爲殄。駟車之轅，率尺所一縛，懇典似謂此。』」棟案：殄，古文「腆」字。腆，善也。尺許一束，一輈五束，故爲善也。❶《毛詩》「籧篨不殄」，箋：「殄當爲腆。」《燕禮》「不腆之酒」，注云：「古文『腆』作『殄』。」

終日馳騁，左不楗。 注云：「書『楗』或作『券』。玄謂：券，今『倦』字也。」《説文》「券，勞也」。漢《涼州刺史魏君碑》云「施舍不券」，是「券」與「倦」同。毛居正《六經正誤》云：「券、契字皆从刀，古者刻木爲之，故从刀。从力者，古倦字。《考工記·輈人》『左不券』是也。」

冶氏。 案周有函冶氏，爲齊大公置良劍，見《戰國策》。高誘注曰：「函，姓；冶，官名也，因以爲氏。知鑄劍，曉鐵理，能相劍。」

❶ 「爲」，原作「謂」，據稿本、四庫本改。

《鮑人》云：察其線，欲其藏也。注云：「故書『線』或作『綜』。杜子春云：『綜當爲糸旁泉，讀爲絤，謂縫革之縷。』」《説文》：「綫，縷也。古文作『線』。䋭。」與「綜」相似。《漢書·功臣表》云「不絶如綫」，晉灼曰：「綫，今線縷字。」以「線」爲今文，未之攷也。

《韗人》：爲皋陶，穹者三之一。鄭司農云：「穹讀爲『志無空邪』之空。」案：《弟子職》云「志無虚邪」，或古本「虚」作「空」，故讀从之。古「穹」與「空」同。《韓詩·白駒》云「在彼穹谷」，《文選注》。今《詩》「穹」作「空」。薛君曰：「穹谷，深谷也。」

《玉人》：天子用全，上公用龍，侯用瓚，伯用將。注云：「玉多則重，石多則輕。公侯四玉一石，伯子三玉二石。」《説文》曰：「全，純玉也。龍，四玉一石也。瓚，三玉二石也。」將，《説文》作「埒」，「埒，玉石半相埒」。棟案：鄭氏之説本《逸禮·王度記》，引見《白虎通》。許氏之説葢本賈逵。逵作《周官解故》，許从之受學，故《説文》多依其説。

《矢人》：凡相笴，欲生而摶。「生」謂材生也，古謂初取之材爲生。《管子》曰「棟生橈」，《韓非子》曰「涂濡而椽生」，皆謂初取之材也。生而摶者，燥則直，是良材也。

《梓人》：爲飲器，勺一升，爵一升，觚三升。趙明誠曰：「大觀中，濰之昌樂丹水岸得爵及觚二器，以觚量之，適容三爵，與《攷工記》合。」鄭氏據《韓詩》以爲「觚」當作「觶」。《七經小傳》云：「一獻而三酬者，獻以一升，酬以三升也。并而計之爲四升，四升爲豆，豆雖非飲器，其計數則然。」此劉氏欲闢鄭氏改豆爲斗之説。案：文云「爵一升，觚三升」，「一獻而三酬」，適合一斗之數，故鄭云「豆當爲斗」。如劉氏之説，當云「一獻而一酬」乃合一豆之數。

《廬人》：灸諸牆。 注云：「灸猶柱也。」《釋文》云：「灸音救，封也，音樹。」灸，《説文》引作「久」，云「从後灸之，象人兩脛後有距也」。案《既夕》云「木桁久之」，注云「久當爲灸」。《士喪禮》云「冪用疏布，❶久之」，注云：「久讀爲灸，謂之葢塞其口。」❷下注云「以柱兩牆之間，輓而内之」，與《儀禮》「久之」同義，是「久」爲古文，「灸」爲今文也。灸从火，久聲。古文省火。

《車人》：爲耒，庇長尺有一寸。 鄭司農云：「庇讀爲『其顙有疵』之疵，謂耒下岐。」《疏》云：「俗人謂顙額之上有疵病，故讀從之。」棟謂：「其顙有疵」當在《孟子》，今書「疵」作「泚」，或先鄭所據本與趙氏異耳。賈《疏》失之。

《弓人》：菑栗不迆。 注云：「栗讀爲『裂繻』之裂。」《毛詩·東山》曰「烝在栗薪」，箋云：「栗，析也。古者聲栗、裂同也。」

---

❶「布」，原脱，據省吾堂本補。
❷「之」，《儀禮》鄭注作「以」。

九經古義卷弟九

儀禮古義上

《士冠禮》：旅占。 注云：「古文『旅』作『臚』。」案《周禮·司儀》「旅擯」，先鄭曰：「旅讀爲『旅於泰山』之旅。」後鄭云：「旅讀爲『鴻臚』之臚，陳之也。」班固《述贊》曰「大夫臚岱，侯伯僭畤」，鄭德云：「臚岱，季氏旅於泰山是也。」顔監曰：「旅，陳也，臚亦陳也。臚、旅聲相近，其義一耳。」《禹貢》曰「蔡、蒙旅平」，傳云：「祭山曰旅。」韋昭音盧，盧，籀文「臚」。《周書·謚法》曰：「惟三月既生魄，周公旦、太師望相嗣王發，既賦憲，受臚于牧之野。」臚即旅也。

兄弟畢袗玄。 注云：「袗，同也。玄者，玄衣玄裳也。古文『袗』爲『均』。」棟案：袗玄即漢之袀袨。司馬彪《輿服志》云：「郊祀之服皆以袀玄。」《淮南子》云「尸祝袀袨」，高誘曰：「袀，純服。袨，墨齋衣也。」篆書「袗」與「袀」相似，古文作「均」，故《左氏》僖五年傳云「均服振振」。祭服上下皆玄，故謂之袀玄；戎事上下同服，故謂之均服。服虔注《左傳》，以均服爲黑服。《月令》曰「乘玄路」，鄭注云：「今《月令》曰『乘軫路』，似當爲『袗』字之誤。」是鄭意亦以「袗」爲「玄」。

將冠者采衣紒。 注云：「紒，結髮。古文『紒』爲『結』。」《廣雅》曰：「髻，結也。」曹憲曰：「案《説文》，即籀文『髻』字也。」古「髻」字皆作「結」。漢有假結、安簂結、大手結。《周禮注》「結」作「紒」，俗作「髻」。

主人酬賓，束帛儷皮。 注云：「儷皮，兩鹿皮也。古文『儷』爲『離』。」《説文》云：「麗，旅行也。鹿之性見食急則必旅行。从鹿，丽聲。禮，麗皮納聘，蓋鹿皮也。」譙周《古史考》云：「伏犧制嫁娶，以儷皮爲禮。」古文作「離」者，《易·離·象》云：「離者，麗也。」《禮·月令》云「宿離不貸」，注云：「離讀如『儷偶』之儷。」兩鹿皮者，《士昏禮》注云：「麗，兩也。」《春秋傳》云「鳥獸猶不失儷」，是「儷」爲「兩」也。

再醮，攝酒。 注云：「攝猶整也，整酒謂撓之。」《漢書·匈奴傳》云：「單于以徑路刀金留犂撓酒。」應劭曰：「撓，和也。」鄭以攝酒有攪撓之事，故舉漢法以明之。

眉壽萬年。 注云：「古文『眉』作『麋』。」《大戴禮·王言》云「孔子愀然揚麋」，盧辨注云：「麋一作『眉』。」《荀卿子·非相》云：「伊尹之狀，面無須麋。」楊倞云：「麋與眉同。」《漢書》皆以「麋」爲「眉」。歐陽公《集古録》云：「漢《故北海相景君碑》有云『不永麋壽』。余家集録三代古器銘，❶有云『眉壽』者皆爲『麋壽』。蓋古字簡少通用，至漢猶然也。」

永受胡福。 注云：「胡猶遐也，遠也。」案《詩・隰桑》云「心乎愛矣，遐不謂矣」，《禮記》引此詩，「遐」作「瑕」。鄭注云：「瑕之言胡也。」遐、胡互訓，古音通。詩言胡，考周禮《謚法》，「彌年壽考曰胡」。

令月吉日，昭告爾字。爰字孔嘉，髦士攸宜。 《釋文》云：「字，叶音滋。」案《虞書》「鳥獸孳尾」，《史記》作「字微」，郭忠恕《汗簡》云：「古文《尚書》『字』作『孳』。」是「字」本有「滋」音，毋容叶也。

《記》：毋追，夏后氏之道也。 注云：「毋，發聲也。『追』猶『堆』也。」案：「追」，古「堆」字。枚乘《七發》曰「踰岸出追」，李善曰：「追亦堆字。」今爲「追」古字，假借之也。《說文》云：「𠂤，小阜也。」徐鉉曰：「今俗作堆。」河東風陵堆，戴延之謂之風塠。

以官爵人，德之殺也。 注云：「殺猶衰也。」《繫上》曰「古之聰明睿知神武而不殺者夫」，虞翻注云：「乾坤坎離反復不衰。」亦讀「殺」爲「衰」。《淮南・說山》云「上有三衰，下有九殺」，衰音近殺，故云「殺猶衰也」。棟案：衰猶差也。《荀卿子》云「相地而衰政」，注：

❶「余」，原作「全」，據省吾堂本改。

「衰，差也。」《九章算術》謂「差分」爲「衰分」。《説林》云「大小之衰然」，注云：「衰，差也。」《春秋傳》云「遲速衰序」，❶又云「其周德之衰乎」，注云：「衰，小也。」小猶殺也，彼此互訓。《文王世子》云「親親之殺也」，注云：「殺，差也。」是「差」與「衰」同。

《士昏禮》。 鄭《目録》云：「日入三商爲昏。」賈《疏》云：「商謂商量，是漏刻之名。故《三光靈曜》亦日入三刻爲昏，不盡爲明。」孔氏《詩正義》云「《尚書緯》謂刻爲商」，然則「三光靈曜」當作「考靈曜」。漢《三神鑑銘》曰「吾作明鏡，幽鍊三商」，蓋本《書緯》。

皇舅某子。 《日知録》云：「《士昏禮》『皇舅某子』，此或謚或字之稱，與《聘禮》『皇考某子』同。《疏》以爲若『張子』『李子』。婦人内夫家，豈有稱其舅爲『張子』『李子』者哉？」案：經云：「婦執笲菜，祝帥婦以入。祝告，稱婦之姓，曰：『某氏來婦，敢奠嘉菜于皇舅某子。』」張稷若《儀禮節解》云：「《疏》之意或以婦新入門，稱姓以告，故亦以姓稱其舅。」❷《春秋傳》云「男女辨姓」，其此之謂。

《記》：父醮子，命之辭曰。 《荀子》云：「禮，父南鄉而立，子北鄉而跪，醮而命之。」

---

❶「云」，原作「曰」，據稿本、四庫本改。

❷ 按此句實見張爾岐《儀禮鄭注句讀》，《儀禮節解》爲明郝敬所撰，惠氏誤記。

昜帥以敬，先妣之嗣。 《荀子》云：「隆帥以敬先妣之嗣。」案文「隆」訓「盛」，義亦通。鄭注《儀禮》作「昜」者，當由避殤帝諱，改「隆」爲「昜」。如《毛詩》「隆衝」爲「臨衝」，《郡國志》「隆慮」爲「臨慮」之類。《荀子》亦以「隆慮」爲「臨慮」。漢時經學皆受之師，時君之諱既經改易，隨文釋之，非復故書之義。許叔重《說文解字》每載上諱，不更箋釋，亦此例也。上文「贊啓會」，注云「今文啓爲開」，《既夕》「請啓期」同。賈公彦云：「高堂生所傳者爲今文。」案生爲漢初人，不應爲景帝諱，明經師相傳，遂爲故實，非盡高堂之舊也。

視諸衿鞶。 注云：「視乃正字，今文作示，俗誤行之。」《曲禮》曰「幼子常視無誑」，注云：「視，今之示字。」《詩·鹿鳴》曰「視民不恌」，箋云：「視，古示字也。」古文《春秋傳》皆以「視」爲「示」，賈公彦曰：「古人字少，眼目視瞻與以物示人皆作視字。」棟案：「示」本神祇字，古「視瞻」之視皆作「眂」，《周禮》《說文》皆同。《啓母廟石闕銘》云「昭眂後昆」，以「眂」爲「示」。鄭所據古文《儀禮》，知「視」爲古「示」字。郭忠恕撰《佩觿》，以鄭氏此說大與《說文》、石經相乖，竊所未喻。

《士相見禮》：衆皆若是。 注云：「今文衆爲終。」《易·雜卦》云「大有，衆也」，荀爽本「衆」作「終」。《史記·五帝紀》云「怙終賊刑」，徐廣曰：「終，一作『衆』。」《春秋傳》有魯大夫

「衆仲」,《明堂月令》云「衆雨蚤降」,《釋草》云「濼貫衆」,❶皆讀爲「終」。仙人「韓終」亦作「韓衆」,古「衆」字皆作終音。❷

《鄉飲酒禮》:衆賓辯有脯醢。 注云:「今文『辯』皆作『徧』。」古辯、徧通用。《史記》曰「辯于羣神」,今《尚書》作「徧」。《春秋傳》云「子言辨舍爵于季氏之廟」,杜氏云:「辨,徧也。」《荀子·脩身篇》云「扁善之度」,注云:「扁讀爲辨。」《韓詩外傳》云「君子有辨善之度」,古「徧」字皆作「辯」。司馬遷從孔安國問故,遷書多古文,《春秋傳》多古字古言,故皆以「辯」爲「徧」。《鄉射禮》云「司射乃比衆耦,辯」,注云:「衆賓射者降,比之耦,乃徧。」是鄭亦讀辯爲徧。

遵者降席,東南面。 注云:「遵者,謂此鄉之人仕至大夫者也。今文『遵』爲『僎』,或爲『全』。」《論語》云「異乎三子者之僎」,鄭注云:「僎,讀爲詮,詮之言善也。」《禮記·冠儀》曰「介僎,象陰陽也」。注云:「古文《禮》,僎皆作遵。」又,《少儀》「僎爵」,注云:「僎或作『騶』。」本亦作「騶」。古文《禮》,『僎』作『遵』。」《鄉射禮》注云:「謂之遵者,方以禮樂化民,欲其遵法之也。」

公如大夫入。 注云:「如讀若今之若。」《周禮·旅師職》云:「而用之,以質劑致民。」

❶「濼」,原作「樂」,據《爾雅》改。

❷「作」,原脱,據稿本、四庫本補。

注云：「而讀爲若，聲之誤也。」棟案：古「而」與「如」通，「如」猶「若」也，故「如」「而」或讀爲「若」。鄭以爲聲之誤，則古讀「而」如「若」也。

主人釋服。 注云：「古文『釋』作『舍』。」《大射儀》云「獲而未釋獲」，注曰：「古文『釋』爲『舍』。」《周禮·大胥職》云「春入學舍采」，注云：「舍即釋也。」《占夢職》云「乃舍萌于四方」，注云：「舍讀爲釋。『舍萌』猶『釋菜』也。古書『釋菜』『釋奠』多作『舍』字。」

《鄉射禮》：不貫不釋。 注云：「古文『貫』作『關』。」棟案：《呂氏春秋》云「中關而止」，謂關弓弦正半而止，即《儀禮》所謂「不貫」也。「貫」與「關」古今通。《史記·伍子胥傳》云「伍胥貫弓執矢嚮使者」，❶注云：「貫，烏還反。」《後漢·祭彤傳》「能貫三百斤弓」，司馬貞曰：「滿張弓。一云『貫』，謂上弦也。」古「串」與「患」通，又讀爲「貫」，故古文「患」作「悶」，从心，關省聲也。

箭籌八十，長尺有握，握素。 注云：「握本所持處也，素謂刊之也。握本以作膚。」張稷若《節解》曰：❷「『握本以作膚』，『以』字疑誤，別本『刊本一作膚』亦費解。或『刊本』一讀

---

❶ 「伍子胥」「伍胥」之「伍」，原作「五」，據四庫本改。

❷ 按此句《節解》一書，亦係《儀禮鄭注句讀》之訛。該書版本衆多，内容不一。經查，惠氏所據，當係清康熙五十九年陳沂震手鈔本。

義屬上句，『一作膚』指握字有作膚者。四指曰膚，與握義同。握四指即四寸，籌長尺四寸，其四寸則刊之使白也。」愚謂：案文當云「握本或作膚」，張氏以爲「刊本」一讀屬上句，非也。

唯君有射于國中。 注云：「古文『有』作『又』。」《汗簡》云：「古文《尚書》『有』作『又』。」《石鼓戊文》一作甲文。云「澫澫又魚」，董逌曰：「『又』通作『有』。」秦惠王《詛楚文》云「又秦嗣王」，義作「有」，古文「又」又作「有」。《周易·繫辭》曰「履信思乎順，又以尚賢也」，鄭氏《易》「又」作「有」。《詩·長發》云「有虔秉鉞」，箋云：「有之言又也。」《内則》云：「凡養老，五帝憲，三王有乞言。」注云：「『有』讀爲『又』。」《戰國策》公子他謂趙王曰「今又案兵」，劉、錢本「又」作「有」。《説文》云：「有者，不宜有也。从月，又聲。《春秋傳》曰：『日月有食之。』」

《燕禮》云：更爵。 注云：「古文『更』爲『受』。」《大射儀》同。《周禮·巾車》云「歲時受讀」，杜子春云：「受當爲更。」《春秋》昭廿九年傳云「以更豕韋之後」，《史記》「更」作「受」，知古文「更」字皆爲「受」。

升，媵觚于賓。 注云：「媵，送也。讀或爲揚，揚，舉也。今文『媵』皆作『騰』。」《檀弓·下篇》云「杜蕢洗而揚觶」，注云：「《禮》『揚』作『媵』。宋本作「騰」，非。揚，舉也。媵，送也。揚近得之。」

升媵觚于公。注云：「此當言『媵觶』，酬之禮皆用觶。言觚者，字之誤也。古者觶字或作角旁氏，由此誤爾。」上經云「主人坐奠觚與篚」，注云：「古文觚皆爲觶。」又云「主人拜受」「受」字當作「送」。觶」，注云：「今文觶作觚。」《説文》曰：「觗，《禮經》『觶』。」《漢書·高帝紀》云「上奉玉巵」，應劭曰：「飲酒禮器也，古以角作，受四升。」《韓詩説》云「三升曰觶，四升曰角」，《大射儀》云「侍射者降洗角觶」。《疏》云「角觶，以兕角爲之，非謂四升曰角者也」。古「巵」字作「觗」。鄭氏《駮五經異義》曰：「觶，角旁氏，汝、潁之閒，師讀所作。今《禮》角旁單，古書或作角旁著氏，則是與觚相涉，學者多聞觚，寡聞觗，寫此書亂之而作『觚』耳。」

對曰：寡君，君之私也。注云：「私，謂獨受恩厚也。」棟謂：私猶屬也，若郳、滕之于齊、宋，故叔孫豹云：「郳，滕，人之私也。」上介致辭，謙言屬國。

《大射儀》云：西階之西，頌磬東面。注云：「言成功曰頌，西爲陰中，萬物之所成。古文『頌』爲『庸』。」鄭氏《尚書》云「笙庸以閒」，注云：「西方之樂謂之庸，庸，功也。西方物孰有成功亦謂之頌，頌亦是頌其成也。」

綴諸箭。注云：「箭，篠也。古文『箭』作『晉』。」《周禮·大行人》云「揚州，❶其利金

❶「大行人」，諸本同。當爲「職方氏」之誤。

錫竹箭」。注云：「故書『箭』爲『晉』。杜子春曰：『晉當爲箭，書亦或爲箭。』」古讀「晉」如「箭」，故「搢紳」亦作「薦紳」。

且左還。 注云：「古文『且』爲『阻』。」棟案：古鐘鼎文「祖」字皆作「且」，如《祖乙卣》《盉和鍾》《文王命癘鼎》《師毀敦》皆然。《尚書》「黎民阻飢」，今文作「祖飢」。徐廣曰：「祖，始也。」孟康曰：「古文言阻。」古文「祖」作「且」，且、阻同字，故《儀禮》《尚書》皆作「阻」。

奏《貍首》。 注云：「《貍首》，逸《詩》『曾孫』也。貍之言不來也。」《漢書·郊祀志》云：「周靈王即位時，諸侯莫朝周。萇弘迺明鬼神事，設射不來。『不來』者，諸侯之不來朝者也。」《封禪書》云「設射《貍首》」，徐廣曰：「貍，一名不來。」棟謹案：《禮説》云：「不來反爲貍，猶并夾爲篋，終葵爲椎，❶邾婁爲鄒，勃鞮爲披，周伯琦云：「鄒，古邾婁國。」《外傳》「勃鞮」，《内傳》作「披」。壽夢爲乘，不可爲叵。羊舌職，《説苑》作「羊殖」。「舌職」爲「殖」也。顓孫師之子爲「申祥」，「顓孫」爲「申」也。後世反切之學出之。此《貍首》之詩與祭侯之辭，皆言諸侯來朝之禮，不來者不寧侯，故抗而射之。然則萇弘行古禮，説者謂依物怪以致諸侯，妄矣。」康成《詩譜》

❶「椎」，原作「推」，據省吾堂本、清經解本改。

云：「射禮：天子以《騶虞》、諸侯以《貍首》、大夫以《采蘋》、士以《采蘩》爲節。今無《貍首》，周衰，諸侯並僭而去，孔子録《詩》不得。」熊氏《經説》云：「《貍首》之詩，古人以爲射節。《小戴·射儀》所記《詩》曰：❶『曾孫侯氏，四正具舉。大夫君子，凡以庶士。小大莫處，御於君所。以燕以射，則燕則譽。』此《貍首》之詩也。《大戴·投壺篇》所記，上章本同，而前一句『曾孫侯氏』爲數句隔斷，恐『泰射』『張侯』等語本以解説矦氏，因亂入正文爾。下文又換韻曰：『弓既平張，四侯且良。決拾有常，既順乃讓。乃揖乃讓，乃隮其堂。乃節其行，既志乃張。』此亦《貍首》之詩也。」劉原父《七經小傳》云：「或曰《貍首》，《鵲巢》也。篆文貍似鵲，首似巢，《鵲巢》之詩『御之』『將之』『成之』。此亦附會之過。」

---

❶「射儀」，諸本同，《禮記》通行本作「射義」。

九經古義卷弟十

儀禮古義下

《聘禮》云："管人布幕於寢門外。" 注云："管猶館也，古文『管』作『官』。今文『布』作『敷』。"《易·隨·初九》云"官有渝"，蜀才本"官"作"館"。《穆天子傳》云"官人陳牲"，義作"館"。

及廟門，公揖入，立於中庭。 棟案：立讀爲位。《周禮》"小宗伯之職，掌建國之神位"。注云："故書『位』作『立』。鄭司農云：『立讀爲位，古者立、位同字。古文《春秋經》"公即位"爲"公即立"。』"《史記·周本紀》云"武王既入，立于社南"，今《周書·克殷解》文也。案其文云"王入即位于社"，是"立"字當作"位"也。古鐘鼎文如《周毛父敦銘》及《盄和鍾》"立"字釋者皆訓爲"位"。又《周郙敦銘》云"毛伯内門立中庭"，《周敔敦銘》云"蘇公入右敔，立中庭，北鄉"。韋弘嗣、許叔重皆云"列中廷之左右曰位"。明"立"字亦當作"位"，釋者仍訓爲本字，非也。

賓進訝。 注云：「今文『訝』爲『梧』。」《公食大夫禮》云「上介受賓幣，從者訝受皮」。注云：「今文曰『梧受』。」《既夕》「若無器則梧受之」，注云：「謂對相授。」《疏》云：「梧即逆也，對面相逢受。」案：「梧」本作「牾」，訓爲逆，訝亦逆也。《既夕》注不疊古文，明古文「訝」亦有作「梧」也。《漢書·司馬遷傳贊》云「或有抵梧」，如淳曰：「梧讀曰迕。」《戰國策》「樓梧」亦作「樓牾」。

歸饔餼五牢。 注云：「今文『歸』或爲『饋』。」案古文《論語》如「詠而饋」「饋孔子豚」，《魯論》皆作「歸」。《士虞禮》注云：「饋，猶歸也。」

車秉有五籔。 注云：「籔讀若『不數』之數，今文『籔』或爲『逾』。」下《記》曰「十六斗曰籔」，注云：「今江、淮之閒量名有爲籔者，今文『籔』爲『逾』。」包咸《論語注》云「十六斗曰庾」。庾即逾也，古文作「籔」。

醙、黍、清，皆兩壺。 注云：「醙，白酒也。凡酒，稻爲上，黍次之，粱次之，皆有清、白。以黍閒清白者互相備，明三酒六壺也。」《漢律》曰：「稻米一斗，得酒一斗，爲上尊；稷米一斗，得酒一斗，爲中尊；粟米一斗，得酒一斗，爲下尊。」顔師古曰：「稷即粟也，中尊者宜爲黍米，不當言稷。」葢據此注而言。邢昺曰：「稷粟一物，而《本草》稷米在下品，別有粟米在中品，又似二物。故先儒甚疑焉。」

侑幣。　注云：「古文『侑』皆作『宥』。」案《春秋傳》「侑」皆作「宥」。又，《周禮》「三宥」，《管子》作「三侑」，古字通用。

《記》云：百名以上書於策，不及百名書於方。　注云：「名，書文也，今謂之字。策，簡也。方，板也。」疏云：「鄭作《論語序》云：『《易》《詩》《書》《禮》《樂》《春秋》策皆尺二寸，《孝經》謙半之，《論語》八寸策者，三分居一，又謙焉。』是其策之長短。鄭注《尚書》，三十字一簡之文。服虔注《左氏》，云『古文篆書一簡八字』，是一簡容字多少者。」「策」當作「筴」，「板」當作「版」。

問幾月之資。　注云：「資，行用也。古文『資』作『齎』。」《周禮·外府》云「財用之幣齎」，先鄭云：「齎或爲資，今禮家定齎作『資』。」後鄭云：「玄謂齎、資同耳。其字以齊次爲聲，從貝變易，古字亦多或作資。」❶

《公食大夫禮》云：宰夫設黍稷六簋于俎西。　注云：「古文『簋』皆作『軌』。」《周禮·小史》云「敘昭穆之俎簋」，注云：「故書『簋』或爲『几』。鄭司農云：『几讀爲軌，古文也。』」《易·損卦》云「二簋可用享」，蜀才本「簋」作「軌」，從古文。

---

❶「作資」，原無，惟四庫本多此二字，義長，據補。

《覲禮》云：侯氏降階，東北面再拜稽首，擯者延之，曰「升」。 注云：「從後詔禮曰延，延，進也。」案《漢舊儀》云「丞相、御史大夫初拜皇帝，延登親詔」，登猶升也。《書》逸《嘉禾》篇曰：「周公奉鬯立于阼階，延登贊曰：『假王莅政，勤和天下。』」此關中古文，與《覲禮》「儐者延升」合。「假」讀爲「格」，正也。

四享皆束帛加璧。 注云：「四當爲三。古書作三、四或皆積畫，此篇又多四字，字相似，由此誤也。」《鄭志》答趙商曰：「古三、四積畫。」《説文》曰：「三，籀文四。」賈公彦云：「古書作三、四之字，或皆積畫者。《堯典》云『帝曰：咨，三岳』；《皋陶》云『外薄三海』；《泰誓序》云『作《泰誓》三篇』，是古書三、四皆積畫也。」《春秋傳》子革云：「是四國者，專足畏也。」劉光伯《規過》云：「《楚語》云『今吾城三國』，無四國也。炫謂古四字積畫，四當爲三。」

大史是右。 注云：「古文『是』爲『氏』。」《曲禮》曰「五官之長曰伯是」，《職方》注云：「是或爲氏。」《漢書》云：「造父後有非子，玄孫氏爲莊公。」顔監曰：「氏與是同。」《韓勑脩孔廟後碑》以「於氏」爲「於是」，漢末有「是儀」，亦作「氏」。陳承祚撰《魏志》，以爲孔文舉改「氏」爲「是」，殊不知營陵「是」姓，順帝前已見于碑，見洪适《隸續》。何至漢季始改「氏」爲「是」乎？當時以「是」「氏」兩字本通，故或稱「氏」，或稱「是」，非有異義。白褒不識「蕃」「皮」，陳壽不辨「是」「氏」，古字古音皆亡于晉，惜哉！

《士喪禮》云：陳襲事于房中，西領南上不綪。 注云：「綪讀爲䋫，屈也。江、沔之閒謂縈收繩索爲䋫，古文『綪』皆爲『精』。」❶《説文》云：「䋫，紆未縈繩，讀若旌。」案：《孟郁脩堯廟碑》「精」字作「旌」，與古音合。《釋文》音䋫，爲側庚反，非也。

布巾環幅不鑿。 注云：「古文『環』作『還』。」案古「環」字皆作「還」。《春秋傳》云「諸侯之師還鄭而南」，又，哀三年傳云「道還公宫」，《公羊傳》云「以地還之也」，又云「師還齊侯」，《漢書·食貨志》云「還廬樹桑」，皆讀爲環。

決用正，王棘。 注云：「世俗謂王棘矺鼠。」言王棘可以矺鼠也。「矺」，古「磔」字。《史記·李斯列傳》云「十公主矺死於杜」，張守節云：「矺音貯格反。」司馬貞曰：「矺音宅，與磔同。古今字異耳。」司馬公《類篇》云「王棘，一名矺鼠」，劉昌宗音「矺」爲托，皆失之。磔鼠見《張湯傳》。

竹笏。 注云：「今文『笏』作『忽』。」案《説文》無「笏」字，注「今文」當作「古文」，傳寫之誤。古「笏」字本作「曶」，鄭氏《尚書》曰「予欲聞六律五聲八音在治曶」，注云：「曶者，臣見

❶「爲」，原脱，據稿本、四庫本、槐廬叢書本補。

君所秉，書思對命者也。」《穆天子傳》曰「帐帶搢曶」，郭璞曰：「曶長三尺，杼上椎頭，❶一名珽，亦謂之大圭。从曰，勿聲。」《六書正譌》云：「𦥛，呼骨切，俗作『笏』，非。」《説文》曰：「曶，出氣詞也。从曰，象氣出形。《春秋傳》有鄭大子曶。」《説文》又云：「曶，籀文作『𦥛』，一曰佩也，象形。」「曶」又與「忽」通，故《儀禮》一作「忽」是也。今「治忽」字古皆作「曶」。《論語》「仲忽」，《古今人表》作「仲曶」。揚雄《甘泉賦》云「翕赫曶霍」，《河東賦》云「䥝曶如神」，師古曰：「曶讀與忽同。」

設決麗于掔。 注云：「古文『掔』作『捥』。」案「掔」，依字當作「掔」，傳寫之誤。《説文》曰：「掔，手掔。从手，取聲。」《漢書・郊祀志》云：「海上燕、齊之閒，莫不搤掔。」《游俠傳》云：「搤掔而游談。」高誘《吕覽注》云：「掔讀如『棬椀』之椀，古文作『捥』。」《春秋傳》云「掕衛侯之手及捥」，《史記》「樊於期偏袒搤捥」。《左傳》《史記》多古文，故皆作「捥」，俗作「腕」，非也。

幂用疏布久之。 注云：「久讀爲灸，謂以蓋塞鬲口也。」《既夕》曰「木桁久之」，注云：「久當爲灸。」《説文》云：「久，从後灸之，象人兩脛後有距也。」《周禮》曰『久諸牆以觀其

❶「椎」，原作「推」，據稿本、省吾堂本、清經解本改。

撓』。」今《考工記》作「灸諸牆」，當是後鄭所易。

幂奠用功布。 注云：「古文奠爲尊。」案古「尊」字作「𢍜」，與「奠」相似，故譌从之。奠从丌，讀若箕。𢍜从廾，讀若拱。

四鬄去蹄。 注云：「鬄，解也。今文『鬄』作『剔』。」案「剔」與「鬄」同。《大雅·抑》詩云「用遏蠻方」，《魯頌·泮水》云「狄彼東南」，箋云：「遏、狄皆當作『剔』。」《韓詩》云「鬄彼東南」，葢从古文。

筮人許諾，不述命。 注云：「古文『述』皆作『術』。」「術」與「述」古今字。《毛詩·日月》云「報我不述」，《韓詩》作「術」。《祭義》「術省」，注云：「術當爲述，聲之誤也。」

《既夕》云：設披。 注云：「披輅柳棺上，貫結於戴，人居旁牽之以備傾。❶今文『披』皆爲『藩』。」案「披」从手，皮聲。古音皮，與「蕃」同。「蕃」又「藩」通，故今文「披」作「藩」，聲之誤也。辨見《詩攷》。

《記》云：御以蒲菆。 注云：「蒲菆，牡蒲莖也。古文『菆』作『騶』。」《疏》云：「案宣十二年，『楚熊負羈囚知罃，知莊子以其族反之，廚武子御，每射，抽矢菆，納諸廚武子之房』。

❶「居」，原作「君」，據清經解本及《儀禮注》改。

杜注云：『菆，好箭。』又云：『廚子怒曰：「非子之求，而蒲之愛。」』注云：『蒲，楊柳，可以爲箭。』」「古文『菆』作『騶』」者，《漢書・鼂錯傳》云錯上兵事，云「材官騶發，矢道同的」。如淳曰：「騶，矢也。」顔監曰：「騶謂矢之善者也。」《春秋左氏傳》作「菆」字，其音同耳。騶發，騶矢以射也。手工矢善，故中則同的，是「菆」與「騶」同也。

《士虞禮・記》云：明日以其班祔。 注云：「班，次也。古文『班』或爲『辨』，辨氏姓或然。今文爲『胖』。」楝案：古「辨」字或讀爲「班」，故古文「班」亦作「辨」。《史記・五帝紀》云「辯于羣神」，徐廣曰：「辯音班。」《漢書・王莽傳》云「辨社諸侯」，師古曰：「辨讀爲班。」《春秋傳》襄廿五年云「男女以班賂晉侯」，此今文也。哀元年云「蔡人男女以班」，此古文也。説見劉光伯《規過》。今文爲「胖」者，鄭注《王制》云：「頖之爲言班也。」「頖」與「胖」字雖異而義同，是「胖」猶「班」也。

朞而小祥。 注云：「古文『朞』皆作『基』。」案《堯母碑》「朞」字亦作「基」。

中月而禫。 注云：「自喪至中，凡二十七月。古文『禫』或爲『導』。」《説文》曰：「㐁，古文西，讀若『三年導服』之導。」又，《木部》「棪」字下所讀同。楝案：「導服」即「禫服」，从古文，故曰導。則是「㐁」與「棪」皆讀爲「禫」。近有妄人作字書名《正字通》，斥許君説爲妄，是未讀《儀禮》。《喪服記》云「禫而内無哭者」，注云：「禫或皆作『道』。」

《特牲饋食禮》云：主婦視饎，爨于西堂下。注云：「炊黍稷曰饎，古文『饎』作『糦』。《周禮》作『饎』。」《説文》曰：「饎，酒食也。或作『䊠』从配，或作『糦』从米。」

主人左執角，再拜稽首，受，復位。詩懷之。注云：「詩猶承也，謂奉納之懷中。」《詩正義》云：「《内則》説負子之禮，云『詩負之』，注云：『詩之言承也。』《春秋説題辭》云『詩之爲言志也』，《詩緯含神霧》云『詩者，持也』，然則詩有三訓。」

《有司》云：二手執挑匕枋，以挹湆。注云：「挑謂之歃，讀如『或舂或抗』之『抗』字。或作『挑』者，秦人語也。今文『挑』作『抗』。」疏云：「讀从《詩》『或舂或抗』，彼注『抗，抒臼也』。」案今《毛詩·生民》云「或舂或揄」，毛傳云：「揄，抒臼也。」不作「抗」者。《周禮·地官》「女舂抗二人」，注云：「女奴能舂與抗者。抗，抒臼也。《詩》云：『或舂或抗。』」董氏引《韓詩》「揄」作「抗」，鄭先通《韓詩》，故讀从之。《説文》云：「舀，抒臼也。从爪、臼。《詩》云『或簸當作「舂」。或舀』。或作『抗』，从手，从宂。或作『𦥷』，从臼、宂。」案《詩釋文》云：「揄，説文作『舀』。」「舀」訓又與「揄」同，明「簸」當作「舂」。姚令威謂後人改「舀」爲「蹂」，則是宋時《説文》已誤「舂」爲「簸」矣。

九經古義卷弟十一

禮記古義上

《曲禮》云：若不得謝。 注云：「謝猶聽也。」棟案：謝，猶去位也。《説文》：「謝，辭去也。」《楚辭·大招》云「青春受謝」，王逸云：「謝，去也。謝一作『謝』。」《史記》蔡澤謂范睢云「夫四時之序，成功者去」。今時有「代謝」之語，葢本于《楚辭》。顧炎武訓謝爲序。案《招魂》云：「若必筮予之，恐後之謝，不能復用巫陽焉。」注亦云：「謝，去也。」若訓爲序，不合事理。《戰國策》云：「靖郭君七日謝病，强辭不得，三日而聽。」

拾級聚足。 注云：「拾當爲涉，聲之誤也。」案《周書·嘗麥》云「王涉階」，故讀从之。「涉階」，❶猶「歷階」也。

毋勦說。 注云：「勦由擥也。」今本「由」作「猶」。曹憲曰：「『勦説』之勦，當从刀，《左傳》

---

❶「涉」，原作「陟」，據四庫本改。

『焉用築城以勦民』乃从力，訓爲勞。」

跪而遷屨。 注云：「遷或爲還。」《公羊春秋》云「宋人遷宿」，傳云：「遷者何？以地還之也。」「遷」與「還」義得通，故或爲「還」。

離坐離立，毋往參焉。 注云：「離，兩也。」離與麗俗作「儷」。同，故訓爲兩。說見《儀禮》。《周書·武順》曰「人有中曰參，無中曰兩」。《戰國策》犀首與張儀「參坐於衛君之前」。

笑不至矧。 注云：「齒本曰矧，大笑則見。」《倉頡篇》云：「齗，齒根也。」與鄭異。《釋文》云：「矧，本又作『哂』。」《說文》云：「笑不壞顏曰弞，从欠，引省聲。」張有《復古編》曰：「弞，古哂字。」

禮不諱嫌名。 注云：「嫌名謂聲相近，若『禹』與『雨』，『丘』與『區』也。」《釋文》云「丘與區並去求反」，非也。古「丘」字皆讀爲「區」，故鄭云「聲相近」。《毛詩》「丘」與「詩」協，《左傳》「丘」與「旗」協。《戰國策》齊嬰兒謠曰：「大冠若箕，脩劍拄頤。攻狄不能，下壘枯丘。」《荀卿子》曰：「言之信者，在乎區蓋之閒。」《漢·儒林傳》作「丘蓋」。顔籀《匡謬正俗》曰：「今江、淮田野之人，猶謂『區』爲『丘』，亦古之遺音也。」

左右攘辟。 注云：「攘，卻也。」或者『攘』古『讓』字。」《漢書·禮樂志》云「隆《雅》《頌》之聲，盛揖攘之容」，師古曰：「攘，古讓字。」《廣韻》云「攘」，《文字指歸》云「揖攘」。

入里必式。 注云：「不誣十室。」《正義》云：「《論語》云『十室之邑，必有忠信如丘者焉』，是『不誣十室』。」棟案：《荀子·大略篇》云：「禹見耕者，耦立而式。過十室之邑必下。」《大戴禮》亦云：「禹過十室之邑則下，爲秉德之士存焉。」故云「不誣十室」。

畛於鬼神。 注云：「畛，致也。畛或爲祇。」張揖《埤蒼》曰：「眂，告也。《禮記》曰『眂於鬼神』。」《玉篇》引。是「祇」當作「眂」。《尒疋》云：「畛，告也。」

天子之五官云云。 注云：「此亦殷時制也。」《史記·周本紀》云「古公乃貶戎狄之俗，作五官有司」，故鄭據以爲説。

問大夫之富，曰「有宰食力」。 「力」當爲「加」，壞字也。《晉語》曰「庶人食力，官宰食加」，加，加田也。《周禮·司勳》「加田無國征」，劉敞以爲「無國征」者，不征于國。

四足曰漬。 注云：「漬謂相瀸汙而死也。」《公羊春秋》云「莊十七年齊人瀸于遂」，傳云：「瀸者何？瀸，漬也。」鄭注本此。

納女於天子，曰「備百姓」。 注云：「姓之言生也，天子皇后以下百二十人，廣子姓也。」《吴語》曰：「越行成于吴，曰『一介嫡女，執箕箒以晐姓于王宫』。」韋昭曰：「晐，備也。姓，庶姓也。」時越以王禮尊吴，故云「晐姓」。《説文》曰：「姓，人所生也。古之神聖母感天而生子，故稱天子，从女，从生，生亦聲。《春秋傳》云：「天子因生以賜姓。」又，昭四年《傳》

云：「問其姓，對曰：『余子長矣。』」《漢書・田蚡傳》「跪起如子姓」，注：「姓，生也。」

《檀弓》曰：何居，我未之前聞也。 注云：「居讀爲『姬姓』之姬，齊、魯之閒語助也。」《列子・黄帝篇》云：「關尹謂列子曰：『姬，魚語女。』」張湛曰：「姬音居，『魚』當作『吾』。」棟案：《左傳》「誰居」之居，亦音基。《孝經》及《論語》皆云「居，吾語女」。古人讀「居」爲「姬」，讀「吾」爲「魚」，《外傳・晉語》云「暇豫之吾吾，不如鳥烏」，韋昭曰：「吾讀爲魚。」《列子》因之，遂以「居」爲「姬」，「吾」爲「魚」，皆聲之誤也。《易・繫辭》云「則居可知矣」，鄭云：「居讀爲姬。」

孔氏之不喪出母，自子思始也。 注云：「記禮所由廢，非之。」《淮南子》曰：「孔氏不喪出母，此禮之失者。」

細人之愛也，以姑息。 注云：「息猶安也，言苟容取安也。」案《吕覽・先識篇》云：❶「周武王告諸侯曰：『商王大亂，沈于酒德，辟遠箕子，爰近姑與息。』」

子夏喪其子，而喪其明。 注云：「明，目精。」《冀州從事郭君碑》云「卜商號咷，❷喪子失名」。或疑借「名」爲「明」，愚案：《尔疋・釋訓》云：「『猗嗟名兮』，目上爲名。」名在眉目

❶「先識」，原作「觀世」，據四庫本改。

❷「號」，原作「唬」，據四庫本及洪适《隸釋》改。

之間，失名者，失其珠子也。

池視重霤。注云：「如屋之有承霤也。承霤以木爲之，用行水，亦宫之飾也。今宫中有承霤，云以銅爲之。」《漢書·宣紀》神爵元年詔曰：「金芝九莖，産於函德殿銅池中。」如淳曰：「銅池，承霤也。」

我喪也斯沾。注云：「斯，盡也。沾讀曰覘，覘，視也。國昭子自謂齊之大家，有事人盡視之。」此解非是。斯，此也。沾，薄也。國子蓋言我母之喪，而使婦人從賓位，斯爲薄矣。「沾」訓薄，見張揖《廣雅》。俗作「添」，非是。曹憲云：「沾，他縑反。世人水傍著忝，失之。又以此古字爲霑，亦失之。」鄭氏改「沾」爲「覘」，恐未安。

人喜則斯陶，陶斯咏，咏斯猶，猶斯舞，舞斯愠，愠斯戚，戚斯歎，歎斯辟，辟斯踊。《七經小傳》云：「案人舞宜樂，不宜更愠，又不當漸至辟踊，此中閒有遺文矣。蓋本曰：『人喜則斯陶，陶斯咏，咏斯猶，猶斯舞，舞斯蹈矣。人悲則斯愠，愠斯戚，戚斯歎，歎斯辟，辟斯踊矣。』自喜而下五變而至蹈，自悲而下亦五變而至踊，所謂孺子慕者也。」棟謂：劉氏之説是也，而以爲中間有遺文者非，蓋衍文也。案古本《禮記》無「舞斯愠」及注「愠猶怒也」七字。故陸氏《釋文》云：「此喜怒哀樂相對。本或於此句上有『舞斯愠』一句，并注皆衍文。」「喜則陶」以下敘樂之節也，「愠斯戚」以下敘哀之節也，文自相配，不須增入「人悲則斯愠」

五字。古文文簡而意備，非若後世之繁重也。《釋文》具在，何不以取正之，而爲是臆説邪？何嗣曰「樂終則愠起」，則其誤已始于六朝，陸氏所據當是晉、宋古本。

咏斯猶。 注云：「猶當爲摇，聲之誤也。摇謂身動摇也，秦人『猶』『摇』聲相近。」《尒疋》云：「繇，喜也。」郭璞曰：「『詠斯猶』，猶，繇也。古今字耳。」

設蔞翣。 注云：「蔞翣，棺之牆飾。《周禮》『蔞』作『柳』。」《縫人職》云「衣翣柳之材」，注云：「柳之言聚，諸飾之所聚。故書『翣柳』作『接檟』。鄭司農云：『接讀爲歰，檟讀爲柳，皆棺飾。』」蔞與樓通，《尒疋》云：「樓，聚也。」又與僂通，《莊子・達生》云「死得於腞楯之上，聚僂之中」，《釋文》云：「謂殯於菆塗蔞翣之中。」❶《荀子・禮論》云：「無、帾、絲、歶、縷、翣，其頦以象菲、帷、幬、尉。」注云：「縷讀爲柳。」

衛有大史曰柳莊。 案《古今人表》作「柳壯」。師古曰：「壯讀曰莊。」棟案：《晉語》曰「趙簡子問于壯馳兹」，義作「莊」。《嚴訢碑》云「兆自楚壯」，即楚莊王也。漢諱「莊」，改曰「嚴」。漢時「莊」作「壯」，「盈」作「盁」，疑皆爲避諱而作，非正字。

洿其宮而豬焉。 注云：「豬，都也。南方謂都爲豬。」《尚書大傳》曰：「遂踐奄。踐之

❶「翣」，原作「翌」，據稿本、四庫本改。

者，籍之也。籍之謂殺其身，執其家，豬其宮。」「豬」本與「都」通。《禹貢》「大野既豬」，《史記》作「既都」。又，「孟豬」亦爲「明都」。

趙文子與叔譽觀乎九原。 注云：「叔譽，叔向也。」知叔譽是叔向者，《晉語》云「趙文子與叔向游於九京」，故知叔譽是叔向。《周書·大子晉》云：「晉平公使叔譽于周，見大子晉而與之言，五稱而五窮。」孔晁云：「叔譽者，大夫叔向也。」春秋時大夫有兩字者，如子産一字子美是也。

文子其中追一作「退」。**然如不勝衣。** 注云：「中，身也。《鄉射·記》曰：『弓二寸以爲侯中。』」《楚語》「左執鬼中」，韋昭曰：「中，身也。《禮》曰『其中退然』。」

《王制》：西方曰棘。 注云：「棘當爲僰，僰之言偪。」高誘《吕覽》注云：「僰讀如『匍匐』之匐。」

王三又。 注云：「又，當作『宥』。」古「侑」字作「宥」，見《儀禮》注。古「宥」字作「有」，見今文《尚書》。《論衡》引。古「有」字作「又」，「宥」字作「文」，見《周伯映彝》。《嘯堂集古録》。「又」當爲「宥」，壞字也。

執左道以亂政，殺。 盧植曰：「左道謂邪道。」案古「左」與「邪」通。《子虛賦》云「邪與肅慎爲鄰」，師古曰：「邪讀爲左。」《漢書》引《周書》云「以左道事君者誅」。

有圭璧金璋，不粥於市。 皇侃以爲用金爲印章。案此則「璋」字古本作「章」，今從玉旁者，非也。

《月令》：其器疏以達。 注云：「器疏者，刻鏤之，象物當貫土而出也。」《玉篇》引云「其器延以達」，《説文》云：「延，通也，从爻，从疋，疋亦聲。」《大玄經》有《延首》。

還反賞公卿諸侯大夫於朝。 《吕覽》「反」作「乃」，下同。或云「反」當依《吕氏》作「乃」。案《穆天子傳》云「天子還返」，「還返」連文，《月令》是也。

命相布德和令。 《後漢·禮儀志》云：「立春之日，下寬大書，曰：制詔三公，方春東作，敬始慎微，動作從之。罪非殊死，且勿案驗，皆須麥秋。退貪殘，進柔良，下當用者如故事。」劉昭曰：「《月令》『命相布德和令』，蔡邕曰『即此詔之謂也』。」

孟春，天子乃以元日祈穀于上帝，乃擇元辰，躬耕帝藉。 注云：「元辰葢郊後吉亥也。」俗本作「吉辰」。正義曰：「知用亥者，以陰陽式法，正月亥爲天倉，以其耕事，故用天倉也。盧植、蔡邕竝云郊天是陽，故用日；耕藉是陰，故用辰。元者，善也。皇氏云：『正月建寅，日月會辰在亥，故耕用亥也。』」《南齊志》：大學博士劉蔓議：「禮，孟春之月立春迎春，❶

❶ 「月」，原作「日」，據文義及《南齊書》（武英殿本）改。

又於是月以元日祈穀，又擇元辰躬耕帝耤。盧植説禮通辰日，日，甲至癸也；辰，子至亥也。郊天陽也，故以日；耤田陰也，故以辰。陰禮卑後，必居其末。亥者辰之末，故《記》稱『元辰』，注曰『吉亥』。又據五行之説，木生于亥，以亥日祭先農，又其義也。」太常丞何諲之議：❶「鄭注云『元辰，葢郊後吉亥也』，亥水辰也，凡在墾稼，咸存灑潤。五行説十二辰爲六合，寅與亥合，建寅月東耕，取月建與日辰合也。」國子助教桑惠度議：「尋鄭玄以亥爲吉辰者，陽生于子，元起于亥，取陽之元，以爲生物。亥又爲水，十月所建，百穀賴兹沾潤畢熟也。」

天子乃鮮羔。 注云：「鮮當爲獻，聲之誤也。」今《吕覽》「鮮」作「獻」，故鄭讀从之。「獻」有「軒」音，故云聲之誤。

是月也，祀不用犧牲。用圭璧，更皮幣。 蔡氏《章句》云：「此『祀不用犧牲』者，祈不用犧牲。」案《春秋傳》云「祈以幣更」，故蔡據爲説。《月令問荅》曰：「問者曰：『仲春令不用犧牲，以圭璧，更皮幣。不用犧牲，何也？』曰：『是月獻羔，以大牢祀高禖，宗廟之祭以中月，安得用犧牲？祈者，求之祭也。著令者豫設水旱疫癘當禱祈，用犧牲者，是用之助生

❶「議」，原作「義」，據文義及《南齊書》改。

養。傳祈以幣代牲，章因於高禖之事乃造說曰：「更者刻木代牲，如廟有祧更。」此說自欺極矣。經典傳記無刻木代牲之說，蓋書有轉誤，三豕渡河之類也。』」

是月也，乃合累牛騰馬，遊牝于牧。 高誘曰：「累牛，父牛也。騰馬，父馬也。皆將羣遊從牝於牧之野，風合之。」服虔《左氏解誼》云：「牝牡相誘謂之風。」

淫雨蚤降。 注云：「今《月令》曰『眾雨』。」案《呂覽》亦作「淫雨」。《說文·雨部》云：「䨚，小雨也，从雨，眾聲。《明堂月令》曰『䨚雨』，職戎切。」鄭所云「今《月令》」皆《明堂月令》也。

腐草爲螢。 《明堂月令》曰「腐草爲蠲」，《說文》云：「馬蠲也。」《時則訓》作「腐草化爲蚈」。高誘注曰：「蚈，馬蚿，一曰螢火。」

無或差貸。 案「貸」，依字當作「貣」，古「忒」字。《呂覽》正作「忒」。《易·豫·象》云「四時不忒」，京房本作「貣」。《尚書·洪範》「衍忒」，《史記》作「衍貣」。又，《管子》書皆以「貣」爲「忒」，今皆讀爲「二」者，非。張參《五經文字》云：「貸，相承或借爲『貣』字。」是「貸」與「貣」通。又，漢《張表碑》「苛忒」字作「荷㤂」，此其證也。

季夏行春令，則穀實鮮落。 案《呂覽》《淮南》「鮮」皆作「解」。

順彼遠方。 《呂覽》云「巡彼遠方」。案「巡」當作「循」，聲之誤也。《儀禮注》云「古文

『循』作『順』」，故《月令》作「順」。高誘《淮南注》云：「順，循也。」鄭氏云「順猶服也」，是讀爲馴。

養衰老，授几杖，行麋粥飲食。 高誘曰：「陰氣發，老年衰，故共養之，授其几杖，賦行飲食麋粥之惺。❶今之八月比户賜高年鳩杖、粉粢是也。《周禮》大羅氏掌獻鳩以養老。又，伊耆氏掌共老人之杖。」《王制》云「凡三王養老皆引年」，注云：「引户校年，當行復除也。」《續漢書・禮儀志》云：「仲秋之月，縣道皆案户比民，年始七十者授之以王杖，餔之麋粥。八十九十禮有加賜。」《後漢書・江革傳》云：「每至歲時，縣當案比，革以母老，不欲摇動，自在轅中輓車。」此鄭氏所云「引户校年，當行復除」是也。

無不務内。 《吕覽》「内」作「入」。内，古文入。

固封疆。 注云：「今《月令》『疆』或謂『壐』。」案《吕覽》亦作「壐」，高誘讀爲「移徙」之徙。

天子乃命將帥講武、習射御、角力。 盧植曰：「角力，如漢家乘之引閾，蹋踘之屬也。」

水泉咸竭。 《吕覽》「咸」作「減」。《春秋傳》云「咸黜不端」，《正義》云：「諸本『咸』或

---

❶「惺」，諸本同。《吕氏春秋・仲秋紀》作「禮」。據蔣維喬、陳奇猷等云，本或誤作「惺」。

作『減』。」是「咸」與「減」通。

水澤腹堅。 《釋文》云：「『腹』本又作『複』。又，方服反。」案《呂覽》作「復」，高誘曰：「復亦盛也，『復』或作『複』，凍重累也。」

《文王世子》：問内豎之御者。 注云：「御如今小史直日矣。」《外傳》史黯謂趙簡子曰：「臣敢煩當日。」韋昭曰：「當日，直日也。」《戰國策》云「郢之登徒直使」，高誘曰：「直，當日直使也。」

夢帝與我九齡。 《釋文》作「聆」，云「本或作『齡』」。案《説文》無「齡」字。《樊毅修華嶽碑》云「垂曜萬軨」，婁壽曰：「漢碑『齡』皆作『軨』。」「軨」亦借用字，下文云「古者謂年齡，齒亦齡也」，故字从齒。未詳當攷。《廣雅》曰：「齡，年也。」《九經攷異》云「九齡」，石經作「秢」。案漢石經《禮記》無攷，未詳何據。

況于其身以善其君乎。 注云：「于讀爲迂。迂猶廣也，大也。」案鄭氏《論語》云「子之于也」，何晏本「于」作「迂」，蓋古字通。

纖剸。 注云：「纖讀爲殲。」《釋文》云：「纖依注音鍼，❶之林反。徐子廉反，注本或作

❶ 「音」，原作「者」，據稿本、四庫本改。

『纖』，讀爲殲者，是依徐音而改也。」案此則當云「纖讀爲鍼」，故下注訓爲刺。今本皆从徐音誤爲殲。

告于甸人。注云：「告讀爲鞠，讀書用法曰鞠。」依字當作「鞫」。正義云：「讀書，讀囚人之所犯罪狀之書；用法，謂以法律平斷其罪。」案《秋官·小司寇》「讀書用法」，先鄭云：「如今讀鞫已乃論之。」賈公彦曰：「鞫謂劾囚之要辭，讀已乃行刑。」《漢書·功臣表》云「新時侯趙弟坐鞠獄不實」，如淳曰：「鞠者，以其辭決罪也。」《張湯傳》云「訊鞫論報」，張晏曰：「鞫，一吏爲讀狀，論其報行也。」《刑法志》云「遣廷史與郡鞫獄」，如淳曰：「以囚辭決獄事爲鞠，謂疑獄也。」

三老、五更。注云：「三老、五更各一人，皆年老更事致仕者也。名以三、五者，取象三辰、五星，天所因以照明天下者。」又，《樂記》注云：「三老、五更，互言之耳。皆老人更知三德五事者也。」案三老、五更，諸儒之説各異，宋均《援神契注》云：「三老，老人知天地人事者；五更，老人知五行更代之事者。」應劭《漢官儀》曰：「三老、五更，三代所尊也。三者道成於天、地、人。老者久也，舊也。五者訓於五品。更者五世長子更相代，言其能以善道改更已也。」盧植《禮記注》云：「選三公老者爲三老，卿大夫中之老者爲五更。」蔡邕以更字爲「叟」，云：「三老，國老也。五叟，庶老也。叟，長老之稱。」又以三老爲三人，五叟爲五人。

案《蔡集・問荅》云：「三老、五更，子獨曰五叟，何也？曰：『字誤也。叟，長老之稱，其字與「更」相似，書者轉誤，遂以爲更。嫂字女旁，瘦字从叟，今皆以爲更矣。立字法者，不以形聲，何得以爲字？以嫂、瘦推之，知是更爲叟也。』」棟案：《列子・黄帝篇》云：「禾生子伯宿於田更商丘開之舍。」注云：「更當作『叟』。」然則蔡説不爲無據。

《禮運》：孔子曰：大道之行也，與三代之英，丘未之逮也，而有志焉。 注云：「志謂識古文。」

諸侯非問疾弔喪而入諸臣之家，是謂君臣爲謔。 《荀子・大略》曰：「君於大夫三問其疾，三臨其喪，於士一問一臨。諸侯非問疾弔喪不之臣之家。」

故聖人耐以天下爲一家。 注云：「耐，古『能』字。傳書世異，古字時有存者，則亦有今誤者。」《樂記注》云：「耐，古書『能』字也。後世變之，此獨存焉，古以能爲三台字。」《王莽傳》云「三能文馬」是也。棟案：古三台字作「能」，古「能」字作「耐」，又作「而」。古「耐」字作「耏」。《説文》云：「耏，罪不至髡也，从而，从彡。或作『耐』，从寸。諸法度字从寸。」應劭《漢書注》云：「輕罪不至于髡，完其耏鬢。❶《説文》曰：「而，頰毛也，象毛形。《周禮》曰『作其鱗之

❶「耏」，原作「耐」，據稿本、四庫本改。

而』。」故曰『耏』。」古「耐」字从彡，髮膚之意也。杜林以爲「法度之字皆從寸」，後改如耐，音若能。孔穎達曰：「不虧形體，猶堪其事，故謂之耐。」鄭云「則亦有今誤者」，正義云：「今書雖存古字爲耐，亦有誤不安『寸』，直作『而』字，則《易·屯·彖》云『利建侯而不寧』，及劉向《説苑》『能』字皆爲『而』也。」《吕覽·正月紀》云：「晉平公問於祁黄羊曰：『南陽無令，其誰可而爲之？』」高誘注云：「而能爲治。」又，《士容論》云：「柔而堅，虚而實。」注：「而，能也。」《淮南子》曰：「轉化推移得之道，而以少勝多。」高誘曰：「而，能也。能以寡統衆。」是秦、漢之書皆以「而」爲「能」。

九經古義卷弟十二

禮記古義下

《禮器》：次路繁纓七就。 七當爲五，古五字如七，見王肅《詩傳》。因誤爲之。《郊特牲》云「次路五就」，注云：「《禮器》言『次路七就』，與此乖。字之誤也。」

大圭不琢。 注云：「琢當爲篆，字之誤也。」《漢書・董仲舒傳》云「良玉不瑑」，注云：「瑑謂彫刻爲文也。」

晉人將有事於河，必先有事於惡池。 注云：「惡當爲呼，聲之誤也。呼池、嘔夷，并州川。」秦惠王《詛楚文》云「告于不㬎大神亞駞」，亞駞即惡池也。亞與惡通。詳《易古義》。

配林。 注云：「配林，林名。」盧植云：「配林，小山林麓，配泰山者也。」《風俗通》云：「配林。林，樹木之所聚生也。今配林在泰山西南五六里。」何休注《公羊》引作「蜚林」。「蜚」聲近「妃」，古「配」字作「妃」，聲之誤也。

《郊特牲》：鄉人禓。 注云：「禓或爲獻，或爲儺。」鄭氏《論語》曰「鄉人儺」，注云：

「十二月，命方相氏索室中，驅疫鬼。魯讀儺爲獻，今从古。」案此則古文《論語》作「鄉人儺」，《魯論語》作「鄉人獻」，故此注云「或爲獻，或爲儺」。禮家所傳，亦有異同也。「獻」讀爲「莎」，又讀爲「義」。「義」音「莪」，聲近「儺」。

而流示之禽，而鹽諸利。 注云：「鹽讀爲艷，行田示之以禽，使歆艷之，觀其用命不也。」棟案：《古樂府》有《昔昔鹽》《三婦鹽》，亦作「艷」，古字通。

《内則》：柔色以温之。 注云：「温，藉也。承尊者必和顔色。」《匡謬正俗》曰：「案文當云柔和顔色以温悦尊者之心，不當改讀爲藴。」此説非也。古「藴藉」字皆作「温」，其「薀藻」「薀蓄」之字則从艸，温聲。 正義云：「言子事父母，❶當和柔顔色。承藉父母，若藻藉承玉然。」斯説得之。《詩》云「飲酒温克」，《易》云「藉用白茅」，皆取和柔之義。《詩·小宛》「温克」，箋云：「飲酒雖醉，猶能温藉以持以勝。」正義云：「定本及箋作温字。舒瑗云：『包裹曰藴。』謂藴藉自持，含容之義。經中作『温』者，蓋古字通用。」《經籍志》舒瑗撰《毛詩義疏》。

三牲用藙。 注云：「藙，煎茱萸也。《漢律》會稽獻焉。」《説文》云：「《漢律》會稽獻藙一斗，从艸，顡聲。」

---

❶「子」，原作「于」，據稿本、四庫本、清經解本改。

接以大牢。注云：「接讀爲捷。捷，勝也。謂食其母，使補虛强氣也。」棟案：「接」與「捷」通，故訓爲捷。鄭氏《周易・晉卦》云「晝日三接」，注云：「接，勝也。」音捷。是讀爲捷。《春秋經》云「宋萬弑其君捷」，賈逵云：「《公羊》《穀梁》曰『接』。」《大戴禮・官人》云「九用」，「八曰取接給而廣中者」，「接給」猶「捷給」也。

祗見孺子。注云：「祗，敬也。或作『振』。」古祗、振字通。《史記・夏本紀》皋陶述其謀曰「日嚴振敬六德」，今《尚書》「振」作「祗」。振又與震通。[1]《魯世家》周公作《毋逸》，云「治民震懼」，今《無逸》作「祗懼」。蔡邕石經《般庚》云「今爾惠朕：曷祗動萬民以遷」。今《盤庚》云「爾謂朕：曷震動萬民以遷」。祗與振義同而音異。《粊誓》云「祗復之」，《魯世家》《肸誓》云「敬復之」。徐廣云：「敬，一作『振』。」

《玉藻》：諸侯荼前詘後直。注云：「荼讀爲『舒遲』之舒，舒懦者，所畏在前也。」《考工・弓人》云「寬緩以荼」，注云：「荼，古文舒，假借字。鄭司農云：『荼，讀爲舒，舒，徐也。』」

趨以采齊。注云：「齊當爲『楚薺』之薺。」案《詩》作「楚茨」，王逸《楚辭章句》引《詩》

[1]「又」，原作「文」，據稿本、四庫本、清經解本改。

云「楚楚者薋」，其字皆以齊次爲聲，同物同音。故《大戴禮・保傅篇》云「行以《采茨》，趨以《肆夏》」，又云「揚中《采茨》，趨中《肆夏》」。鄭从《周禮》作「薺」，又引「楚茨」以證之，明同物也。

大夫佩水蒼玉而純組綬。 注云：「純當爲緇，古文緇字或作絲旁才。」絲當作「糸」。《周禮・媒氏》曰：「入幣純帛，無過五兩。」注云：「純，實緇字也。古緇以才爲聲。」賈公彥曰：「古之緇有二種，其『緇布』之緇，糸旁甾，後不誤，故禮有緇布冠、緇布衣，存古字。若以絲帛之緇，則糸旁才。」案毛公《行露》傳曰「昏禮紂帛不過五兩」，故鄭據爲說。

《學記》：善待問者如撞鐘。 《墨子》曰：「君子如鐘，扣則鳴，不扣則不鳴。」《荀子》曰：「不問而告者，謂之傲；問一而告二，謂之囋。朱新仲云：「今人謂屢說曰『暫』，葢『囋』字也。」傲非也，囋非也，君子如響矣。」如響者，即《繫辭》所云「問焉而以言，其受命也如嚮」是也。二說可與「善待問者如撞鐘」相發明。

《樂記》：竹聲濫，濫以立會，會以聚衆。 注云：「濫之意猶擥聚也，會猶聚也。聚或爲最。」古「最」「聚」通用。《管子・禁藏篇》曰「冬收五藏，最萬物」，注：「最，聚也。」《史記・殷本紀》云：「大最樂，戲於沙丘。」徐廣曰：「最，一作『聚』。」又，《周本紀》有「周聚」，徐廣曰：「一作『最』，最亦古之聚字。」《公羊》隱元年傳云：「會猶最也。」何休云：❶「最之爲言聚，若今聚民爲『投最』。」

武坐致右憲左。　注云：「憲讀爲軒，聲之誤。」古「憲」「軒」二字音相通。《詩》云「天之方難，無然憲憲」，毛傳云：「憲憲，猶欣欣也。」「欣」讀爲「軒」，與「難」合韻。鄭注《内則》云「軒讀爲憲」。揚雄《河東賦》云「麾城擳邑」，李奇曰：「擳音『車幰』之幰。」幰从巾，憲聲。反復相訓，葢古音通也。《内則》亦讀「憲」爲「軒」。

封帝堯之後於祝。　注云：「祝或爲鑄。」《周本紀》云「封黄帝之後於祝」，張守節以爲東海祝其縣，非也。《汲郡古文》云「平王三年齊人滅祝」，此東海縣也。古祝、鑄同音。《淮南子·俶真訓》曰「冶工之鑄器」，高誘曰：「鑄讀作祝。」《續漢志》云「濟北蛇邱有鑄鄉城」，劉昭曰：「周武王未及下車，封堯後於鑄。」《春秋傳》云「臧宣叔娶于鑄」，❷杜注：❸「鑄國，濟北蛇丘縣所治。」《吕氏春秋·慎大覽》云：「武王勝殷，入殷未下轝，命封黄帝之後於鑄，封帝堯之後於黎，封帝舜之後於陳。」高誘曰：「鑄，國名。」

---

❶「休」，原作「林」，據清經解本改。
❷「娶」，原作「聚」，據稿本、四庫本改。
❸「注」，原作「氏」，據四庫本改。

曲直、繁瘠、廉肉、節奏。 《荀子》「瘠」作「省」。棟案：「省」與「眚」通，眚猶瘠也，故字亦作「瘠」。尋文義，「繁省」爲長。

《雜記》：訃於適者。 依《説文》，「訃」當作「赴」。注云：「適讀爲『匹敵』之敵，謂爵同者也。」鄭氏《論語》云「無敵也，無莫也」，古文《論語》「敵」作「適」。《荀卿子·君子篇》云「天子四海之内無客禮，告無適也」。注云：「適，讀爲敵。」《史記·范雎傳》「攻適伐國」，❶《田單傳》「適人開户」，《李斯傳》「羣臣百官皆畔，不適」，徐廣皆音征敵之敵，是「適」爲古文「敵」也。

注：六服皆袍制，不禪，以素沙裹之，如今袿袍襈重繒矣。 正義云：「漢時有袿袍，其袍下之襈，以裹繒爲之。」《釋名》云：「婦人以絳作衣裳，上下連，四起施緣，亦曰袍。」賈公彦曰：「男子袍既有衣裳，今婦人衣裳連則非袍。而云『袍制』者，正取衣複不單，與袍制同。」袿袍，猶圭衣也。鄭注《内司服》云：「今世有『圭衣』者，蓋三翟之遺俗。」《釋名》曰：「婦人上服曰袿，其下垂者上廣下狹，如刀圭也。」《江充傳》云「曲裾後垂交輸」，❷如淳曰：「交輸，

❶ 「雎」，原作「睢」，據省吾堂本及《史記·范雎列傳》（點校本二十四史修訂本）改。下同，不再出校。
❷ 「裾」，原作「裙」，據稿本、四庫本、省吾堂本改。

割正幅，使一頭狹若燕尾，垂之兩旁，見於後，是《禮・深衣》『續衽鉤邊』。賈逵謂之衣圭。」亦舉漢法以明之。蘇林曰：「交輸，如今新婦袍上挂全幅繒角割。」《續漢志》云：「諸古麗圭襂閨緣加上之服，建武、永平禁絶之。」麗圭襂閨緣，即圭衣之類。袍所以苞内衣，故云加上之服。皆重繒厚練。永平初惟中宫皇大子得服之，葢以儉化俗也。《釋名》曰：「襈，撰也，青絳爲之緣。」《玉篇》曰：「襈，緣襹。緣襹，襹施緣也。」

諸侯出夫人，有司官陳器皿。 注云：「器皿，其本所齎物也。《律》：『弃妻畀所齎。』」《韓非子・説林》曰：「衞人嫁其子，而教之曰：『必私積聚。爲人婦而出，常也；其成居，幸也。』其子因私積聚，其姑以爲多私而出之。其子所以反者倍其所以嫁。」妻有三不去：一曰有所取，無所歸。

《喪大記》：君大夫鬊爪，實于緑中。 注云：「緑當爲角，聲之誤也。角中謂棺内四隅也。」

《坊記》：高宗云：三年其惟不言，言乃讙。 注云：「讙當爲歡，聲之誤也。其既言，天下皆歡喜，樂其政教也。」熊朋來《經説》云：「《坊記》『言乃讙』之注但知有《説命》之書，不知其爲《無逸》之文，妄指爲『讙説』之讙。不知本文當爲『雍』，作《釋文》《正義》者從而遂非傳説，尤爲可恨。」楝案：鄭未嘗以此書爲《兑命》之篇，此《正義》之誤。鄭氏《尚書・無佚》

篇云：「乃或梁闇，三年不言，其維不言，言乃雍。」注云：「楣謂之梁，闇讀如鶕，鶕謂廬也。其不言之時，時有所言，則羣臣皆和諧。」是鄭非不知《無佚》之篇「讙」作「雍」。以《記》稱高宗，《書序》又有《高宗之訓》，此篇已亡，何知不在《商書》而猥舉《無佚》之篇改「讙」爲「雍」也！且馬遷從孔安國問，多得古文之説，其所作《魯世家》稱《無逸》云：「乃有亮闇，三年不言，言乃讙。」正與《坊記》所載同。古今異文，師徒異讀，必欲執一説以繩之，此井鼃夏蟲之見也。吴興張謙中《復古編》云：「闇，治喪廬也，从門、音。高宗梁闇，三年不言。何謂梁闇？伏生《書大傳》：『楣謂之梁，闇讀如鶕。』《禮·喪服四制》卒哭後『翦屏柱楣』，謂之梁闇。晉賈后取妹丈韓壽子養之，託梁闇所生。別作庵，非。烏含切，又烏紺切。」

《中庸》：壹戎衣。 注云：「戎，兵也。衣讀如殷，聲之誤也。齊人言殷聲如衣。虞、夏、商、周氏者多矣，今姓有衣者，殷之冑與？」案《康誥》云「壹戎殷」，故鄭讀从之。古「依」字作「月」，从反身，殷字从此，故讀「殷」爲「月」，聲如依也。《吕覽·慎大篇》云「親郼如夏」，❶高誘曰：「郼讀如衣，今兖州人謂殷氏皆曰衣。」

治國其如示諸掌乎。 注云：「示讀如『寘諸河干』之寘。寘，置也。物而在掌中，易爲

❶「慎大」，原作「權勳」，據四庫本改。

知力者也。」古「寘」字多作「示」。《易・坎》之上六云「寘于叢棘」，劉表「寘」作「示」。范甯注《穀梁》引《易》云「繼用徽纆，示于叢棘」。《毛詩・鹿鳴》云「示我周行」，箋云：「『示』當作『寘』。」

仁者，人也。 注云：「人也，讀如『相人偶』之人，以人意相存問之言。」案《公食大夫禮》云「賓入三揖」，注云：「每曲揖及當碑揖，相人偶。」蓋賓主揖讓互相親偶，親親之意亦如之也。《老子・道經》曰「如嬰兒之未孩」，河上公注云：「如小兒未能答偶人時也。」

好學近乎知。 《説苑・建本篇》云：「《中庸》曰：『好問近乎智，力行近乎仁，知恥近乎勇。』」《漢書》公孫弘上書引《禮記》亦云「好問近乎知」，師古曰：「疑則問之，故成其智。」

《表記》：仁者，人也。 注云：「人也，謂施以人恩也。《春秋傳》曰：『執未有言舍之者，此其言舍之何？人也。』」正義云：「施人以恩，謂意相愛偶人也。引《春秋傳》者，成十六年《公羊傳》文。傳稱欲人愛此行父，故特言『舍之』。引之者，證人是人偶相存愛之義也。」

義而順，文而靜。 注云：「靜或爲情。」古「靜」與「情」每相通。《周書・官人》云「情忠而寬，貌莊而安」，《大戴禮・官人》「情」作「靜」。《周書》又云「飾貌者不靜」，《大戴禮》作「不情」。

《緇衣》：信以結之則民不倍，恭以涖之則民有孫心。□□□《禮記》「孫心」作「愻」。

棟謂：《緇衣》「孫心」當作「愻」，猶《祭義》「見間」當爲「覸」，《史記》「刺齒」當爲「齧」，《孟子》「正心」當爲「忘」，皆一字誤爲二字也。《説文》：「愻，順也。《書》云『五品不愻』。」今文《尚書》作「訓」。《史記·魯世家》云「宣王伐魯，殺其君伯御而問魯公子能道順諸侯者」，徐廣曰：「順一作『訓』。」張守節云：「順音訓。」古文《尚書》作「愻」。今孔氏本作「孫」。衛包又改作「遜」。古文亡矣，薛宣《尚書》作「愻」。《緇衣》猶存古字。毛居正作《正誤》又從而改之，益歎識字之難。訓讀爲馴，愻解爲順。順猶馴也，義本不殊。

葉公之顧命。 注云：「楚縣公葉公子高也。臨死遺書曰顧命。」棟案：其辭有「莊后」「大夫」「卿士」，非葉公之言也，此《周書》祭公謀父之辭。穆王時祭公疾不瘳，王曰：「公其告予懿德。」祭公拜手稽首，曰：「嗚呼，天子！女無以嬖御固莊后，女無以小謀敗大作，女無以嬖御士疾大夫卿士。」祭公將歿，而作此篇，故謂之《顧命》。其事亦見《汲郡古文》。王伯厚已有是説，余特表而出之。此傳寫之誤，非傳《禮》之誤。二《禮》如《明堂位》《文王官人》皆采自《周書》，王氏以爲傳《禮》之誤，非也。

故君子寡言而行，以成其信。 注云：「寡當爲顧，聲之誤也。」《釋文》云：「寡音顧，出注。」棟案：「寡」當音「鼓」。《尚書·微子》云「我不顧行遯」，徐仙民云：「顧音鼓。」《商詩》

「韋、顧既伐」,《古今人表》作「韋、鼓」。「顧」有「鼓」音,與「寡」聲近,故鄭氏云「聲之誤」。

《三年問》:故先王焉爲之立中制節。 棟案:焉,於也。《吕氏·月令》曰「天子焉始乘舟」,高誘曰:「焉猶『於此』。」高注《淮南》云:「焉,於也。」《外傳·晉語》曰「焉作轅田」「焉作州兵」,皆訓爲於,言於是始作轅田、州兵也。《荀子》「焉」作「安」,楊倞曰:「安,語助,猶言抑也。或作『安』,或作『案』,《荀子》多用此字。《禮記·三年問》作『焉』。《戰國策》:『謂趙王曰:「秦與韓爲上交,禍案移於梁矣。今《戰國策》「案」作「安」。秦與梁爲上交,秦禍案攘於趙矣。」』《吕氏春秋》:『吴起謂商文曰:「今置質爲臣,其主安重;釋璽辭官,其主安輕。」』蓋當時人通以安爲語助,或方言耳。」

《投壺》:籌,室中五扶,堂上七扶,庭中九扶。 注云:「籌,矢也。輔四指曰扶,《韓非子》云:「上失扶寸,下得尋常。」注云:「四指爲扶。」一指按寸。《春秋傳》曰『膚寸而合』。」鄭知「扶」與「膚」同者,《尚書大傳》云:「五岳皆觸石出雲,扶寸而合,不崇毛萇《詩傳》云:「崇,終也。」朝而雨天下。」彼注云「四指爲扶」,音膚。《書傳》所載與《公羊》同,而其字作「扶」,故「扶」爲「膚」。何休云:「側手爲膚,案指爲寸。」《玉篇》引《公羊傳》云「扶寸而合」,《廣韻》同。又引注云「側手曰扶,案指曰寸」,是古本《公羊》「膚」皆作「扶」。

《儒行》:其飲食不溽。 注云:「恣滋味爲溽,溽之言欲也。」案《歸藏易·需卦》之需作「溽」，見胡氏《啟蒙》。《周易・象》云「君子以飲食宴樂」。「溽」音「辱」。《春秋傳》云「辱必求之，吾助子請」。服虔《解誼》云：「辱，欲也。」

《大學》：致知在格物。 《文選注》：「《倉頡篇》云：『格，量度之也。』」量度事物，致知之道也。

此之謂自謙。 注云：「謙讀爲慊，慊之言厭也。」《詩・湛露》云「厭厭夜飲」，傳云：「厭厭，安也。」安靜之意。故書本作「謙」，鄭讀爲「慊」。今《集注》本直作「慊」字，非也。鄭下注「命也」之命，讀爲慢。朱子从之，仍依本字，訓爲慢。此「謙」字亦當依本字，訓爲慊。

《射義》：古者天子之制，諸侯歲獻，貢士於天子。 注云：「歲獻，獻國事之書及計偕物也。《漢書》元光四年，徵吏民有明當時之務、習先聖之術者，❶縣次續食，令與計偕。蓋取法三代因歲獻而貢士之意。三歲而貢士。舊説云：大國三人，次國二人，小國一人。」何休注《公羊》云：「禮，諸侯三年一貢士於天子，天子命與諸侯輔助爲政，所以通賢共治，示不獨專，重民之至。大國舉三人，次國舉二人，小國舉一人。」

---

❶「者」，原作「署」，據稿本、四庫本改。

九經古義卷弟十三

公羊古義上

《公羊》有嚴、顔二家，蔡邕石經所定者，《嚴氏春秋》也。何邵公所注者，《顔氏春秋》也。何以知之？以石經知之。石經載《公羊》云桓公二年顔氏有「所見異辭，所聞異辭」云云，是《嚴氏春秋》已見于隱元年，於此不復發傳也。今何本有之。又云卅年顔氏言「君出則己入」，此僖三十年傳也。又云顔氏無「伐而不言圍者，非取邑之辭也」，今何氏本亦無，以此知何所注者葢《顔氏春秋》也。鄭康成注《三禮》，引隱五年傳云「登戾之」，又引桓十一年傳云「遷鄭焉，而鄙留」，又引隱二年傳「放於此乎」，與石經同，與何氏異，葢所據者嚴氏本也。《蓺文志》云《公羊顔氏記》十一篇，後漢張伯饒又減定爲二十萬言。顔氏説經，以襄公廿一年之後孔子生訖，即爲所見之世；又以爲十四日日食，周王爲天囚之類，倍經違戾，皆何邵公所不取。

康成《六蓺論》云：「治《公羊》者胡母生、董仲舒。董仲舒弟子嬴公，嬴公弟子眭孟，眭孟弟子莊彭祖及顏安樂，安樂弟子陰豐、《儒林傳》作「泠豐」。劉向、本傳不載。王彥。」無攷。劉子政從顏公孫受《公羊春秋》，本傳不載，然封事多用《公羊》說。

閔因敘云：「昔孔子受端門之命，制《春秋》之義，使子夏等十四人求周史記，得百二十國寶書，九月經立。《感精符》《考異郵》《說題辭》具有其文。」沈文何云：「《嚴氏春秋》引《觀周篇》，云孔子將脩《春秋》，與左丘明乘如周，觀書於周史，歸而脩《春秋》之經，丘明爲之傳，共爲表裏。」《周禮》「小史掌邦國之志」，先鄭云「《春秋傳》所謂《周志》，《國語》所謂《鄭書》之屬」。「外史掌四方之志」，後鄭云「謂若魯之《春秋》、晉之《乘》、楚之《檮杌》」。《墨子·明鬼篇》有《周春秋》、韋昭注《國語》引之。《燕春秋》《宋春秋》《齊春秋》。何氏莊七年注云：「古者謂史記爲《春秋》。」其言百二十國寶書者，案唐虞萬國，殷三千，見《周書》。周千七百有七十三，《春秋》以下兼國多矣。故魯大夫對孟孫曰：「禹合諸侯，執玉帛者萬國，今其存者無數十焉。」《公羊》疏：「問曰：今經止有五十餘國，通戎夷宿潞之屬，僅有六十。」然當時外史之所掌尚得百二十國，故墨子亦云「吾見百國《春秋》」是也。

《六蓺論》云：「《春秋》者，國史所記人君動作之事。左史所記爲《春秋》，右史所記爲《尚書》。」是以《玉藻》云「動則左史書之，言則右史書之」。鄭注云：「其書，《春秋》《尚書》具存者。」記文先言左史。鄭注先言《春秋》，明以左史爲《春秋》矣。《周書·史記篇》云：「維正月，王在成周。昧爽，召三公、左史戎夫，乃取遂事之要戒，俾戎夫言之。」《汲郡古文》亦云：「穆王廿四年，命左史戎夫作記。」《古今人表》云「右史戎夫」。然則左史所記爲《尚書》，是以荀悦《申鑒》云：「古者，天子諸侯有事必告于廟，朝有二史，左史記言，右史書事，事爲《春秋》，言爲《尚書》。」《禮記正義》引《六藝論》云「右史記事，左史記言」。先儒皆據《玉藻》之文，以《春秋》屬左史，《尚書》屬右史。熊安期《禮記義疏》云：「按《周禮》大史之職云『大師，抱天時，與太師同車』。又，襄廿五年傳曰：『大史書曰：「崔杼弑其君。」』是大史記動作之事，在君左廂記事，則大史爲左史也。案《周禮》内史『掌王之八枋』，其職云『凡命諸侯及孤卿大夫，則策命之』。僖廿八年傳曰：『内史叔興父策命晉侯爲侯伯。』是皆言誥之事，是内史所掌，在君之右，故爲右史。是以《酒誥》云『矧大史友，内史友』，鄭注：『大史、内史掌記言、記行。』是内史記言，大史記行也。此論正法。若其有闕，則得交相攝代，故《洛誥》史佚命周公、伯禽，服虔注文十五年傳云：『史佚，周成王大史。』襄廿年鄭使大史命伯石爲卿，皆大史主爵命，以内史闕故也。」以上皆熊説。

蔡邕《公羊》石經隱十年下云「此公子翬也」云云；又，哀十有四年下云「何以書？記異也」云云，皆無經文。案孔穎達《詩正義》云：「漢初爲傳訓者，皆與經別行。三傳之文不與經連，故石經書《公羊》皆無經文。」是也。

隱元年傳云：會猶最也。 注云：「最之爲言聚。❶若今聚民爲『投最』。」古最、聚通，見《禮記古義》。

如勿與而已矣。 注云：「如即不如，齊人語也。」

惠公者何？隱之考也。 注云：「生稱父，死稱考，入廟稱禰。」《疏》云：「舊説云禰字示旁爾，言雖可入廟，是神示，猶自最近于己，故曰禰。」郭景純注《尒疋》云：「《禮記》曰『生曰父母，死曰考妣』。《説文》云：「妣，殁母也。」今世學者從之。」案《尚書》曰「大傷厥考心」「事厥考厥長」「聰聽祖考之彝訓」「如喪考妣」。《公羊傳》曰：「惠公者何？隱公之考也。仲子者何？桓之母也。」《倉頡篇》曰：「考妣延年。」明此非死生之異稱矣。顧寧人云：「古人曰父曰考，一也。自《檀弓》定爲『生曰父，死曰考』之稱，而爲人子者當有所諱矣。」

王者據土，與諸侯分職，俱南面而治，有不純臣之義。故異姓謂之伯舅、叔舅，同姓謂之伯父、叔父。 許叔重《五經異義》云：「《公羊》説諸侯不純臣，《左氏》説諸侯者天子蕃衞，純臣。謹案：禮，王者所不純臣者，謂彼人爲臣皆非己德所及。《易》曰『利建侯』，侯者王所親建，純臣也。」「玄之聞也：已下鄭駁。賓者，敵主人之稱。而禮，諸侯見天子稱之曰

❶「之」，原作「乏」，據稿本、四庫本、省吾堂本改。

賓，不純臣諸侯之明文矣。」是鄭據《周禮・大行人》以爲不純臣之證，與何氏合。《白虎通》云：「王者不純臣諸侯何？尊重之，以其列土傳子孫，世世稱君，南面而治。凡不臣異，朝則迎之於著，覲則待之於阼階。升降自西階，爲庭燎，設九賓，享禮而後歸，是異于衆臣也。」

二年傳：始滅昉於此乎？ 注云：「昉，適也。齊人語。」疏云：「胡母生齊人，故知之。若鄭《譜》云『然則《詩》之道放于此乎』之類。」棟案：五年傳云「始僭諸公昉於此乎」，蔡邕石經《公羊》「昉」作「放」。鄭康成注《考工記》云「旊，讀如『放於此乎』之放」。是漢時《公羊》「昉」皆作「放」。

三年傳云：其稱尹氏何？貶。曷爲貶？譏世卿。世卿，非禮也。 宣十年齊崔氏傳同。《五經異義》「卿得世」云：「今《春秋公羊》《穀梁》說云：卿大夫世位則權并一姓，妨塞賢路，事政犯君，❶故經譏周尹氏、齊崔氏是也。而古《春秋左氏》說：卿大夫皆得世祿，不得世位。父爲大夫死，子得食其故采地，而讀爲如。有賢才則復升父故位，故傳曰『官有世功，則有官族』。謹案：《易》爻位三爲三公，二爲卿大夫，曰『食舊德』。食舊德，謂食父故祿也。《尚書》云：『古我先王暨乃祖乃父胥及佚勤，予不敢動用非罰，世選爾勞，予不絕』今《尚

❶「事」，陳壽祺《五經異義疏證》（三山陳氏本）云當作「專」。

書》作「弇」，俗本作「掩」。爾善。」《論語》曰『興滅國，繼絶世』，國謂諸侯，世謂卿大夫。《詩》云『惟周之士，不顯亦世』，《孟子》曰『文王之治岐也，仕者世禄』。知周制世禄也，从《左氏》義。」鄭氏亦云：「《尚書》『世選爾勞』，《詩》刺幽王絶功臣之世。然則興滅繼絶，王者之常，譏世卿之文，其義何在！」傳當云：「世禄禮也，世卿非禮也。」三傳之説未甚牴牾，詁訓者失之。

四年傳：石碏立之。 蔡石經「碏」作「踖」。案《説文》無「碏」字，當从石經作「踖」。《潛夫論》云：「石氏，衛公族。」

五年傳：登來之也。 注云：「登，讀言『得來』。『得來』之者，齊人語也。齊人名『求得』爲『得來』。作『登來』者，其言大而急，由口授也。」案《禮記·大學》云「一人貪戾」，鄭注云：「戾之言利也。《春秋傳》曰『登戾之』。」正義云：「以來爲戾，與《公羊》本不同。」下傳云「百金之魚，公張之」，注云：「百金猶百萬。古者以金重一斤，若今萬錢矣。」則「登戾」之説信矣。

百金之魚，公張之。 注云：「百金猶百萬也。古者以金重一斤，若今萬錢矣。」《食貨志》云：「漢興，更令民鑄莢錢，黄金一斤。」如淳曰：「時以錢爲貨，黄金一斤直萬錢。」《食貨志》又云「米至石萬錢」「馬至匹百金」，薛瓚曰：「秦以一溢爲一金，漢以一斤爲一金。」一斤爲萬錢，則百金爲百萬錢矣。何注與如、薛二説皆合，而司馬貞《索隱》取瓚注而非如説，蓋未之攷也。顔遊秦《漢書注》云「一金萬錢」，見《平準書》注。《戰國策》云：「公孫閈使人操十金，而往卜於市。」高誘曰：「二十兩爲一金。」又云：「趙王封蘇秦爲武安君，黃金萬溢。」高誘曰：「萬溢，萬金也。二十兩爲一溢。」

經：初獻六羽。 注云：「羽者，鴻也。所以象文德之風化疾也。」《五經異義》云：「《公羊》說：樂萬舞以鴻羽，取其勁輕，一舉千里。《詩》毛說：萬以翟羽。《韓詩》說：以夷狄大鳥羽。謹案：《詩》云『右手秉翟』，《尒疋》說『翟，鳥名，雉屬也』，知翟羽舞也。」

經：六年春，鄭人來輸平。 傳云：「輸平者何？輸平猶墮成也。何言乎墮成？敗其成也。」《左傳》作「渝平」，云「更成也」。服虔曰：「公爲鄭所獲，釋而不結平，於是更爲約束以結之。故曰『渝平』。」平猶成也，成猶盟也。桓元年傳云「渝盟無享國」。秦、晉爲盟，成而不結。宋及楚平，傳載盟辭。「渝盟」猶「渝成」也，「渝成」猶「渝平」也。公與鄭絕，鄭來渝平，隱不享國，桓、莊結成，以隱爲辭，則渝平不得爲成明矣。《秦誓文》云即《詛楚文》。「變輸盟刺」，《廣雅》曰：「輸，更也。」「渝」與「輸」同，朱子云。輸亦訓墮，故《左氏》謂之「更成」，《公羊》謂之「墮成」，其義一耳。孫復以「輸平」爲「輸誠」，尤誤。劉原父以「更成」爲非，从《公羊》改「渝」爲「輸」，葢未攷字義。

八年經：公及莒人盟于包來。 《釋文》云：「包來，《左氏》作『浮來』。」古浮、包字同。秦有儒生浮邱伯，見《漢書·楚元王傳》。而《鹽鐵論》作「包邱子」，葢古音通也。

十有一年傳：何隱爾？弒也。　蔡邕石經「弒」作「試」。《白虎通》引《春秋讖》曰：「弒者，試也。欲言臣子殺其君父。殺音試。《釋文》云：「弒从式，殺从殳，不同。君父言弒，積漸之名；臣子云殺，卑賤之意。字多亂，故時復音之。」不敢卒，候閒司事，可稍稍弒之。」《荀卿子・議兵》曰：「傳曰『威厲而不試，刑措而不用』。」《鹽鐵論》曰「威厲而不殺」，「殺」音「試」，古音同。

桓三年，齊侯、衛侯胥命于蒲。　《荀子・大略篇》曰：「《春秋》善胥命，而《詩》非屢盟，其心一也。」

四年，有年。　朱新仲曰：「有年，大有年，桓、宣時也。有者，不宜有。二公行事不宜有此，皆貶也。《春秋》二百四十二年之間，豈止此二三年豐熟哉！以是知二公不宜有此也。昭元年，秦后子奔晉云云，國無道而年穀和熟，天贊之也。與此意合。」

六年經：蔡人殺陳佗。　傳云：「淫于蔡，蔡人殺之。」注云：「蔡稱人者，與使得討之。猶律文立子姦母，見乃得殺之也。」疏云：「猶言對子姦母也。」

八年。　注云：「天子之牲角握，諸侯角尺，卿大夫索牛。」疏云：「皆指祭宗廟之牲也。」襄元年《左氏傳》云「萊人賂夙沙衛，以索馬牛」，❶杜氏云：「索，簡擇好者。」《周禮・牛

❶「襄元年」，當作「襄二年」，諸本皆誤。

人》「祭祀共求牛」，求牛，猶索牛也。

十一年傳云：古者，鄭國處於留。先鄭伯有善于鄶公者，通乎夫人以取其國，而遷鄭焉，而野留。 案鄶公者，鄶仲也。夫人者，叔妘也。《周語》富辰曰：「鄶之亡也，由叔妘。」注云：「鄶，妘姓之國。叔妘，同姓之女，爲鄶夫人。」《鄭語》史伯云：「子男之國，虢、鄶爲大。虢叔恃勢，鄶仲恃險。君若以周難之故，寄帑與賄焉，無不克矣。」寄帑與賄，故得通於夫人而取其國。康成《發墨守》云：「鄭始封君曰桓公者，周宣王之母弟，國在宗周畿内，今京兆鄭縣是也。桓公生武公，武公生莊公，遷居東周畿内，國在虢、鄶之間，今河南新鄭是也。武公生莊公，因其國焉。留乃在陳、宋之東，《左傳》「侵宋呂、留」。後漢彭城有留縣，張良所封。鄭受封至此適三世，安得古者鄭國處於留、祭仲將往省留之事乎？」愚案：桓公寄帑與賄于虢、鄶及十邑，幽王之亂，東京不守，當有處留之事。其後滅虢、鄶十邑，而居新鄭，則以留爲邊鄙，當在武公之時。故云「古者鄭國」，又云「先鄭伯」，《公羊》之言正與《外傳》合。鄭氏不攷而驟非之，過矣。

莊四年傳：九世猶可以復讎乎？雖百世可也。 《五經異義》曰：「《公羊》說：復百世之讎。《古周禮》說：復讎可盡五世之内，五世之外施之於己則無義，施之於彼則無罪。謹案：魯桓公爲齊襄公所殺，其子莊公與齊桓公會，《春秋》不譏。又，定公是魯桓公九世孫，孔子相定公，與齊會於夾谷，是不復百世之讎也，从《周禮》説。」

七年傳：不脩《春秋》曰：雨星不及地尺而復。　王伯厚云：「《晉語》司馬侯曰『羊舌肸習於《春秋》』，《楚語》申叔時曰『教之《春秋》』，皆在孔子前，所謂《乘》《檮杌》也。魯之《春秋》韓起所見，所云『不脩《春秋》』也。」

八年經：甲午祠兵。　《五經異義》曰：「《公羊》説：甲午祠兵，師出曰祠兵，入曰振旅。祠者，祠五兵矛、戟、劒、楯、弓、鼓，及祠蚩尤之造兵者；《左氏》説：甲午治兵爲授兵于廟。謹案：《三朝記》曰：『蚩尤，庶人之强者，何兵之能造。』」「玄之聞也，以下鄭駁。祠兵者，《公羊》字之誤，以治爲祠，因而作説之。於周《司馬職》曰『仲夏教茇舍』，『仲秋教治兵』，其下皆云『如戰之陳』。『仲冬教大閲，脩戰法，虞人萊所田之野』，乃爲之。如是，治兵之屬皆習戰，非授兵於廟，又無祠五兵之禮。」鄭以《公羊》「祠」當爲「治」，故《詩・采芑》箋引此傳，直作「治」。

夏，師及齊師圍成。傳云：成者，盛也。盛則曷爲謂之成？諱滅同姓也。　案：成本盛國，「成」與「盛」通，故《釋名》云：「成，盛也。」《穆天子傳》云：「盛姬，盛伯之子。」郭璞云：「盛，國名。」文十二年盛伯來奔，是盛國伯爵，二傳皆作「郕」。僖廿四年《左氏傳》云「管、蔡、郕、霍，文之昭也」，是盛爲姬姓，故《穆天子傳》云「天子賜盛伯爲上姬之長」。郕後爲魯邑，昭七年《左氏傳》云「晉人來治杞田，季孫將以成與之」。《説文》云：「郕，魯孟氏邑。」是郕與成一也。故此傳云「諱滅同姓」。《郡國志》云：「濟北成縣本國成，舊屬泰山郡。」《地理志》泰山有式縣，「式」當爲「成」。

十年。注云：律，一人有數罪，以重者論之。 案昭卅一年傳與此同，葢《漢律》也。《史記·李斯傳》云：「具斯五刑。」《漢書·刑法志》云：「漢興之初，尚有夷三族之令，令曰：『當三族者，皆先黥、劓，斬左右止，笞殺之，梟其首，菹其骨肉於市。其誹謗詈詛者，又先斷舌。』故謂之具五刑。彭越、韓信之屬皆受此誅，暴秦之爲禍也烈矣。❶高后元年乃除三族罪、祅言令。」《尚書·甫刑》傳：「子張曰：『堯舜之主，一人刑而天下治，何則？教誠而愛深也。一夫而被此五刑。』子龍子曰：『未可謂能爲《書》。』」康成注云：「二人俱罪，吕侯之説刑也，被此五刑，俞犯數罪也。」「孔子曰：不然也，五刑有此教」，注云：「教然耳，數罪猶以上一罪刑之。」此與《漢律》「一人數罪，以重者論之」同義。

十有二年傳：閔公矜此婦人，妬其言，顧曰：「此虜也，爾虜焉故。句。**魯侯之美惡乎至！」** 董仲舒《春秋繁露》云：「『此虜也，爾虜焉知魯侯之美惡乎致！』萬怒搏閔公，絶脰。」《韓詩外傳》引此云：「閔公矜此婦人，妬其言，顧曰『爾虜焉知魯侯之美惡乎』！」何氏以

❶「暴秦」至「烈矣」八字，《漢書·刑法志》無。

「爾虜焉故」爲句，注云：「女嘗執虜於魯侯，故稱譽爾。」又云「魯侯之美惡乎至」，注云：「惡乎至，猶何所至。」意反迂回。❶

十有七年經：鄭瞻自齊逃來。　傳云：「何以書？書甚佞也。曰：佞人來矣，佞人來矣。」案：甚佞，猶「孔壬」也。《尒疋·釋言》云：「孔，甚也。」《釋詁》云：「壬，佞也。」《虞書》云「何畏乎巧言令色孔壬」，孔氏傳訓爲「甚佞」，佞讀爲年。「天王殺其弟年夫」，《左傳》作「佞夫」。故《國語》輿人誦曰：「佞之見佞，果喪其田。」「佞」與「田」協，故讀爲年。年讀爲壬，《說文》：「𨛫，从邑，年聲，讀若寧。」又，「年，从禾，千聲」，千與年同音。「田」讀爲「陳」，故「甚佞」謂之「孔壬」，後人疑「孔壬」之說，遂以爲共工名，其妄如此。王逸《天問》注云：「康回，共工名。」亦誤。「齊田」謂之「齊陳」，既同物又同音，是之謂古訓。「訓」讀爲「馴」。

廿三年經：公如齊觀社。　鄭氏《六經奧論》云：「『公如齊觀社。』《左氏》曰『非禮也』，《公羊》曰『蓋以觀齊女也』，《穀梁》曰『非常曰觀，觀，無事之辭也』。案《墨子》曰：『燕之祖，齊之社稷，宋之桑林，男女之所聚而觀之也。』則觀社之義，《公羊》爲長。」以上皆鄭氏説。棟案：《左傳》襄廿四年云：「齊社，蒐軍實，使客觀之。」《外傳》云：「夫齊棄大公之法，而觀民

❶「回」，原作「面」，據稿本改。

於社。」然則觀社非古也，故《左氏》以爲非禮。

廿四年傳：戎將侵曹，曹羈諫曰：「君請勿自敵也。」 《春秋繁露》曰：「曹羈曰：『戎衆以無義，君無自適。』君不聽，果死戎寇。」棟案：「適」讀爲「敵」，古文也。《禮記・雜記》注云：「適讀爲『匹敵』之敵。」《荀卿子》云：「天子四海之内無客禮，告無適也。」注云：「適讀爲敵。」《史記・范睢傳》「攻適伐國」，《田單傳》「適人開户」，《李斯傳》「羣臣百官皆畔不適」，徐廣皆音「征敵」之敵。董氏所據《公羊》，依古本以「適」爲「敵」。

卅年傳：子司馬子曰：「葢以操之爲已蹙矣。」 注云：「操，迫也。已，甚也。蹙，痛也。迫殺之甚痛。」《攷工記》云：「凡察車之道，不微至，無以爲戚速也。」康成云：「齊人有名疾爲戚者，《春秋傳》曰『葢以操之爲已蹙矣』。」《疏》云「鄭氏以蹙爲疾，與何別」，非也。古戚、蹙同音，《詩・小明》云：「曷云其還，政事愈蹙。歲聿云莫，采蕭獲菽。心之憂矣，自貽伊戚。」是戚讀爲蹙。《公羊》作「蹙」，故訓爲痛。「戚」有「蹙」音，故訓爲疾。

卅有一年經：築臺于郎。 注云：「禮，天子有靈臺，以候天地；諸侯有時臺，以候四時。」《五經異義》云：「《公羊》説：天子有三臺，諸侯二。天子有靈臺，所以觀天文。有時臺，以觀四時施化。有囿臺，所以觀鳥獸魚鼈。諸侯當有時臺、囿臺，諸侯卑不得觀天文，無靈臺。皆在國之東南二十五里，東南少陽用事，萬物著見。用二十五里，吉行五十里，朝行暮反也。」

卅二年傳：未踰年之君也，有子則廟，廟則書葬；無子不廟，不廟則不書葬。《五經異義》云：「《春秋公羊》説云：未踰年君，有子則書葬立廟，無子則不書葬，恩無所録也。《左氏》説云：臣之奉君，悉心盡恩，不得緣君父有子則爲立廟，❶無子則廢也。或議曰。缺文。案：《禮》云臣不殤君，子不殤父。君無子而不爲立廟，是背義弃禮，罪之大者也。」「玄之聞也，以下鄭駁。未踰年君者，魯子般、子惡是也，皆不稱公，書卒，弗謚，不成於君也。廟者，當序於昭穆，不成於君，則何廟之立？凡無廟者，爲壇祭之。近漢諸幼小之帝，尚皆不立廟而祭於陵，云『罪之重者』，此何故不罪？殤者十九向下，未踰年之君未必未冠，引殤欲以何明也？」蔡邕云：「見孝殤、孝冲、孝質皇帝以幼弱在位，未踰年不列於廟，大尉、司徒分視三陵，皆宗廟典制也。」

閔元年傳注云：律，親親得相首匿。《漢書》：「地節四年詔曰：父子之親，夫婦之道，天性也。雖有患禍，猶蒙死而存之，誠愛結于心，仁厚之至也。豈能違之哉！自今子首匿父母，妻匿夫，孫匿大父母，皆勿坐。其父母匿子，夫匿妻，大父母匿孫，罪殊死，皆上

❶「緣」，原作「録」，據省吾堂本改。

請廷尉以聞。」

僖四年傳：古者周公東征則西國怨，西征則東國怨。注云：「此道黜陟之時也。《詩》云『周公東征，四國是皇』。」《白虎通》云：「傳曰：『周公入爲三公，出爲二伯，中分天下，出黜陟。』《詩》曰『周公東征，四國是皇』，言東征述職，周公黜陟而天下皆正也。」經典無西征之文。《荀卿子·王制篇》曰：「周原本作「用」，誤。公南征而北國怨，曰：何獨不來也？東征而西國怨，曰：何獨後我也！」《呂氏春秋·古樂篇》云：「成王立，殷民反王命，周公踐伐之。商人服象，爲虐于東夷，周公遂以師逐之，至于江南，乃爲三象以嘉其德。」此南征之文也。

十年傳：踊爲文公諱也。注云：「踊，豫也，齊人語。若關西言渾矣。」

十有四年傳：曷爲城杞？滅也。孰滅之？蓋徐、莒脅之。注云：「言脅者，杞，王者之後，尤微，是見恐曷而亡。」曷，火葛反。案：恐曷，即《漢律》「恐猲」也。陳羣《新律序》曰：「《盜律》有『恐猲』。《漢書·王子侯表》曰：『葛魁侯戚坐縛家吏，恐猲受賕，棄市。平城侯禮坐恐猲取雞，免。承鄉侯德天坐恐猲國人，受財臧五百以上，免。籍陽侯顯坐恐猲國民，取財物，免。』」師古曰：「猲者，謂以威力脅人也，音呼葛反。」《戰國策》云「恫疑虛猲」，高誘曰：「猲，喘息懼皃。」

十有六年傳：霣石記聞。聞其磌然，視之則石，察之則五。 楊士勛云：「磌字，《説文》《玉篇》《字林》等無其字，學士多讀爲砰。《公羊釋文》云：「本或作砰，八耕反。」據《公羊》古本，竝爲磌字，張揖讀爲磌，是石聲之類。不知出何書也。」

十有九年傳：葢叩其鼻以血社也。 棟案：「血」當爲「衈」，壞字也。《穀梁》作「衈社」。《山海經》云「祈聃用魚」，郭璞云：「以血塗祭爲聃也。」《公羊傳》云「葢叩其鼻以聃社」，音「釣餌」之餌。《禮説》曰：「『以牲告神，欲神聽之，曰聃』。葢兼取膟膋，故耳从血。用祈神聽，故聃从申。」

卅有三年傳：宰上之木拱矣。 注云：「宰，冢也。」《列子》：「孔子曰：『望其壙，宰如也，墳如也，鬲如也。』」注云：「宰，冢也。」《穀梁》云：「子之冢木已拱矣。」

九經古義卷弟十四

公羊古義下

文二年傳：虞主用桑。 注云：「期年練祭，埋虞主于兩階之間，易用栗也。」《五經異義》云：「戴《禮》及《公羊》説：虞主埋於壁兩楹之間，一説埋之於廟北牖下。《左氏》説：虞主所藏無明文。」鄭駁之云：「案《士喪禮》重與柩相隨之禮，柩將出，則重倚於道左。柩將入於廟，則重止於門西。虞主與神相隨之禮亦當然。練時既特作栗主，則入廟之時，祝奉虞主於道左。練祭訖，乃出就虞主而埋之，如既虞埋重於道左。」

注：虞祭，天子九，諸侯七，卿大夫五，士三。 疏云：「自『諸侯七』以下，《雜記》文。其天子九虞者，何氏差之耳。《異義》《左氏》説亦有成文。」案《五經異義》云：「《公羊》説：虞而作主。古《春秋左氏》説：既葬反虞，天子九虞，九虞者，以桑主。❶ 九虞十六日也，諸

---

❶「桑主」，《五經異義疏證》作「柔日」。

侯七虞，十二日也。❶大夫五虞，八日也。士三虞，四日也。既虞，然後祔死者於先死者，祔而作主，謂桑主也。期年然後作栗主。謹案：《左氏》説與《禮》同。」

練主用栗。注云：「夏后氏以松，殷人以柏，周人以栗。」案古文《論語》云「哀公問主於宰我」，康成注云：「田主謂社。」《春秋正義》云：「案古《論語》及孔、鄭皆以爲社主，張、包、周等竝爲廟主。」《五經異義》云：「今《春秋公羊》説祭有主者，孝子之主繫心，夏后氏以松，殷人以柏，周人以栗。《周禮》説虞主用桑，練主以栗，無夏后氏以松爲主之事。謹案：從《周禮》説。《論語》所云，謂社主也。」是許氏亦據古文，以主爲社主。何晏《集解》本直作「社」字，後人承其誤，遂以爲古文作「問社」，今文作「問主」，《公羊疏》亦云。其説非也。

十有二年傳：何賢乎繆公？以爲能變也。《荀子·大略篇》曰：「《易》曰『復自道，何其咎』，《春秋》賢繆公，以爲能變也。」

惟諓諓善竫言，《説文》引《書》云「戔戔巧言」，《李尋傳》云：「昔秦穆説諓諓之言，任仡仡之勇。」王逸《楚辭章句》引《書》云「諓諓靖言」，靖與竫同。**俾君子易怠。**《尚書》「怠」作「辭」，籒文辤，从台。《史記·三王世家》齊王策云「俾君子怠」，與《公羊傳》合。**而况乎我多有之。**《尚書》「况」作「皇」，依字當作

---

❶「二」，原作「一」，據文義及《五經異義疏證》改。

「兄」。兄，滋也。《無逸》云「無皇曰」，又云「則皇自敬德」。漢石經《無佚》皆作「兄」。《詩·桑柔》云「倉兄填兮」，義作況。**惟一介斷斷焉，**焉與夷同，見《周禮·行夫》注。夷聲近猗，故《尚書》作「猗」。**無他技，**技與伎同。《尚書》或作「技」。**其心休休能有容。**《尚書》云「如有容」，古「如」字作「而」，「而」讀爲「能」，「能」讀曰「如」。《詩·民勞》云「柔遠能邇」，箋云：「能猶伽也。」「伽」當作「如」，如其意也。此述《秦誓》之詞而字多異。然反覆案之，與《尚書》無大牴牾，葢古、今文之殊爾。

十有三年經：世室屋壞。傳云：「世室者何？魯公之廟也。周公稱大廟，魯公稱世室，羣公稱宮。」二傳作「大室」。賈逵、服虔等皆以爲大廟之上屋。《禮説》曰：「清廟之制如明堂，明堂五室，故清廟五寢，中央曰大室，亦曰大寢。大室屋壞者，室上重屋，《明堂位》所謂『復廟重檐，天子之廟室』、《洛誥》『王入大室祼』是也。」孔穎達曰：「《左傳》不辨此是何公之廟，而經謂之大室，則此室之最大者，故知是周公之廟，非魯公也。《明堂位》曰：『魯公之廟，文世室也；武公之廟，武世室也。』世室非一君，不宜專屬伯禽。」楝案：《公羊》皆以世爲大，如衞「大叔儀」爲「世叔齊」，宋「樂大心」爲「樂世心」。又推而廣之，如鄭大夫子大叔，《論語》作「世叔」。天子之子稱大子，《春秋傳》云「會世子于首止」。諸侯之子稱世子，而晉有大子申生，鄭有大子華。《春秋經》「齊世子光」，《左傳》云「大子光」，明古世與大同義，是世室猶大室也。《樊毅復華下民租田口算碑》云：「魯不脩大室，《春秋》作譏。」又，《樊毅脩華嶽碑》云：

「世室不脩，《春秋》作譏。」二碑同時所立，或作「世」，知字本通也。

往黨，衛侯會公于沓，至得與晉侯盟。反黨，鄭伯會公于斐。 注云：「黨，所也，『所』猶『時』，齊人語也。」棟案：《荀卿子》云「怪星之黨見」，「黨見」猶「所見」也。楊倞訓黨爲頻，無攷。何氏說是。

十有四年傳：納者何？入辭也。莊元年傳云：錫者何？賜也。 棟案：「納」當作「内」，古文「賜」作「錫」，「入」作「内」。

宋子哀者何？無聞焉爾。 棟案：《公羊》主内娶之說，故以子哀書字爲無聞。

十有五年經：齊人歸公孫敖之喪。 傳云：「脅物而歸之，筍將而來也。」注云：「筍者，竹箯，一名編輿。《說文》：「箯，竹輿也。」齊、魯以北名之曰筍。將，送也。取其尸置編輿中，傳送而來也，脅魯令受之。」《史記・張陳列傳》云「上使泄公持節問貫高箯輿前」，徐廣曰：「箯音鞭。」服虔曰：「箯音編，編竹木如今峻，可以糞除也。」韋昭音如頻反，云「輿如今輿牀，人輿以行」。郭璞《三倉解詁》云：「箯，輂土器，音步典反。」案服氏云「箯如今峻」，峻即筍也，同物同音。小顔云：「形如今之食輿。」師古唐人，豈識漢時箯輿諸說？唯服子愼與何邵公合，葢目擊之與耳食異也。

入郛不書，此何以書？動我也。其實我動焉爾。 注云：「動，懼我也。」案：動爲拜，非懼也。

十有六年傳：大夫弒君稱名氏，賤者窮諸人。大夫相殺稱人，賤者窮諸盜。注云：「降大夫使稱人，降士使稱盜者，所以別死刑有輕重也。無尊上、非聖人、不孝者，斬首梟之；無營上、犯軍法者，斬要；殺人者，刎頭。」棟案：「無尊上」，《漢律》所云「罔上不道」也；「非聖人」，《漢律》所云「非聖無法」也；「不孝」者，《商書》曰「刑三百，罪莫大於不孝」。見《呂覽》。《孝經》云：「五刑之屬三千，罪莫大於不孝。」《風俗通》曰：「賊之大者有惡逆焉，決斷不違時，凡赦不免。」❶又有不孝之罪，竝編十惡之條。「斬首梟之」者，梟當作県。《玉篇》云：「賈侍中云：『県謂斷首倒縣也。』野王謂縣首於木竿頭，以肆大辠，秦刑也。」云「無營上、犯軍法」者，陳羣《新律序》云：「《廐律》有『乏軍之興』及舊典有『奉詔不謹、不承用詔書』。漢氏施行有小愆之反不如令，輒劾以『不承用詔書、乏軍要斬』。」胡建案：《軍法》曰：「正亡屬將軍，將軍有罪㠯聞，二千石㠯下行法焉。」云「殺人者刎頭」，高祖約法三章所云「殺人者刑」也。何氏所據皆本《漢律》，《漢律》已亡，舉其大略如此耳。

宣元年傳：古者大夫已去，三年待放。君放之，非也；大夫待放，正也。《白虎通》

---

❶「凡」，原作「兄」，據稿本、四庫本改。李慈銘云：「案『凡』字誤。」

云：「諸侯諍不從得去，去曰：『某質性頑鈍，言愚不任用，請退避賢。』如是之是待以禮，❶臣待放。君待之以禮曰：『予熟思夫子言，未得其道，今子不且留。聖王之制，無塞賢之路，夫子欲何之？』則遣大夫送至于郊。」所謂「君放之，非也；大夫待放，正也」。

齊人取濟西田。　傳云：「爲弑子赤之賂也。」注云：「子赤，齊外孫。宣公篡，弑之。恐爲齊所誅，爲是賂之。故諱，使若齊自取之者，亦因惡齊取篡者賂，當坐取邑。未之齊坐者，由由與猶同。《律》行言許受賂也。」案《漢律》有受賕之條，又有聽請之條，魯賂齊不當坐取邑。且未之齊而坐者，由齊聽請故也。《漢律》行言許受賂，亦得坐受賕之條，故舉以況之。

五年經：齊高固及子叔姬來。　傳云：「子公羊子曰：『其諸爲其雙雙而俱至者與！』」疏云：「舊説云『雙雙之鳥，一身二首。尾有雌雄，隨便而偶。常不離散』。」案《大荒南經》云：「南海之外，赤水之西，流沙之東，有獸，左右有首，名曰『䟀踢』。有三青獸相并，名曰『雙雙』。」郭璞曰：「言體合爲一也。《公羊傳》所云『雙雙而俱至者』，蓋謂此也。」

八年經：夫人熊氏薨。九年春，王正月，公如齊。　注云：「月者，善宣公事齊合古

---

❶「之是待」，諸本同，李慈銘易爲「君待之」，且云：「案《白虎通》各本皆誤如是，今據盧氏校本改正。」

禮。」《五經異義》曰：「《春秋公羊》說：妾子爲諸侯，不敢以妾母之喪廢事天子、大國，出朝會，禮也。魯宣公如齊，有妾母之喪，經書善之。《左氏》說云：妾子爲君，當尊其母，有三年之喪，而出朝會，非禮也。故譏魯宣公。案：禮，妾母無服，貴妾子不立，而他妾之立者也，❶不敢以卑廢事尊者，禮也。即妾子爲君，義如《左氏》。」「玄之聞也，以下鄭駁。《喪服》緦麻『庶子爲後其爲母』，此義自天子下至庶人，同不三年。魯宣公所以得尊其妾母敬嬴爲夫人者，以夫人姜氏已歸齊不反故也。因是言妾子立，母卒得爲之三年，於禮爲通乎！其服之間，其出朝會，無王事，與鄭伯伐許何異！」

十有六年經：成周宣榭災。《釋文》云：「《左氏》作『宣榭火』。」棟案：《左氏》古文，「榭」本作「射」。《郙敦銘》曰「王格于宣射」是也。劉逵引《國語》云「射不過講軍實」，今本作「榭」。《説文》無「榭」字，經傳通作「謝」。《荀卿子》曰「臺謝甚高」，《泰誓》云「惟宮室臺榭」，《釋文》云：「本又作『謝』。」吴「射慈」亦作「謝慈」，是「射」與「謝」通。摯虞《三輔決録注》云：「漢末大鴻臚射咸，本姓謝，名服。天子以爲將軍出征，姓謝名服不祥，改之爲射氏，名咸。」載見《廣韻》。此由晉時不識古文，曲爲之説。陳壽撰《三國志》以「是儀」爲「氏儀」，孔融所改亦此類也。

❶「之」，諸本同。《五經異義》作「子」。

成二年，齊侯使國佐如師。 傳云：「君不使乎大夫，此其行使乎大夫何？佚獲也。」注云：「佚獲者，已獲而逃亡也。」《釋文》云：「佚，一本作『失』。」案古「佚」字皆作「失」，詳見《尚書攷》。「佚」又與「逸」同，《尚書・無逸》漢石經作「佚」。《春秋經》曰「肆大眚」，《穀梁》云：「肆，失也。」失猶佚也，佚與逸同，謂逸囚。

使耕者東畝，是則土齊也。 注云：「以齊爲土地。」案：「土」讀曰「杜」，古「杜」字皆作「土」。《周禮》及《司馬法》曰「犯令陵政則杜之」，注云：「《王霸記》曰：『杜之者，杜塞使不得與隣國交通。』」詳具《禮說》。

四年經：鄭伯臤卒。 《疏》云：「《左氏》作『堅』字，《穀梁》作『賢』字，今《穀梁》仍作「堅」。今定本亦作『堅』字。」《公羊釋文》云：「臤，本或作『堅』。」棟案：《公羊》作「臤」，《穀梁》作「賢」，本一字也。《説文》云：「臤，古文以爲賢字。」漢《潘乾校官碑》云「親臤寶智」，《國三老袁良碑》云「優臤之寵」，今文《大誓》云「優賢揚歷」，見《三國志注》。是「優臤」即「優賢」也。《玉篇》又引作「絙」，絙與堅同。「臤」亦爲古「堅」字，「堅」又與「賢」通，《東觀漢記》云《後漢紀注》。「陰城公主名賢得」，《續漢書・天文志》作「堅得」。疑古「堅」字、「賢」字皆省作「臤」，《公羊》從古文作「臤」，《穀梁》以爲「賢」，《左氏》以爲「堅」，師讀各異故也。《廣韻》引《孝經説》云：「臣者，堅也。」

十有一年經：晉侯使郤州來聘。《世本》曰：「郤豹生義，義生步揚，步揚生州。」州即犨也。與《公羊》合。《左氏傳》魏武子「犨」，《世本》亦作「州」。司馬貞云：「州、犨聲相近，字異耳。」

十有七年傳：郊用正月上辛。《五經異義》曰：「《春秋公羊》說：禮，郊及日皆不卜，常以正月上辛也。❶魯于天子竝事變禮，今成王命魯使卜從郊，❷不從即以，❸下天子也。魯以上辛郊，不敢與天子同也。」《御覽》。

十有八年經：晉侯使士彭來乞師。《釋文》云：「二傳作『士魴』。」古「彭」「旁」通用，「旁」與「魴」同音，故亦作「彭」，聲之誤也。襄十二年《疏》云：「攷諸正本，皆作『士魴』，字若作『士彭』者誤矣。」

襄二年經：鄭伯睔卒。《釋文》云：「睔，古困反。」《古今人表》鄭成公綸。師古曰：「綸音工頑反，《左傳》作『睔』。」案：《古今人表》又有泠淪氏，服虔曰：「淪音鰥。」「鰥」與「昆」同音。古「昆」字作「罤」，故《毛詩·敝笱》云「其魚魴鰥」，即箋云：「鰥，魚子也。」《魯

---

❶「辛」，原作「下」，據四庫本改。

❷「從」下，《太平御覽》卷五二七（《四部叢刊三編》影宋本，下同）有「乃」字。

❸「以」，《太平御覽》作「已」。

語》云：「魚禁鯤鮞。」《尒疋》云：「鯤，魚子。」孔穎達云：「鯤、鰥字異，葢古字通用。」是「鰥」本音古魂反，故「泠淪」「綸巾」諸字皆讀爲鰥。師古以「鰥」有「關」音，遂釋「綸」爲工頑反，非也。今人讀綸巾字爲關音，自謂合古音，失之甚者。

七年傳：鄭伯將會諸侯於鄬。《說文》引作「隖」，云「鄭地阪」。

鄭伯髡原何以名？傷而反，未至乎舍而卒也。注云：「云爾者，古者保辜，諸侯卒名，故於如會名之。明如會時爲大夫所傷，以傷辜死也。君親無將，見辜者，辜内當以弒君論之，辜外當以傷君論之。」疏云：「其『弒君論之』者，其身梟首，其家執之；其『傷君論之』，其身斬首而已，罪不累家。《漢律》有其事。然則『古者保辜』者，亦依《漢律》，律文多依古事。」《疏》知然者，史游《急就章》曰：「疻痏保辜謕呼號。」師古曰：「保辜者，各隨其狀輕重，令毆者以日數保之，限内致則坐重辜也。」❶《漢書·功臣表》云：「昌武侯單德元朔三年坐傷人，二旬内死，棄市。」然則保辜以二旬爲限歟！以平人言之，限内當以殺人論之。《漢律》所云「殺人者刑」是也。限外當以傷人論之，《漢律》所云「傷人抵罪」是也。服虔曰：「抵罪者，隨輕重制法。」李奇曰：「傷人有曲直，罪名不可豫定。」故《漢律》又云：見《薛宣傳》。

---

❶「致」下，《急就篇》（《四部叢刊續編》影明鈔本）有「死」字。

「鬭臣刃傷人，完爲城旦。其賊加罪一等，與謀者同罪。」是輕重制刑之義也。

十年經：遂滅偪陽。 疏云：「《左氏》經作『偪』字，音夫目反。《詩·小雅·采菽》云「邪幅在下」，毛傳云：「幅，偪也，所以自偪束也。」一音『逼近』之逼。」《釋文》云：「偪音福。」棟案：《古今人表》作「福陽」，知古音「福」，从彼力反者，非也。《穀梁》《漢書·地理志》及《續漢志》皆作「傅陽」。棟案：古「福」字亦讀作「副」，《豫州從事尹宙碑》云「位不福德」是也。「傅」本古「敷」字，今亦讀作「副」。

十有一年經：同盟于京城北。 疏云：「《穀梁》與此同。《左氏》經作『亳城北』。服氏之經亦作『京城北』，乃與此傳同。」棟案：京，鄭地，在滎陽。隱元年傳謂之「京城大叔」是也。亳城無攷，此傳寫之譌，當从《公》《穀》是正。

十有七年經：邾婁子瞯卒。 《釋文》云：「瞯，《左氏》作『牼』。」案《攷工·梓人》云「數目顅脰」，注云：「故書『顅』或作『牼』。鄭司農云：『牼讀爲鬜頭無髮之鬜。』」是「牼」有「瞯」音，故或作「瞯」。劉昌宗《周禮音》云：「牼音苦顏反。」今《左傳》音苦耕反，非也。「瞯」音閑，或下姧反。

廿年經：陳侯之弟光出奔楚。 《釋文》云：「弟光，《左氏傳》作『弟黄』。」案《說文》：炗，古文光；灸，古文黄。字相似。《白虎通》云「璜之爲言光也」，《風俗通》云：「黄，光也。」

廿有三年經：邾婁鼻我來奔。 《釋文》云「二傳作『畀我』」，古鼻、畀同音。

廿有五年經：吴子謁伐楚，門于巢，卒。 注云：「書伐者，明持兵入門，乃得殺之。」

卅年經：天王殺其弟年夫。 《釋文》云：「年音佞，又如字。二傳作『佞夫』。」棟案：古「佞」讀爲「壬」，故《晉語》輿人誦云：「佞之見佞，果喪其田。」「佞」與「田」協，是讀爲年。殊不知「年」讀爲「寧」，「田」讀爲「陳」，故《詩·信南山》云：「畀我尸賓，壽考萬年。」然《公羊》不作「壬」而作「年」，何也？《詩·甫田》云：「倬彼甫田，歲取十千。我取其陳，食我農人。自古有年。」是「陳」讀爲「田」，「年」讀如字。

昭十有一年經：盟于侵羊。 疏云：「《穀梁傳》作『侵祥』字，❶服氏注引者直作『詳』，無『侵』字，皆是所見異也。」棟案：古「祥」字皆作「詳」，《易·履·上九》「視履考祥」，《釋文》云：「本又作『詳』。」《尚書·君奭》云「其終出于不祥」，蔡邕石經云「其道出于不詳」。《吕刑》「告爾祥刑」，《後漢·劉愷傳》引作「詳刑」。鄭氏《周禮注》亦云「度作詳刑，以詰四方」，皆古「祥」字。故《左傳》「祲祥」，服虔引《公羊》作「詳」，今《公羊》作「侵羊」者，《春秋繁露》云：「羊之爲言猶祥與。」鄭衆《百官六禮辭》亦云：「羊者，祥也。」疑古「祥」字、「詳」字皆省作「羊」。詳，善也。鄭注《車人》亦云：「羊，善也。」祥亦訓善，見《説文》。

❶「侵」，原作「祲」，據稿本、四庫本改。

屈銀。《釋文》云：「二傳作『厥慭』。」案《左傳》「厥慭」，徐仙民音五巾反。《說文》「猌」讀若「銀」，又云：「慭从心，猌聲。」《公羊》本口授，故以「厥」爲「屈」，《公羊》「厥」字皆作「屈」。「慭」爲「銀」，字異而音同。凡《公羊》異字若此者多，余每校三傳而得古音，習鄭學而識古文。後之學者忽而不察，妄有論辨，竊所未喻。

廿有三年經：尹氏立王子朝。注云：「尹氏貶，王子朝不貶者，年未滿十歲，未知欲富貴，不當坐，明罪在尹氏。」棟案：《漢律》年未滿八歲，非手殺人，他皆不坐。罪尹氏者，《漢律》所謂率也。何氏注「王子朝奔楚」下云：❶「明本在尹氏，當先誅渠率，後治其黨。」張斐《律表》曰：「制衆建計謂之率。」《漢書·萬石君傳》：「上報石慶曰：『孤兒幼年，未滿十歲，無罪而坐率。』」服虔曰：「率，坐刑法也。」如淳曰：「率，家長也。」《鹽鐵論》云：「《春秋》刺譏，不及庶人，責其率也。」

廿有五年傳：以人爲菑。注云：「菑，周埒垣也。所以分別内外，衛威儀。今大學辟雍作『側』字。」

卅有一年傳：珍怪之食。《荀子·正論篇》曰：「食飲則重大牢，而備珍怪，期臭味。」

❶「注」，原作「法」，據稿本、四庫本、省吾堂本改。

楊倞注：「珍怪，奇異之食。」

定四年經：公及諸侯盟于浩油。《釋文》云：「二傳作『臯鼬』。」古讀臯爲浩，鼬爲由。《鹽鐵論》又作「誥鼬」。《尒疋·釋訓》云：「臯臯琄琄，刺素食也。」樊光本「浩浩琄琄」。

注：禮，天子雕弓，諸侯彤弓，大夫嬰弓，士盧弓。疏云：「古禮無文。」案《荀卿子·大略》曰：「天子彫弓，諸侯彤弓，大夫黑弓，禮也。」嬰弓無攷。《釋文》云：「見《司馬法》。」「盧弓」即「黑弓」，《春秋傳》謂之「玈弓」。《詩·行葦》云「敦弓既堅」，敦音彫。毛傳云「天子敦弓」，葢本《荀卿子》。《正義》引何休注以爲「事不經見」，未之攷也。《經典·序録》云「孫卿子傳魯人大毛公」，即毛亨也。今毛傳多用荀卿說。

六年傳：此仲孫何忌也，曷爲謂之仲孫忌？譏二名。二名非禮也。《五經異義》云：「《公羊》說：譏二名謂二字作名，若魏曼多也。《左氏》說：二名者，楚公子弃疾殺其君，❶即位之後改爲熊居，❷是爲二名。謹案：文、武賢臣有散宜生、蘇忿生，則《公羊》之說非也，从《左氏》義。」

❶「疾」，原脱，據四庫本、省吾堂本補。

❷「居」，原作「君」，據四庫本、省吾堂本改。

八年注：定公從季孫假馬，孔子曰：「君之於臣，有取無假，而君臣之義立。」 棟案：此事竝見《說苑》《家語》及《韓詩外傳》。《續漢書·律歷志》云：「昔仲尼順假馬之名，以崇君之義。」近人不攷，以《論語》「有馬者借人乘」當之，誤之甚者。

哀六年經：齊陳乞弒其君舍。 《釋文》云：「舍，二傳作『荼』，音舒。」熊朋來云：「《詩》云『爾之安行，亦不遑舍』，與車、盱協，知『舍』讀作『舒』。」棟案：《史記·律書》云：「舍者，日月所舍。舍者，舒氣也。」是「舍」有「舒」義，故有「舒」音。

十有四年經：西狩獲麟。 案孔舒元《公羊傳》本云：「十有四年春，西狩獲麟。何以書？記異也。今麟非常之獸，其爲非常之獸奈何？有王者則至，無王者則不至。然則孰爲而至？爲孔子之作《春秋》。」孔穎達曰：「何休注《公羊》，無作《春秋》之事，案孔氏本，是有成文。」棟案：蔡邕石經云：「何以書？記異也。」何異云云，與今本合。

傳：有麏而角者。 唐石經「麏」作「麕」。郭璞引此傳與石經同。蔡邕石經作「麕」。

祖之所逮聞也。 漢石經「逮」作「遝」。《說文》：「遝，迨也。」《玉篇》：「迨，遝，行相及，从辵，眔聲。」又《目部》：「眔，目相及，从目，从隶省。」《方言》云：「迨，遝，及。東齊曰迨，關之東西曰遝，或曰及。」

九經古義卷弟十五

穀梁古義

《孝經説》云：孔子曰：「吾志在《春秋》，行在《孝經》。以《春秋》屬商，《孝經》屬參。」故應劭《風俗通》言穀梁爲子夏門人，楊士勛謂受經于子夏。余案：桓譚《新論》云：「《左氏》傳世，遭戰國寢藏，後百餘年，魯穀梁赤爲《春秋》，殘略，多所違失。」然則穀梁子非親受經于子夏矣。古人親受業者稱弟子，轉相授者稱門人，則穀梁子于子夏，猶孟子之于子思。故魏麋信注穀梁，以爲與秦孝公同時也。楊士勛言：「穀梁爲經作傳，傳孫卿，卿傳魯人申公，申公傳博士江翁。」案孫卿齊湣、襄時人，當秦之惠王，則在其後。又，卿著書言天子廟數，僖十五年傳「天子七廟」云云，「是以貴始德之本也」。荀卿《禮論》同。及賻、賵、襚、含之義；隱元年「乘馬曰賵」云云，在《大略篇》。述《春秋》善胥命，而言盟詛不及三王；隱八年傳，亦在《大略篇》末。諸侯相見仁者居守，二年傳「知者慮，義者行，仁者守」。又以大上爲天子，隱三年傳「大上故不名」，❶今在《君子篇》。皆本《穀梁》之説。其言傳孫卿，信矣。又，隱元年傳云「成人之美，不成人之惡」，僖廿二年傳云「過而不改是謂之過」，廿三年傳云「以不教民戰則是弃其師」，今皆在《論語》中。鄭《論語序》云「仲弓、子夏等所撰」，《論語讖》亦言子夏等七十二人共撰仲尼微言，其諸聖人之徒私淑諸人者乎！又傳中所載與《儀禮》《禮記》諸經合者不可悉舉，故鄭康成《六藝論》云「《穀梁》善於經」。

《經典・序録》云：「《穀梁》有段肅注十二卷，不詳何人。」《隋・經籍志》云：「《春秋穀梁傳》十四卷，段肅注。疑漢人。」棟案：《後漢・班固傳》：「固奏記東平王云：『弘農功曹史殷肅，達學洽聞，才能絶倫，誦《詩》三百，奉使專對。』」章懷注云「《固集》『殷』作『段』」，然則殷肅即段肅也。劉氏《史通》言肅與京兆祭酒晉馮馮亦見奏記。嘗撰《史記》，以續史遷之書。❷

隱元年傳：《春秋》貴義而不貴惠，信道而不信邪。 注：「信，申字。古今所共用。」韋昭《國語注》云：「信，古伸字。」《士相見禮》注云：「古文伸作信。」康成《儒行》注云：「信讀如『屈

❶「三」，原作「二」，據《穀梁傳》改。

❷「續」，原作「讀」，據四庫本、清經解本改。

伸』之伸，假借字也。信或爲身。」

三年經：日有食之。 傳云：「其日有食之何也？吐者外壤，食者内壤，闕然不見其壤，有食之者也。」注云：「凡所吐出者，其壤在外；其所吞咽者，壤入於内。」疏云：「壤字，爲《穀梁》音者，皆爲傷。徐邈亦作『傷』。麋信云齊、魯之間謂鑿地出土、鼠作穴出土皆曰壤。或當字從壤。蓋如麋信之言。」《九章算術》：「穿地四，爲壤五，爲堅三。」❶壤爲息土。《尚書正義》。

有，内辭也。或，外辭也。 「或」與「有」同義，故以内、外别之。

四年。衛祝吁。 《釋文》云：「《左氏》《公羊》及《詩》作『州吁』。」案「州」有「祝」音，故或作「祝」，聲之誤也。

五年傳：尸子曰：「舞夏，自天子至諸侯皆用八佾，初獻六羽，始厲樂矣。」 《釋詁》云：「厲，作也。」郭氏引此傳以證之。《方言》曰：「厲，卬，爲也。甌越曰卬，吴曰厲。」郭氏云：「作亦爲也。」僖廿年「新作南門」，傳云：「作，爲也。」

八年經：鄭伯使宛來歸邴。 《釋文》云：「《左氏》作『祊』。」《穆天子傳》云：「戊戌，天子北入于邴。」郭璞曰：「邴，鄭邑。」《左傳》作「祊」，古方、丙同字。

---

❶「三」，原作「五」，據《九章算術》（《四部叢刊初編》影清《微波榭叢書》本）改。

注：周有千八百諸侯，盡京師之地不足以容，不合事理。 疏云：「見《孝經説》。」棟案：范注「諸侯有大功盛德於王室」已下，皆采許叔重《五經異義》之文。《疏》言見《孝經説》，非也。

九年經：天王使南季來聘。 傳云：「南，氏姓也。顧炎武云：「南非姓，姓字衍文。」季，字也。」《白虎通》引《詩傳》「文王十子」，末云南季載。南，采也。猶祭伯、毛伯之謂。《左傳》作「聃季」，《史記》作「冉季」，「冉」與「南」同音，故亦作「南」。周公爲大宰，康叔爲司寇，聃季爲司空，周、康、南皆畿内地。《荀子》云「周公歸周」，注云：「畿内之國亦名周，周公黑肩其後也。」❶康叔後封于衛，聃季未改封，世爲卿士也。司馬遷云「冉季載其後世無所見」，未之攷耳。

桓二年傳：何以知其先殺孔父也？曰：子既死，父不忍稱其名；臣既死，君不忍稱其名。以是知君之累之也。孔，氏；父，字也。 《五經異義》云：「《公羊》説：臣子先死，君父猶名之。何休注桓二年傳云：「禮，臣死君字之。」與此異。孔子曰『鯉也死』，是已死稱名。《左氏》説：既没稱字而不名。杜預以爲孔父稱名，與賈逵異。桓二年，『宋督弒其君與夷及其大夫孔父』。先君死，故稱其字，《穀梁》同《左氏》説。謹案：《論語》稱『鯉也死』，實未死，假言

---

❶「肩」，原脱，據四庫本補。

死。从《左氏》《穀梁》説。」「玄之聞也，以下鄭駁。《論語》云『鯉也死，有棺而無椁』，是實死未葬前也。設言死，凡人於恩猶不然，況賢聖乎？」

桓四年傳：春曰田，夏曰苗，秋曰蒐，冬曰狩。 何休《廢疾》曰：「《運斗樞》曰『夏不田』，《穀梁》有夏田，於義爲短。」鄭君釋之云：「四時皆田，夏、殷之禮。《詩》云『之子於苗，選徒囂囂』，夏田明矣。孔子雖有聖德，不敢顯然改先王之法，以教授於世。若其有所欲改，其陰書於緯，藏之以傳後王。《穀梁》四時田者，近孔子故也。《公羊》正當六國之亡，讖緯見讀，❶而傳爲三時田。《公羊》桓四年傳無「夏田」之語。作傳有先後，雖異，不足以斷《穀梁》也。」《王制》正義。

莊元年，夫人孫于齊。 傳云：「孫之爲言猶孫也。」注云「孫，孫遁而去」，非也。《公羊傳》云：「孫者何？孫猶孫也。」何休曰：「孫猶遁也。」棟案：「遁」讀爲「循」。《釋文》音「徒困反」，非也。今文《尚書》云「五品不訓」，《後漢書》。「訓」讀爲「馴」，《周禮注》。書亦或作「馴」。《史記》。「馴」與「循」同音，循猶巡也，巡猶遁也。古「逡巡」字皆作「逡遁」，見《儀禮注》。又作「逡循」，顧炎武論之詳矣。是「循」與「遁」同。又與「孫」通。古文《尚書》云「五品不

❶「讖」，原作「纖」，據四庫本改。

遜」，《説文》引作「愻」。愻猶孫也，古「遜」字皆作「孫」，與遁、巡、訓、馴、循皆同音。劉向《説苑》曰：「大學之教也，時禁於未發之曰預，因其可之曰時，相觀於善之曰磨，學不陵節而施之曰馴。」今《學記》「馴」作「遜」。

七年經：辛卯昔。 傳：「日入至于星出謂之昔。」王逸云：「昔，夜也。《詩》云『樂酒今昔』。」今《詩》作「夕」。崔譔《莊子注》曰：「昔，夕也。」《天官・昔人》注云：「昔之言夕也。」《管子・小匡》云「旦昔從事」，「旦昔」，猶「旦夕」也。昔亦訓夜者，《列子》曰：「尹氏有老役夫，昔昔夢爲國君。」張湛云：「昔昔，夜夜也。」

十七年，鄭詹自齊逃來。 傳云：「逃義曰逃。」義謂君臣之義。仲尼曰：「天下有大戒二：其一命也，其一義也。子之愛親，命也，不可解于心。臣之事君，義。無適而非君也，無所逃於天地之間。是之謂大戒。」楚箴尹克黄亦言：「君，天也，天可逃乎！」是逃義也。

廿有二年，肆大眚。 傳云：「肆，失也。」失，古「佚」字。「佚」與「逸」同，謂逸囚也。

廿有四年傳：禮，天子之桷斲之礱之，加密石焉。諸侯之桷斲之礱之，大夫斲之，士首本。 《晉語》：「張老云：『天子之室，斲其椽而礱之，加密石焉。』」注云：「密，密理也。石謂砥也。先粗礱之，加以密砥。」「諸侯礱之」，注云：「無密石也。」「大夫斲之」，注云：「不礱也。」「士首」，注云：「斲其首也。」《尚書大傳》曰：「天子之堂，其桷，天子斲其材而礱之，加密石焉。大夫達稜，士首本，庶人到加。」鄭氏注云：「礱，礪之也。密石，砥之也。稜，菱也。」何休《公羊注》云：「禮，天子斲而礱之，加密石焉。諸侯斲而礱之，不加密石。大夫斲之，士首本。」

卅年傳：燕，周之分子也。　分子猶別子。《禮記·大傳》云「別子爲祖」，注云：「別子謂公子。」然則王所生者爲王子，謂之別者，別于世子也。《燕世家》云：「召公奭與周同姓。」譙周曰「周之支族」，孔穎達以爲譙周考校古史，不能知其所出。皇甫謐以爲文王庶子。《白虎通》云：「召公，文王子。」王充曰：「召公，周公之兄。」《穀梁》以爲「分子」者，蓋長庶歟！

閔元年經：盟于洛姑。　《釋文》云：「一本作路姑。」案「路」「洛」同音。《漢書》揚雄《校獵賦》曰「爾乃虎路三嵕，以爲司馬」。晉灼曰：「路音洛。」

僖三年，公子季友如齊莅盟。　傳云：「莅者，位也。」鄭氏《易·需·象》云「位乎天位」，上「位」字讀爲「涖」，「涖」與「莅」同。

廿有八年經：公朝于王所。　傳云：「朝不言所，言所者非其所也。」案《攷工記》載祭侯之辭曰：「惟若寧侯，毋或若女不寧侯，不屬于王所，故抗而射女。」鄭氏注云：「屬，猶朝會也。」故《白虎通》引《禮》射祝曰：「嗟爾不寧侯，爾不朝于王所，以故天下失業，亢而射爾。」然則「王所」者，猶漢時所謂行在所也。天子所在曰王所，《吉日》云「天子之所」，此臨天下之言也。諸侯所在曰公所，《鄭詩》「獻于公所」，《齊侯鎛鐘》云「有共于公所」。此臨一國之言也。下經云「天王守于河陽，壬申，公朝于王所」。傳云：「朝於廟，禮也。於外，非禮也。」棟謂：天子巡守，有朝諸侯之禮，故《尚書》云「五載一巡守，羣后四朝」。馬融、王肅皆云「四面朝於方岳之下」。王巡守而朝之，正也；召王，非正也。故仲尼書云「天王守于河陽」，所以正君臣之禮。

宣八年，葬我小君頃熊。 疏云：「案文十八年注云『宣母敬嬴』，此云『頃熊』者，一人有兩號故也。」棟謂：「頃」聲近「敬」，「熊」聲同「嬴」，二傳由口授，故字異而音同。而云「一人有兩號」，非也。

成元年傳：古者有四民：有士民，有商民，有農民，有工民。 棟案：古者四民，商、農、工、賈。士民始于齊之管子，管子制國，始有士鄉。故《地理志》云：「齊地臨菑，其中具五民。」服虔曰：「士、農、工、商、賈也。」《禮説》論之詳矣。

襄十有一年傳：古者天子六師。 《公羊》隱五年傳注云：「禮，天子六師，方伯二師，諸侯一師。」昭五年傳：「舍中軍者何？復古也。」魯于春秋不得爲方伯，以二軍爲復古，則諸侯一軍之説非矣。《三略》曰：「聖王御世，觀盛衰，度得失，而爲之制。故諸侯二師，方伯三師，天子六師。」諸侯二師，故舍中軍爲復古。古者一、二皆積畫，傳寫之誤也。六師即六軍也。《大雅・棫樸》云「周王于邁，六師及之」，毛傳云：「天子六軍。」《鄭志》趙問此詩引《常武》詩云「整我六師」，不稱六軍而稱六師，不達其意。答曰：「師者衆之通名，故人多云焉。欲著其大數，則乃稱軍耳。」林孝存引《詩》「六師」之文以難《周禮》，鄭答之云：「軍者，兵之大名。軍禮重言軍，爲其大悉。故《春秋》之兵雖有累萬之衆，皆稱師，《詩》云六師，即六軍也。」

昭十九年傳：許世子不知嘗藥，累及許君也。 注云：「許君不授子以師傅，使不識嘗藥之義，故累及之。」《公羊傳》云：「進藥而藥殺，則曷爲加弑焉爾？譏子道之不盡也。」❶棟案：《墨子・非攻篇》云：「今有醫於此，和合其祝藥之於天下之有病者而藥之，萬人食此，若醫四五人得利焉，猶謂之非行藥也。故孝子不以食其親，忠臣不以食其君。」夫就師學問無方，心志不通，雖有愛父之心而適以賊之，墨氏此論可謂知言。

昭廿有五年，宋公佐卒于曲棘。 傳云：「邡公也。」注云：「邡當爲訪。訪，謀也。謀納公。」

❶「譏」，原作「誠」，據《公羊傳》改。

九經古義卷弟十六

論語古義

有酒食先生饌。 鄭氏《論語》「饌」作「餕」，云「食餘曰餕」。案《儀禮注》云：「古文『籑』皆作『餕』。」《説文》曰：「籑，具食也。或作饌，从巽。」則「餕」爲古文「饌」也。《漢書》皆以「籑」爲「饌」。

子曰：《書》云「孝乎惟孝，友于兄弟」。 《釋文》作「孝于」，云「一本作『孝乎』」。唐石經同。案蔡邕石經亦作「于」，故包咸注云：「『孝于惟孝』，美大孝之辭。」後世儒者據晉世所出《君陳篇》改「孝于」爲「乎」，以「惟孝」屬下句以合之，若非漢石經及包氏注，亦安从而是正邪！ 華嶠《後漢書·劉平江革傳序》云：「此殆所謂『孝乎惟孝，友于兄弟，施于有政，是亦爲政也』。」則知晉以前無以「孝乎」爲絶句者，但「于」誤爲「乎」，其來已久。

季氏旅於泰山。 班固《述贊》曰：「大夫臚岱，侯伯僭時。」鄭氏曰：「臚岱，『季氏旅於大山』是也。」小顏曰：「旅，陳也，臚亦陳也。臚、旅聲相近，其義一耳。」《禹貢》曰「蔡、蒙旅平」，傳云：「祭山曰旅。」韋昭音盧。盧，籀文臚。《士冠禮》注曰：「古文『旅』作『臚』。」《周禮・司儀》「旅擯」，先鄭曰：「旅讀爲『旅於泰山』之旅。」後鄭云：「旅讀爲『鴻臚』之臚，臚，陳之也。」《周書・謚法》曰：「惟三月既生魄，周公旦、太師望相嗣王發既賦憲，❶受臚于牧之野。」臚即旅也。

郁郁乎文哉。　《汗簡》云：「古《論語》『郁』作『戫』。」漢石經仍作「郁」。

哀公問社於宰我。　鄭本「社」作「主」，云「田主謂社」。案《三王世家》載《春秋大傳》曰：「天子之國有泰社，將封者各取其物色，裹以白茅，封以爲社，此之謂主土。主土者，立社而奉之也。」《公羊傳》云：「虞主用桑，練主用栗，用栗者，藏主也。」何休云：「夏后氏以松，殷人以柏，周人以栗。松猶容也，想見其容貌而事之，主人正之意也；柏猶迫也，親而不遠，主地正之意也；栗者猶戰栗，謹敬貌，主天正之意也。」疏云：「夏后氏以下出《論語》，而鄭氏注云『謂社主』，正以古文《論語》『哀公問社於宰我』故也。今文《論語》無『社』字，是以何氏以爲廟主耳。」

管仲之器小哉。　《管子・小匡篇》：❷「施伯謂魯侯曰：『管仲者，天下之賢人也，大器

---

❶「王」，原作「主」，據稿本、四庫本、省吾堂本改。

❷「小」，原作「中」，據《管子》改。

也。』」蓋當時有以管仲爲大器者，故夫子辨之。

里仁爲美。擇不處仁。 王伯厚曰：「張衡《思玄賦》引《論語》云『里仁爲美，宅不處仁』，里、宅皆居也，蓋古文云然。今以宅爲擇，而謂里爲所居，乃鄭氏訓解，而何晏從之。當以古文爲正。」棟案：《釋名》曰：「宅，擇也，擇吉處而營之。」是宅有擇義，或古文作「宅」，訓爲擇，亦通。《孟子》亦作「擇」，趙岐曰：「簡擇不處仁爲不智。」

無適也，無莫也。 鄭本「適」作「敵」，莫音慕，無所貪慕也。棟案：古「敵」字皆作「適」。《禮記·雜記》曰「赴於適者」，鄭注云：「適讀爲『匹敵』之敵。」《史記·范雎傳》「攻適伐國」，《田單傳》「適人開户」，《李斯傳》「羣臣百官皆畔不適」，徐廣皆音「征敵」之敵。《荀卿子·君子篇》云「天子四海之内無客禮，告無適也」。注讀爲「敵」。《白虎通》云：「君所以不爲臣隱何？以爲君之于臣，無適無莫，義之與比。賞一善而衆臣勸，罰一惡而衆臣懼。若爲卑隱，爲不可殆也。」

瑚璉也。 棟案：二字从玉旁，俗所作也。當爲「胡連」。《春秋傳》曰「胡簋之事」，《明堂位》曰「夏后氏之四連」，皆不从玉旁。《孔廟禮器碑》又作「胡輦」，古「連」「輦」字通。《易·蹇》之六四曰「往蹇來連」，虞翻曰：「連，輦也。」《周禮·鄉師》「葷輦」，注云：「故書『輦』作『連』。先鄭云：『連讀爲輦。』」《巾車職》云「輦車組輓」，陸氏云：「輦，本又作『連』，音輂。」《管子・海王》曰「行服連、軺輂」，《漢書》「蓮勺縣」，如淳音「輂酌」，則知「連」與「輂」音義皆同也。《莊子》「連」字皆音「輂」。《説文》「胡連」字又作「槤」。徐鉉云：「俗作璉。」

吾與女弗如也。　《論衡》引云「吾與女俱不如也」。陳耀文曰：「《鄭玄别傳》，玄從馬融學，季長謂盧子幹曰：❶『吾與女皆不如也。』曹操祭橋玄云『仲尼稱不如顔淵』，李賢注引《論語》『吾與女俱不如也』。」

崔子。　鄭氏注云：「魯讀崔爲高。今从古。」王充《論衡》曰：「仕宦爲吏，亦得高官將相長吏，猶吾大夫高子也，安能别之！」蓋用《魯論語》之言。微鄭氏之注，幾不知充語何所指也。

夫子矢之。　孔、鄭、繆播皆云「矢，誓也」。虞翻《周易注》云：「矢，古誓字。」

古之賢人也。　古本作「賢仁」。故鄭注云：「孔子以伯夷、叔齊爲賢且仁。」徐彦云：「古之賢仁也，言古之賢士且有仁行。」若作「仁」字，如此解之。若作「人」字，不勞解也。

五十以學，易可以無大過矣。　《魯論》「易」爲「亦」。君子愛日以學，及時而成，五十以學，斯爲晚矣。然秉燭之明，尚可寡過，此聖人之謙辭也。或云古「五」字如「七」，見王肅

---

❶「長」，原作「子」，據稿本、四庫本、省吾堂本改。

《詩傳》。孔子晚而好《易》，故有是語，《史記》亦云。

三人行，必有我師焉。 唐石經及《釋文》皆云「我三人行，必得我師焉」。何晏注云：「言我三人行，本無賢愚。」依注當有「我」字。江熙注《穀梁》亦云「我三人行，必有我師」，顧炎武《金石文字記》載：「唐石經云『三人行』三上多一『我』字，『必有我師焉』，『有』誤爲『得』，蓋習于俗而忽不攷耳。」《釋文》云：「『我三人行』，一本無『我』字。『必得』本亦作『必有』。」

陳司敗。 鄭氏以「司敗」爲人名，齊大夫。棟案：古「陳」「田」字通，故以爲齊大夫。

揖巫馬期而進之。 《仲尼弟子列傳》云：「巫馬施，字子旗。」《吕氏春秋》亦云「巫馬旗」。今《論語》作「期」。孔安國注云：「弟子名施。」案《説文》云：「施，旗貌。齊欒施字子旗，知施者旗也。」古人名字相配，故《白虎通》云：「聞名即知其字，聞字即知其名。」古「旌旗」字無作「期」者，當从《史記》作「旗」。

《誄》曰。 孔注云：「誄，禱。篇名。」案《説文》引作「讄」，云：「讄，禱也。纍功德以求福，从言，纍省聲。」鄭氏《小宗伯》注云：「《讄》曰：禱爾于上下神祇。」則知古文《論語》本作「讄」。

君子篤於親。 《汗簡》云：「古《論語》『篤』作『竺』。」《尚書·微子之命》云「曰篤不忘」，《釋文》云：「篤，本又作竺。」《説文》曰：「竺，厚也。」

如有周公之才之美，使驕且吝。 《周書·寤敬篇》：「周公曰：『不驕不悋，時乃無敵。』」陸氏《論語釋文》云：「吝，本亦作『悋』。」此周公生平之學，所以裕制作之原也。夫子因反其語，以誡後世之爲人臣者。

予有亂臣十人。　案《釋文》及唐石經無「臣」字。陸氏云：「本或作『亂臣十人』，非。」後世因晉時所出《大誓》以益之邪！劉原父遂闢馬鄭之説，以邑姜易文母，真臆説也。原父又云「或云古文無臣字」，如此則不成文，尤謬。王伯厚已辨之。古「亂」字皆作「治」，《戠敦》云「𤔲土官」。

子畏於匡。　注：「包咸曰：『陽虎嘗暴於匡，夫子弟子顔尅時又與虎俱行，後尅爲夫子御，至於匡，匡人相與共識尅。又，夫子容貌與虎相似，故匡人以兵圍之。』」《孔子世家》云：「孔子過匡，顔刻爲僕。」《大雅・雲漢》云「后稷不克」，箋云：「克當爲刻，刻，識也。」然則「克」與「刻」同。《釋文》云：「諸書或作顔亥。」《家語》云：「顔刻字子驕，孔子適衛，子驕爲僕。」《仲尼弟子列傳》無刻名，云：「顔高字子驕。」疑高即尅也。《春秋傳》有顔高，或以爲即子驕。案顔黄門《家訓》云：「《春秋》之世，顔高、顔鳴、顔羽之徒，皆一鬬者爾。」則高非子驕明矣。

冕衣裳者。　冕，鄭本作「弁」，云：「魯讀弁爲絻，今从古。」《鄉黨篇》亦然。《大戴禮》：「孔子曰：『古者絻而前旒，所以蔽明也。』」《説文》曰：「冕或作絻，从糸。」李善曰：「絻，古冕字。」今《論語》作「冕」，蓋从《魯論》。又，《説文》「弁」作「覍」。「覍」與「冕」字相似，包咸以「冕」爲「冠」，或「覍」之誤。《衛靈篇》包咸注云：「冕，禮冠。」明此非冕。

求善賈而沽諸。 蔡邕石經「沽」作「賈」。唐石經及《釋文》仍作「沽」。《玉篇》又引作「夃」，《說文》曰：「秦以市買多得爲夃。」

與衣狐貉者立。 陸德明云：「貉，依字當作『貈』。」《汗簡》云：「古《論語》『貉』作『貈』。」《鄉黨篇》同。高誘《淮南注》云：「貈音涸。」

不使勝食氣。 《說文》曰：「既，小食也，从皀，旡聲。《論語》曰『不使勝食既』。」棟案：「氣」本古「餼」字，詳見《左傳補注》。「餼」又與「既」通。《禮記·中庸》云「既廩稱事」，鄭注云：「既讀爲餼。」是「既」與「氣」同。古既字作「既」，或省文作「旡」，見《史記》及《說文》。

人不閒於其父母昆弟之言。 《後漢書》范升奏記王邑曰：「升聞：子曰人不閒於其父母爲孝，臣不非其君上爲忠。」注：「《論語》云云。閒，非也。言子騫之孝化其父母兄弟，言人無非之者。忠臣事君有過即諫，在下無有非君者，是忠臣也。」家君曰：「《論語》依此說爲允，若如朱注，未足爲孝也。」

仍舊貫。 《釋文》云：「魯讀『仍』爲『仁』，今从古。」揚雄《將作大匠箴》曰「或作長府而閔子不仁」，用《魯論》也。

季子然問：仲由、冉求可謂大臣與。 《釋文》「臣」作「⿱臣心」，云：「古文臣字，本今作

『𢘑』。」唐石經作「𢘑」。棟案：唐天后以𠑺、埊、𡆠、𡇃、又作「𠥱」。〇、𠺞、𢘑、𡕀、𡔈、𠡦、又作「𠙺」。曌、𠟚、𤯔、𥠢、𡕀、圀，代天、地、日、月、星、君、臣、載、初、年、正、照、證、聖、授、戴、國等字。以《論語》「𢘑」字攷之，亦非盡出臆造。「𠑺」本篆書，「埊」字見《管子》《戰國策》《鶡冠子》等書。《戰國策》：「宋使者曰：『𢘑曾、錢本。請受邊城，徐攻而留其日。』」《續玉篇》云：「圀，古文國字。」《義雲章》以「𡈑」爲「國」。

詠而歸。 歸，鄭本作「饋」，云：「饋酒食也。魯讀『饋』爲『歸』，今从古。」王充曰：「『詠而饋』，詠歌饋祭也。」何晏从《魯論》作「歸」，故不載孔注。《史記·仲尼弟子傳》云「咏而歸」，徐廣曰：「一作『饋』。」大史公采古文《論語》，故作「饋」。

居之無倦。 《釋文》云：「倦亦作『卷』。」棟案：「卷」，當作「券」。《說文》曰：「券，勞也。」漢《涼州刺史魏君碑》云「施舍不券」，鄭氏《攷工》注云：「券，今倦字也。」

一朝之忿，忘其身以及其親。 《荀子·不苟篇》曰：❶「鬭者忘其身者也，忘其親者也。行其少頃之怒，而喪終身之軀，然且爲之，是忘其身也。室家立殘，親戚不免乎刑戮，然且爲之，是忘其親也。」楊倞曰：「蓋當時禁鬭殺人之法戮及親戚。《尸子》曰：『非人君之

❶ 「不苟篇」，諸本同，當爲「榮辱篇」之誤。

用兵也，以爲民傷鬬，則以親戚殉，一言而不改之也。』」❶

人之言曰：予無樂乎爲君，惟其言而莫予違也。 《韓非子·外儲説》曰：「晉平公與羣臣飲，飲酣，乃喟然歎曰：『莫樂爲人，❷惟其言而莫之違。』」

鄙哉，硜硜乎。 案《説文》：「硻，古文磬。」故何晏注云：「此硜硜者，謂此磬聲也。」《史記》載《樂記》云「石聲硜硜」，即「磬」字。今《禮記》作「磬」。

工欲善其事，必先利其器。 《漢書》梅福云：「孔子曰：『工欲善其事，必先厲其器。』」古文《論語》「厲」作「利」。案《春秋》文七年傳云「訓卒利兵」，是「利」與「厲」同。

好行小慧。 鄭氏云：「小慧謂小小之才知。魯讀慧爲惠，今從古。」案：篆文「叀」與「彗」同。《漢書》「昌邑王清狂不惠」，義作慧。

且在邦域之中矣。 《漢書·王莽傳》云「封域之中」，依孔注，「邦」當作「封」，古字「邦」「封」同。或云「封」當作「邦」，漢諱「邦」改爲「封」，非也。《尚書序》「邦諸侯」「邦康叔」，義皆作封。漢有上邦、下邦縣，字如「封」字。下文「邦内」，鄭本作「封内」，明此「邦域」，亦當

---

❶「改」，《古逸叢書》影宋臺州本《荀子》作「顧」。

❷「人」下，《四部叢刊初編》影宋鈔本《韓非子》有「君」字。

作「封域」也。《論語釋文》云：「邦或作『封』。」

友便辟。 馬、鄭皆讀「辟」爲「譬」，謂巧爲譬諭，以求容媚。徐彦曰：「今世間有一《論語》音『便辟』爲『便僻』者，非鄭氏之意，通人所不取矣。」

生而知之者，上也。 楊方《五經鉤沉》曰：「生而知之者，上也。問曰：孰生而知之乎？荅曰：聖人。二儀既判，縣象列暉，八風有序，四氣錯御，覽日月而達陰陽之數。消揺八節，俯仰玄黄，彌綸天地之體，窮竟有生之機。瞻天爲師，用醒己心。故曰『生知』，不亦審乎！」《初學記》。

夫子莞爾而笑。 《釋文》「莞」作「莧」，云：「本今作『莞』。」《周易·夬》之九五曰「莧陸夬夬」，虞翻注云：「莧，悦也。讀如『夫子莧爾而笑』之莧。」是漢以來皆作「莧」，唐石經仍作「莞」，非也。《廣雅》曰：「莧，笑也。」疑「莧」字之誤。「莧」亦訓笑，故何晏云：「莧爾，小笑貌。」

吾其爲東周乎。 何晏注云：「興周道於東方，故曰東周。」此與《公羊》黜周王魯之説合。

鑽燧改火。 注：「馬融曰：『《周書·月令》有更火之文。』」邢昺曰：「其辭今亡。」隋牛弘云：「蔡邕、王肅云周公作，《周書》有《月令》第五十三，即此也。」與今本同，今作《汲冢書》，非也。又云：「《周書·月令》論明堂之制：殿垣方在内，水周如外，水内徑三百步。」《尚書正義》引《月令》云「三日曰朏」，唐《大衍歷議》曰：「七十二候原于周公《時訓》，《月令》雖頗有增益，然先後之次則同。」然則《月令篇》歷隋、唐猶在也。

惡居下流而訕上者。　蔡邕石經無「流」字，當因《子張篇》「惡居下流」涉彼而誤。《鹽鐵論》：「大夫曰：『文學居下而訕上。』」《漢書·朱雲傳》云「小臣居下訕上」，是漢以前皆無「流」字。

惡果敢而窒者。　鄭氏曰：「《魯論》『窒』作『室』，今從古。」案《韓勑脩孔廟後碑》亦以窒爲室，《漢書·功臣表》有清簡侯窒中同，❶《史記》作「室中」，徐廣曰：「室，一作『窒』。」知「室」與「窒」通。

年四十而見惡焉。　蔡邕石經「四十」字作「卌」，古鐘鼎文「四十」字皆从卌，今石經猶然。鄭注古文《孝經》云：「卌彊而仕，行步不逮，縣車致仕。」

何德之衰。　唐石經云「何德之衰也」。案蔡邕石經云：「鳳兮，鳳兮，何而德之衰也！往者不可諫也，來者猶可追也。」下二「也」字，唐石經無。《莊子》云：「孔子適楚，楚狂接輿遊其門，曰：『鳳兮，鳳兮，何如德之衰也！』」如與而古字通。

---

❶ 「窒」，原作「室」，據省吾堂本改。

夫執輿者爲誰。 蔡邕石經云「執車者爲誰，子路」云云。案「車」「輿」古通用。《毛詩・出車》云「我出我車」，《荀子》引作「輿」。下章云「出車彭彭」，《史記》引作「出輿」。《孟子》曰「十月，輿梁成」，本亦作「車梁」。

植其杖而芸。 蔡邕石經云「置其杖而耘」。案《商頌・那》詩「置我鞉鼓」，箋云：「置讀曰植。」正義云：「《金縢》云『植璧秉圭』，鄭注云：『植，古置字。』然則古者置、植字同。」《說文》曰：「植或作『⿰木置』，从置。」

君子不施其親。 《釋文》「施」作「弛」，云：「舊音絁。」蔡邕石經仍作「施」。《左傳》曰「乃施邢侯」，正義云：「《晉語》『施邢侯氏』，孔晁云：『廢其族也。』則《國語》讀爲弛，訓之爲廢。《家語》說此施亦爲弛。❶ 王肅曰：『弛宜爲施。施，行也。』服虔云：『施罪于邢侯。施，猶劾也。』」棟案：劾者，謂罪法之要辭。不劾其親者，所以隱其罪，親親之義也。古「施」「弛」字通，見《周禮注》。

叔夜。 棟案：周有叔液鼎，即「八士」之叔夜也。古文「液」或省作「夜」。《尚書大傳》曰：「思之不容，是謂不睿，時則有脂夜之妖。」鄭康成注云：「夜讀爲液。」是古「液」字作

---

❶「施」，原作「事」，據四庫本改。

「夜」。今《五行志》「脂夜」字皆作「液」。

子游曰。 蔡邕石經「游」作「斿」。《説文》云：「㫃，旌旗之游，讀若偃。古人名㫃，字子游。」「游，旌旗之流也，从㫃，汓聲。」「游」與「斿」通。《大宰》九貢，八曰斿貢。注云：「斿讀如『囿游』之游。」漢《武班碑》亦以斿爲游。

子夏之門人小子當洒埽。 陸德明云：「洒正作灑，掃本今作『埽』。」棟案：陸説非也。《説文》曰：「洒，古文以爲灑埽字。」《周禮·隸僕》「掌埽除糞洒」。先鄭以爲「洒當爲灑」，後鄭據古文《論語》定爲「洒」。經傳中如《毛詩》「弗洒弗埽」「洒埽穹窒」「於粲洒埽」「洒掃庭内」，《晉語》「供備洒埽之臣」，皆古文也。周伯琦《六書正譌》以「灑埽」字俗用洒，失之。

君子之道，焉可誣也。 《漢書·薛宣傳》云：「君子之道，焉可憮也。」蘇林曰：「憮，同也，兼也。」晉灼曰：「憮音誣。」師古曰：「《論語》載子夏之言，謂行業不同，所守各異，唯聖人爲能體備之。」家君曰：「蘇解得之。」

賢者識其大者。 蔡邕石經「識」作「志」。《述而》云「多見而識之」，《白虎通》引作「志」。鄭玄注《周禮·保章氏》云：「志，古文識。」《春秋》僖廿四年傳云「以志吾過」，又昭四年傳云「且曰志之」，十三年傳云「歲聘以志業」，皆古文「識」。《論語》《左傳》皆出孔壁中，故多古文。賈公彦曰：「古之文字少，『志意』之志與『記識』之志同。後代自有記識之字，不復以志爲識。」何晏晉人，改「志」爲「識」，而古文遂不可攷。後人因循，莫能是正，可慨也。

周有大賚，善人是富。　《戰國策》云：「制海内，子元元，非兵不可。」高誘曰：「元元，善也。」姚察《漢書訓纂》曰：「古者謂人云善人，因善爲元，故云黎元。其言元元者，非一人也。」棟案：《大誓》云：「大賚于四海，而萬姓悦服。」則善人爲黎元，審矣。何晏以爲「有亂十人」，失之。

惠棟曰：夫子言「述而不作」，信哉！《鄉黨》一書，半是禮經；《堯曰》數章，孔壁《論語》《子張》已下别爲一篇。全書訓、典。論君臣，雖人言不廢；言恒德，則南國有人。於善人爲邦，則曰「誠哉是言」；於隱居行義，則曰「吾聞其語」。素絢唐棣，逸《詩》可頌；百官冢宰，逸典可稽。「出門如見大賓，使民如承大祭」，此胥臣多聞之所述也；「視其所以，觀其所由，察其所安」，此《文王官人》之所記也。《文王官人》本載《周書》，大戴采之以爲記。「克己復禮爲仁」，《左氏》以爲「古志」；「己所不欲，勿施於人」，《管子》以爲「古語」。見《小問篇》。「參分天下而有其二」，《周志》之遺文也；今《逸周書》即《周志》也，在《程典篇》。「陳力就列，不能者止」，周任之遺言也。推此言之，聖人豈空作邪？但經傳散佚，不能一一舉之耳。

「《儒藏》精華編選刊」選目

經部

周易鄭注
漢魏二十一家易注
周易注
周易正義
周易口義（與《洪範口義》合册）*
温公易説（與《司馬氏書儀》《孝經注解》《家範》合册）
漢上易傳
誠齋先生易傳
易學啓蒙
周易本義
楊氏易傳
易學啓蒙通釋
周易本義附録纂注
周易啓蒙翼傳
周易本義通釋
易經蒙引
周易述
周易述補（江藩）（與李林松《周易述補》合册）
周易述補（李林松）
易漢學
御纂周易折中
周易虞氏義
雕菰樓易學
周易集解纂疏
周易姚氏學
鄭氏古文尚書
洪範口義
書傳（與《書疑》《尚書表注》合册）
書疑
尚書表注
書纂言
尚書全解（全二册）
尚書要義
讀書叢説
書傳大全（全二册）

古文尚書攷(與《九經古義》合册)
尚書集注音疏(全二册)
尚書後案
詩本義
呂氏家塾讀詩記
慈湖詩傳
詩經世本古義(全四册)
毛詩稽古編
毛詩説
毛詩後箋(全二册)
詩毛氏傳疏(全三册)
詩三家義集疏(全三册)
儀禮注疏
儀禮集釋(全二册)
儀禮圖
儀禮鄭註句讀

儀禮章句
儀禮正義
禮記正義
禮記集説(衛湜)
禮記集説(陳澔)(全二册)
禮記集解
禮書
五禮通考
禮經釋例
禮經學
司馬氏書儀
春秋左傳正義
左氏傳説
左氏傳續説
左傳杜解補正
春秋左氏傳賈服注輯述

春秋左氏傳舊注疏證(全四册)
春秋左傳讀(全二册)
公羊義疏
春秋穀梁傳注疏
春秋集傳纂例
春秋權衡(與《七經小傳》合册)
春秋集注
春秋經解
春秋尊王發微(與《孫明復先生小集》合册)
春秋本義
春秋集傳
春秋集傳大全(全三册)
孝經注解
孝經大全
白虎通德論

七經小傳
九經古義
經典釋文
群經平議(全二册)
論語集解(正平版)
論語義疏
論語注疏
論語全解
論語學案
孟子注疏
孟子正義(全二册)
四書集編(全二册)
四書纂疏(全三册)
四書集註大全
四書蒙引(全二册)
四書近指

四書訓義
四書賸言
四書改錯
四書説
爾雅義疏
廣雅疏證(全三册)
説文解字注

史部

逸周書
國語正義(全二册)
貞觀政要
歷代名臣奏議
御選明臣奏議(全二册)
孔子編年
孟子編年

陳文節公年譜
慈湖先生年譜
宋名臣言行録
伊洛淵源録
道命録
考亭淵源録
道南源委
聖學宗傳
元儒考略
四先生年譜
洛學編
儒林宗派
程子年譜
學統
伊洛淵源續録
豫章先賢九家年譜

閩中理學淵源考（全三册）
清儒學案
經義考
文史通義

子部

孔子家語（與《曾子注释》合册）
曾子注釋
孔叢子
新書
鹽鐵論
新序
説苑
太玄經
龜山先生語録
胡子知言（與《五峰集》合册）
木鐘集
西山先生真文忠公讀書記
性理大全書（全四册）
居業録
思辨録輯要
家範
小學集註
曾文正公家訓
勸學篇
仁學
習學記言序目
日知録集釋（全三册）

集部

蔡中郎集
李文公集
孫明復先生小集
直講李先生文集
歐陽脩全集
伊川擊壤集
元公周先生濂溪集
張載全集
温國文正公文集
公是集（全二册）
游定夫先生集
和靖尹先生文集
豫章羅先生文集
梁溪先生文集
斐然集
五峰集
文定集
渭南文集

誠齋集（全四册）
晦庵先生朱文公文集
東萊呂太史集
止齋先生文集
攻媿先生文集
象山先生全集
陳亮集（全二册）
絜齋集
文山先生文集
勉齋先生黄文肅公文集
北溪先生大全文集
西山先生真文忠公文集
鶴山先生大全文集
閑閑老人滏水文集
郝文忠公陵川文集
仁山金先生文集

静修劉先生文集
雲峰胡先生文集
許白雲先生文集
吴文正集（全三册）
道園學古録　道園遺稿
師山先生文集
曹月川先生遺書
康齋先生文集
敬齋集
涇野先生文集（全三册）
重鐫心齋王先生全集
雙江聶先生文集
歐陽南野先生文集
念菴羅先生文集（全二册）
正學堂稿
敬和堂集

涇臯藏稿
馮少墟集
高子遺書
劉蕺山先生集（全二册）
南雷文定
桴亭先生文集
西河文集
曝書亭集
三魚堂文集外集
考槃集文録
復初齋文集
述學
揅經室集（全三册）
劉禮部集
籀廎述林
左盦集

出土文獻

郭店楚墓竹簡十二種校釋

上海博物館藏楚竹書十九種校釋（全二册）

秦漢簡帛木牘十種校釋

武威漢簡儀禮校釋

*合册及分册信息僅限已出版文獻。